U0556213

人文社科
高校学术研究论著丛刊

中小学教师专业发展的师徒制研究

杨瑞勋 著

中国书籍出版社
China Book Press

图书在版编目 (CIP) 数据

中小学教师专业发展的师徒制研究 / 杨瑞勋著 . -- 北京 : 中国书籍出版社 , 2022.10
ISBN 978-7-5068-9257-5

Ⅰ . ①中… Ⅱ . ①杨… Ⅲ . ①中小学 – 师资培养 – 研究 Ⅳ . ① G635.12

中国版本图书馆 CIP 数据核字（2022）第 201307 号

中小学教师专业发展的师徒制研究

杨瑞勋　著

丛书策划	谭　鹏　武　斌
责任编辑	毕　磊
责任印制	孙马飞　马　芝
封面设计	东方美迪
出版发行	中国书籍出版社
地　　址	北京市丰台区三路居路 97 号（邮编：100073）
电　　话	（010）52257143（总编室）　（010）52257140（发行部）
电子邮箱	eo@chinabp.com.cn
经　　销	全国新华书店
印　　厂	三河市德贤弘印务有限公司
开　　本	710 毫米 ×1000 毫米　1/16
字　　数	281 千字
印　　张	17.75
版　　次	2023 年 3 月第 1 版
印　　次	2023 年 5 月第 2 次印刷
书　　号	ISBN 978-7-5068-9257-5
定　　价	98.00 元

版权所有　翻印必究

目 录

第一章 绪 论 … 1
- 第一节 研究的缘起及意义 … 1
- 第二节 文献综述 … 11
- 第三节 核心概念界定 … 27
- 第四节 研究思路与方法 … 33
- 第五节 研究的创新点 … 40

第二章 教师专业发展中师徒制研究的理论基点 … 42
- 第一节 叶澜的教师专业素养三因素结构理论 … 42
- 第二节 布迪厄的实践逻辑理论 … 47
- 第三节 布劳的社会交换理论 … 50
- 第四节 莫兰的复杂性理论 … 53
- 第五节 莱夫和温格的情境学习理论 … 56

第三章 教师专业发展中的师徒制历史透视 … 60
- 第一节 西方师徒制的历史演变 … 61
- 第二节 我国师徒制的历史演变 … 78
- 第三节 我国教师专业发展的师徒制历史透视 … 86
- 第四节 几点基本认识 … 100

第四章 教师专业发展中师徒制成效的现实考察 … 105
- 第一节 师徒制有效促进徒弟教师的专业发展且徒弟间存有差异 … 107
- 第二节 师徒制有效促进师傅教师专业发展且师傅间存有差异 … 127

第三节	师徒教与学素养及关系和学校运作环境是影响师徒制成效的主要内外因素	137
第四节	对师徒制成效影响最大的四因素分析	160

第五章 教师师徒制运作机制模型的构建 …… 163

- 第一节 教师师徒制运作机制的内涵与结构 …… 164
- 第二节 基于师徒制功能的目标系统 …… 166
- 第三节 基于PDCA循环理念的师徒互动系统 …… 184
- 第四节 基于拓展性学习"活动系统模型"的支持系统 …… 195
- 第五节 教师师徒制运作机制模型构建 …… 210

第六章 优秀师傅教师带教特征的个案研究 …… 213

- 第一节 优秀师傅教师带教观念先进并具强烈角色认同感 …… 214
- 第二节 优秀师傅教师带教动力主要来自持续、稳定的教育情怀和专业理想 …… 218
- 第三节 优秀师傅教师带教内容主要围绕教学技能传授并有机渗透专业态度 …… 221
- 第四节 优秀师傅教师带教方式是以相互听评课为主的基础上灵活运用其他 …… 225
- 第五节 优秀师傅教师带教组织是一种由"扶"到"放"的过程 …… 230

第七章 研究结论与建议 …… 236

- 第一节 研究结论 …… 236
- 第二节 研究建议 …… 239

附录1：中小学教师"师徒制"现状调查问卷（徒弟教师卷）…… 251

附录2：中小学教师"师徒制"现状调查问卷（师傅教师卷）…… 256

附录3：优秀师傅与所带徒弟访谈提纲 …… 261

结　语 …… 262

参考文献 …… 265

第一章 绪 论

第一节 研究的缘起及意义

社会科学研究通常基于三个方面的目的——个人的目的、实用的目的、科学的目的[①]。本书主要缘于个人对教育理论与实践问题的长时关注,指向改进当前教师教育现状的实用目的,并谋求从教师专业发展的视角深化师徒制的理性认识,为真正、有效地实施并发挥出其应有的重要作用提供科学的理论依据。

一、研究的缘起

(一)教师专业发展日益受到重视

教育大计,教师为本。高素质的教师队伍是确保和提高教育质量的核心和关键。自20世纪50年代以来,着力提高教师队伍的整体素养一直是我国政府和社会各界共同关心的问题,各级教育行政部门和学校为此做了大量积极有效的尝试与探索。20世纪80年代,教师专业发展思潮在欧美等发达国家逐渐形成之后,引入教师专业发展思想、促进教师专业发展便成为我国教师教育改革的一种必然。

---

① 陈向明.质的研究方法与社会科学研究[M].北京:教育科学出版社,2000:84.

教师专业发展是指教师专业成长或教师内在专业结构不断更新、演进和丰富的过程[①]，也是指教师个体由非专业人员转变为专业人员的过程，由新手教师转变为专家型教师的过程。[②] 它强调了教师个体的发展主体性、终身性与连续性等特点。然而，受教师职后教育长时虚位、素质教育推进表面化、教师职位竞争形式化等现实困境及部分管理者"师范学校毕业后，就是合格教师，就可当一辈子教师"的错误观念影响，20世纪90年代前，我国教师专业发展理念与实践并未受到各方的重视。

20世纪90年代后，随着社会发展和一系列教育改革活动的实施，我国的教师教育和中小学教师队伍建设既面临难得的发展机遇又同时面对着各方的严峻挑战。在如何改革教师教育，培养大量优秀教师的众多争论中，出现了两种价值取向：一是学科专业化价值取向，另一种是教育专业化取向。这两种改革价值取向，各有自身的理论基础和实践依据。但其实质都是围绕什么样的教师是合格或优秀教师，教师是否需要专业培训与训练等问题的不同见解和看法。二者的争论，客观上促进了教师培养模式和教师专业成长的改革，引起了人们对教师专业化的深入思考，从而也让教师专业发展日益受到人们的关注与重视。

进入21世纪，我国教育事业既要面对外部信息化、智能化时代的挑战，以及社会各部门及学生与家长对高质量教育的需要和诉求，又要完成内部深化教育改革及立德树人的根本任务，而这一切都纷纷指向教师专业化水平的提升。由此，促进教师专业发展的相关政策相继出台，各种相关活动也以制度化、常态化的形式展开。

首先，国家充分认识教师专业发展的重要意义，并出台大量相关政策和措施给予支持。结合当前国家发展任务与教育面临的现实问题，国家充分认识到教师专业发展是落实科教兴国战略的重要保证；是解决当前教育发展不充分、不均衡并实现教育公平，满足广大人民群众对美好生活愿望的前提和基础。由此，相应出台了许多相关政策对其支持，如2018年1月《中共中央、国务院关于全面深化新时代教师队伍建设改革的意见》指出："到2035年，教师综合素质、专业化水平和创新能力大幅提升，培养造就数以百万计的骨干教师、卓越教师和专家型教师。"2018年9月，《教育部关于实施卓越教师培养计划2.0的意见》出

[①] 叶澜.新世纪教师专业素养初探[J].教育研究与实验，1998（1）：41-46.
[②] 赵昌木.教师专业发展[M].济南：山东人民出版社，2011：8.

第一章 绪 论

台,提出了"培养造就骨干教师、卓越教师和专家型教师的具体举措和保障机制"。2019年2月,中共中央、国务院颁布的《中国教育现代化2035》中提出将"建设高素质专业化创新型教师队伍"列入十大战略任务之一,将其作为教育强国的重要支撑。其次,学术界着力开展相关理论研究。通过研究产生了大量具有重要理论价值的成果,如教师专业发展的内涵、特征、价值取向、发展阶段、影响因素、动力机制等为教师专业发展的实践活动提供了重要的理论依据。最后,学校实践中的教师专业发展活动开展常态化。在学校层面,积极组织教师参加各级举办的教师培训与发展活动;结合学校实际开展的教师专业发展活动,如"师徒制""名师工作坊""集体教研"等。教师层面,通过教学反思、同伴互助、自传撰写、教育叙事等活动促进其自身专业的发展。

(二)正规培训不能满足教师专业发展需求

教师培训也称教师在职培训、在职教育,它与教师职前培养、入职教育构成教师教育三个关键环节,是促进教师专业发展的重要途径。[①] 当前教师培训种类繁多,但其正规培训是教师参加学习的主要形式。正规培训主要指各级教师教育机构承担,有计划、有组织开展的旨在提高教师教育教学知识与能力的指导活动。其主要特点有:严密的组织性与计划性、强制性、集体集中理论学习为主等,如由各地方的教师进修学校或教育学院承担的新教师岗前培训、骨干教师培训、教学技能操作培训等。正规培训体现了教育行政部门对教师发展的关心与支持,为教师的专业发展提供了实践的平台与机会,广大教师通过正规培训使自身在专业知识技能、专业能力、专业情意等方面都获得了一定的提升,从而发挥了其重要的作用。

然而,随着社会的发展、时代的变换,正规的培训的改革与发展却相对滞后,许多自身的优势和特点反而成为阻碍培训效果的"顽疾",在培训的管理、内容、方法等方面都存在诸多问题,导致其"培训效果不显著,流于形式"[②],与此同时,一线教师普遍渴望在自身专业成长中得到个性化、有效和实用的专业指导,由此,当前正规培训的"供"与教师的

---

① 王卫华,李书琴."国培计划"实施十年:历程、经验与展望[J].教师发展研究,2020(1):40-47.
② 吕萍,严芳.试论当前教师培训中存在的主要问题及其对策[J].中小学教师培训,2005(11):10-12.

"需"客观存在一定的差距或矛盾,此种矛盾也反映出正规培训活动未能满足教师专业发展要求,未能真正发挥出促进教师专业发展的主渠道作用。

首先,"行政—计划"主导的培训运作模式,忽视教师专业发展的实际需求。当前正规培训主要由教育行政部门自上而下的方式开展,其运作深受传统计划经济体制运行模式的影响,而具有显著的计划性与统一性"烙印"。其培训的对象、时间、课程内容已经以文件的形式做了具体规定,不需要教师从自身的实际需求出发来考虑或选择培训的内容与方式。据某项教师培训质量调查显示:有53.9%的被调查者表示,在培训前,相关培训机构并未向其了解任何内容[①]。此种忽视教师专业发展实际需求的只有"任务"而没有"人"运作培训方式,其内容必然是"盲人摸象",缺乏针对性,不能满足教师专业发展的实际需求。

其次,"集体—统一"为主的培训形式,不能满足教师专业发展的个性化需求。集体培训是当前教师正规培训的主要形式,它具有便于组织、效率高的优点,但在教师培训中却存在"一刀切"问题,不能满足不同教师的个性化需求。如新教师的入职培训活动,不同学历、专业的新教师被安排进行统一培训。但每一位新教师的实际知识与能力基础是不同的,存在的优势与不足也是有所差异的,因而其实每一位新教师参加培训的需求并不一致,但此种片面强调"统一"的集体培训却暗地里打击着受训教师学习的积极主动性,牺牲的是教师个性化发展需求。正如中国教育学会所属教师专业发展实验区的王同晋指出:"一线教师普遍渴望在自身专业成长中得到个性化、有效和实用的专业指导,但对于地方教育行政机构来说,在进行教师培训时不能提供高效、分层和个性化的解决方案。"

最后,"理论—讲授"为主的培训内容与方法,不能满足教师专业实践能力提升的需求。培训内容在教师培训中具有重要的关键作用,它直接影响受训教师的专业素养结构。一方面,教师的专业发展"应然"上是知识、能力、情感的全面发展,而"实然"上教师更需要的是解决教育实际问题的技能与能力的发展。另一方面,培训的内容设置者却更多认为一线教师缺乏的是教育理论知识,从而在培训内容上以理论知识安排

---

① 薛海萍,陈向明.我国中小学教师培训质量调查研究[J].教育科学,2012(6):53-57.

为主。在同上的调查中关于培训内容的情况显示：55.6%教师认为接受培训内容最多的是教育教学理论,其他内容依次为学科教学、教学方法、班主任工作,分别占调查教师的42.7%、33.9%、32.0%。[1]

教师培训方法是实现培训目的的方式、手段或工具。它直接影响培训的质量与受训教师的学习积极性。作为成人的教师身心特征,以及教师对解决教育实际问题技能提升的需求出发,培训的方法应多元化、情境化和灵活化,更多体现出教师的主体参与性。然而,当前的教师培训在方法上还较为传统与单一。同上调查中对于培训方法的情况显示：被调查教师反映主要以讲授、听评课、录像观摩为主,分别为73.8%、65.0%、43.8%,而案例分析和小组研讨学习只有31.4%和23.1%,现场考察则较为少见。[2]

由此,当前的正规的集中培训以教育理论知识讲授为主的现状与教师迫切需要的教育实际问题解决技能提升的需求存在巨大的差距,从而缺乏吸引力、实践性与操作性,不能满足教师对实践能力提升的实际需求。在一项对38位受训教师的调查中,有97.4%的教师对集中培训内容不够满意。他们认为培训内容不够丰富,理论性强,与教育实际脱节[3]。又据2019年12月北京师范大学学习设计与学习分析重点实验室与奥鹏教育研究院联合发布的《2019中国教师培训白皮书》中指出,从培训效果上教师的教育观念、知识和技能较为理想,但教育能力的培训成效相对不高。

（三）师徒制在实践中发挥着重要的作用

由于正规教师培训一般将教师集中起来进行统一培训,导致这种培训太过关注理论而忽视教师教学实践情境的关注,太过强化知识传授而忽视教师专业发展问题与具体需求的考察,太过突出被动接受而忽视受训教师的主动参与。由此,立足学校,推行以学校为基地的教师培训方式被越来越多地认可。

学校实践中,事实上一直存在立足于学校来引导教师、提升教师专

---

[1] 薛海萍,陈向明.我国中小学教师培训质量调查研究[J].教育科学,2012(6):53-57.
[2] 同上.
[3] 吕萍工,严芳.试论当前教师培训中存在的主要问题及其对策[J].中小学教师培训,2005(11):10-12.

业水平的传统。最为典型的就是学校的教师师徒制。教师师徒制一般是指学校有经验的优秀教师与经验相对不足的教师结成师徒关系,师傅教师对徒弟教师进行专业指导与帮助。在多年的促进教师专业发展实践中,高质量的师徒制运作,对教师的专业发展发挥着重要的作用。

首先,师徒制使教师专业发展的个性化、实用与有效的指导需求得以实现。第一,师徒制下徒弟教师通常由一位师傅教师负责指导,师傅教师在与徒弟教师深入交流中了解徒弟教师的实际情况和具体需要,如徒弟教师是学科知识的不足还是教学组织能力的问题,又具有什么样的优势,从而可根据徒弟教师的情况进行针对性的"补短板""强优势",满足个性化的指导需求。第二,师徒制的主要特点之一便是指导内容紧密联系教育实际,主要传授与课堂教学紧密相连的如备课、导课、启发学生等技能,对徒弟教师顺利完成工作具有鲜明的实用性,而这一切都是集中培训所不能提供的。第三,通过"做中学"和师傅教师的及时反馈,能促进徒弟教师学习的实效性,如课堂教学,通过师傅教师的听课,课后进行评价反馈,让徒弟教师明确自己在教学中的不足,并进行相应的反思与改进。如果改进不够明显,师傅教师再对其"手把手"的指导,通过不断学习、模仿,最终掌握其相应的教学技能。

其次,师徒制使徒弟教师在发展各阶段获得了有力的支持。教师的专业发展是一个伴随教师职业终身的过程,具有不同的发展阶段(初任教师—合格教师—优秀骨干教师—专家型教师),处于不同阶段的教师为实现阶段的顺利过渡和成功跨越,离不开外部有力的支持与帮助。大量实践表明,师徒制活动在教师成长的各个关键时刻都能发挥其优势,起到相应的助推作用。例如,作为刚从师范学校毕业而进入中小学的初任教师,学校普遍让其参加"师徒结对"培训活动,在师傅教师的指导下,"大大缩短了初任教师熟悉教学常规、教学过程的周期"[①],而成为一名合格的教师。对于众多合格教师和骨干教师而言,在处于发展的困惑或瓶颈时,也是通过参加各种形式的师徒制活动并获得有力的支持,成功实现了发展跨越,如有普通学校教师到名校参加"跟岗培训",跟随师傅教师的指导,或直接接受名校教师到校进行的"一对一"指导,或参加"名师工作室"接受名师"手把手"的指导。总之,众多骨干教师在师傅

---

① 沈莉,陈小英,于漪."师徒帮带"的教师培训模式——中美英青年教师职业初岗位培训比较研究[J].外国教育资料,1995(5):56-62.

教师帮助和指导下,快速提升了自身的专业素养,逐渐成为一名专家型教师。

最后,师徒制使师傅教师专业获得可持续发展。师徒制从形式上表现出是教育经验丰富的师傅教师对需要帮助的徒弟教师的指导,受其影响和进步的是徒弟教师,然而大量实践表明,师傅教师在与徒弟教师的指导、交流与互动中也使自身专业知能(知识和能力)获得了一定的提高。例如,当前许多优秀、成熟的教师在专业发展方面主要存在现代教育技能的学习与提升,如计算机软硬件维护、教学课件制作、在线教学软件的应用等方面,却又存在"寻师无门"的困难,而所指导的徒弟教师在现代教育技能、技术方面却往往优于师傅教师,师傅教师也能及时、方便地获得徒弟教师的指导,从而实现专业的发展,适应智能时代,使用现代教育技术完成教学任务的要求。又如,对于当前众多的教育改革理念,部分师傅教师在接受理解时往往存在一定的困难,但是对于刚走出校门的徒弟教师,他们的教育理论知识相对扎实,这些优势也可帮助师傅教师正确理解和接受新的教育理念。

二、研究意义

(一)促进教师专业发展,增强其立德树人能力

教育乃国之大计。党的十八大以来,党中央高度重视培养社会主义建设者和接班人,坚持把立德树人作为教育的根本任务,不断开创我国教育事业发展新局面。当前我国正处于全面建设社会主义现代化国家,向第二个百年奋斗目标进军的新发展阶段,教育事业将如何不断深化教育改革,促进教育高质量发展、提高教育质量,落实立德树人根本任务,满足广大人民群众对美好生活的需求,是摆在广大教育工作者面前的一项重大任务。教育大计,教师为本。提高教育质量,完成立德树人根本任务的关键在教师。然而,一方面,立德树人的根本任务对教师提出了更高的要求。立德树人,培养德智体美劳全面发展的社会主义事业建设者和接班人,就是要弘扬社会主义核心价值观,培养具有中华文化底蕴,具有中国特色社会主义理想和国际视野的优秀人才。要完成此任务,需要大量具备较高专业素养的优秀教师。另一方面,我国教师队伍专业素养整体虽有提升,但仍有部分教师专业素养与完成立德树人任务要求存在一定距离。由此可见,促进教师专业发展、全面提升教师专业

素养是一项迫切的工作任务。

当前,在诸多促进教师专业发展的途径中,在广大中小学校普遍开展的师徒制方式,因其贴近教师教育工作实践而受到广大教师的积极支持和参与,成为诸多促进教师专业发展方式的一个重要"亮点"备受各方关注。本书以教师专业发展中的师徒制为研究对象,高度关注其效果及如何促进其作用的发挥,故其研究成果不仅能丰富师徒制理论内容,也能为师徒制的实践高效运作提供有益参考,从而为全面提升教师专业素养,增强其完成立德树人任务的能力,保证该任务的顺利完成,具有重要的现实意义。

(二)构建系统化师徒制运作机制模型,丰富和深化师徒制理论

通过师徒制已有研究文献和实践可以发现,尽管师徒制在我国中小学普遍开展,但其运作仍然存在诸多问题。一方面,师傅的带教方式还较为单一,主要还是依靠师傅的口传身教与徒弟的耳濡目染、潜移默化,呈现出鲜明的传统学徒模式。另一方面,师徒制在部分学校中其运作缺乏相应的各类专业化、规范化的管理制度和行为,与规范化和专业化运作的要求还有一定的距离。诚然,师傅口耳相传,手把手指导是师徒制的精华或重要特色,但大量实践表明,此种方式对于简单的技能传授作用是明显的,但对于教育领域的徒弟教师专业学习与发展是远远不够的,同时师徒制还要完成师徒共同发展的任务,所以需要其他更为科学、更能发展徒弟教师专业综合素养的新方法和新手段。同时,缺少规范化和专业化的运作容易导致师徒制在实施中流于形式,无法保证其质量。由此,有效解决师徒制有运作中过于依赖传统学徒模式和缺少规范化、专业化的问题是一项十分迫切的任务。对以上问题综合分析来看,师徒制运作中存在的不足或问题的根源在于师徒制理论的薄弱与匮乏。

然而,从我国已有研究文献来看,更多集中于师徒制的实施经验介绍或根据经验和调查的基础上提出一些就事论事或泛泛而谈的政策建议,而真正有指导价值的理论却较为少见。由此,针对运作中的某个问题提出的对策建议在实践中只能是"头痛医头、脚痛医脚"的修修补补,不能从根本上解决问题。依据复杂性理论和生态学理念,师徒制的运作是一个复杂的系统,它们之间是紧密联系在一起的整体,任何企图通过某一方面的修补或改进都会打破原有的平衡,从而不能取得持续而深刻的效果。所以,需要从整体、系统的思维来构建出一种把影响师徒制运

作的各种主要因素联结起来的运作机制,从而在理论上为实践提供科学的指导。为此,本书基于教师专业发展理念和依据,并借鉴相关理论构建出系统化师徒制运作机制模型。该模型由目标系统、师徒互动系统、支持系统三个分系统构成,三个系统有机整合在一起相互作用、相互促进形成一个动态的循环系统。该运作机制模型不仅为师徒制有效运作提供理性支持,也使师徒制理论得到了丰富和深化。

(三)师徒制成效及影响因素探究对中小学校提升其管理实效指明方向

师徒制作为一种中小学校普遍开展的旨在促进教师专业发展的重要活动或方式,其顺利有效的运作离不开学校各级领导和部门的科学管理。然而科学的管理就意味着需要管理主体一方面认真对待管理活动,不能"无为而治""袖手旁观";另一方面也不能乱管理,瞎指挥,必须依照活动对象的基本规律,使用科学的管理方法展开。综合当前中小学对师徒制管理活动现象来看,主要存在两个方面的突出问题。一是部分学校对其管理职责"失位",主要表现在缺乏相应管理规章制度,虽有一些规章制度但也形同虚设,从而导致师徒制运作更多是"流于形式"、成为师傅们的"良心活"。二是存在一定的规章制度,但这些规章制度各所学校都是大同小异,"同质化"问题严重;这更多是各所学校在组织师徒制时缺乏相应的经验,便习惯采用向别人学习的方法。诚然,此方法运用方便、高效,但随着大家相互学习,暗地里却悄悄产生"同质化"问题,这主要是大家在学习中往往忽视自身学校的特殊性,完全生硬照搬其他学校的管理经验和制度的结果,从而出现"千校一面"的管理景象。由此,学校在强化管理的同时首先需要了解和掌握师徒制的活动基本规律及主要效果及影响因素,这样才能有针对性和目的性地制定适合本校定位的管理规章制度及办法。

本书通过问卷调查法,对参与师徒制的师傅与徒弟的调查,旨在了解当前师徒制的开展对于师徒教师专业发展的效果究竟如何,具体又有哪些重要的因素影响其效果。其最终的结果,特别是不同性质学校师徒、不同年龄段师徒、不同徒弟类型师徒等人的专业发展效果的结果,对于学校管理的规范化、精细化提供了重要的依据;而影响因素的调查分析结果也为学校管理主体明确管理内容和方向提供了重要依据,避免其仅凭个人经验进行管理的局限,有助于提高学校主体管理的科学性和有效性。

(四)优秀师傅带教特征对师傅教师提升带教质量提供了榜样和示范

师傅教师是师徒制运作中的核心主体并发挥着主导作用,是带教工作的具体设计者和实施者。可以说,师傅的带教综合素养水平决定着带教的效果与质量。由此,对于目前众多理论与实践的研究成果都指向于师傅带教综合素养的提升。但师傅带教综合素养的提升并非易事,它涉及诸多复杂因素,特别是当前我们所处的信息时代,知识更新时间迅速缩短,从而导致师傅与徒弟相比存有的优势越来越少,甚至有许多方面还落后于徒弟。另外,当前教育改革不断深化推动,新的要求不断增多,给师傅教师们增加了更多的工作量,而且同时当前一些非教学性的事务性工作又占用了教师大量的休息时间,如此等等诸多外在因素的负面影响制约着师傅们积极的参与态度和主动性。为此,我们不仅要看到师傅在师徒制中的重要地位和作用,也要清楚地认识到其困难或问题。总体来看,当前大部分师傅都能默默无闻地履行自己的职责,认真完成带教任务,却不愿更多地探求多元带教方式,只是习惯和满足于传统的听课指导方式或带教内容仅限于课堂教学技能,而对徒弟的专业思想、态度等却未有涉及。为何出现如此局面,除了以上所述的外部环境因素外,本书认为关键是当前在教育领域缺乏具有典型性的优秀师傅代表作为大家学习的示范和榜样。一方面,是当前在师徒制领域还较为缺乏如20世纪八九十年代全国优秀的具有示范和榜样作用的优秀师傅教师代表,如上海市的于漪、江苏省的李吉林等优秀师傅教师;另一方面,在理论与实践研究中对师傅如何带教的研究过于散乱,未能把具有典型性的优秀师傅带教经验进行总结和概括,为大家提供一个可参照学习的榜样,然而"榜样的力量又是无穷的"。为此,本书通过个案研究,采用目的抽样方法从笔者家乡四川省西昌市的中小学校中选取了6对"优秀师徒对子",然后从带教观念、带教动因、带教内容、带教方式、带教组织共五个维度对其进行深入访谈,对访谈资料和其他相关文件资料进行分析、归纳、抽象后概括出了优秀师傅的带教特征,从而为广大师傅教师如何带教提供了一个学习的榜样或参照的依据,此举必然为广大师傅教师提升带教综合素养,提高带教质量增添一份重要力量。

第二节 文献综述

对研究文献进行梳理是研究的重要基础,通过对已有关于教师师徒制的研究文献进行整理、分析、归纳,有助于全面地了解其领域的研究现状,从而为本书奠定坚实的基础并寻找出准确的突破点。

一、我国教师师徒制研究历程

多年来,师徒制作为我国促进教师成长的一种重要传统经验方式而采用。随着20世纪60年代世界教师专业化运动的兴起与发展,进入20世纪80年代,我国教师专业发展日趋成为人们关注的焦点和教育改革的中心主题。与此同时,我国在经济建设与改革开放中,也认识到教育的基础性作用和教师实现专业化发展的重要意义。21世纪初,随着基础教育课程改革的深入进行,人们充分认识到高素质教师是改革成功的关键要素,并对教师素养提出更高的要求。由此,教师的专业发展再次受到各方重点关注,并对其内涵、目标、发展阶段、实现方式等问题进行系统、深入的探究,这已成为教育研究中的一个持续关注的主题。当前在探寻实现教师专业发展的重要途径中,师徒制作为其中一种重要的方式已成为各方共识。可以说,教师专业发展的研究热潮也同时带动了教师师徒制全面、深入的研究。只是教师专业发展的研究重点是强调教师专业发展的重要地位,而师徒制研究的重点则在于如何更好地实现教师专业发展。

我国对教师师徒制还有其他的一些称谓,如"师徒结对""师徒带教""师徒帮带"。由此,本书通过中国知网(CNKI)以"师徒制""师徒结对""师徒带教""师徒帮带"为篇名词并含"教师",截止时间设置为2020年8月31日进行检索,结果共有216篇。随后按本书的主题筛选后,符合要求的有131篇文献,其中:期刊文献85篇,硕士毕业论文29篇,会议文献15篇,报纸2篇。将131篇文献按发表年份与数量使用

Excel 软件进行统计,并将相应结果绘制成文献年度数量分布图 1-1,通过图 1-1 中折线的拐点可发现,我国教师师徒制研究主要经历了以下三个阶段。

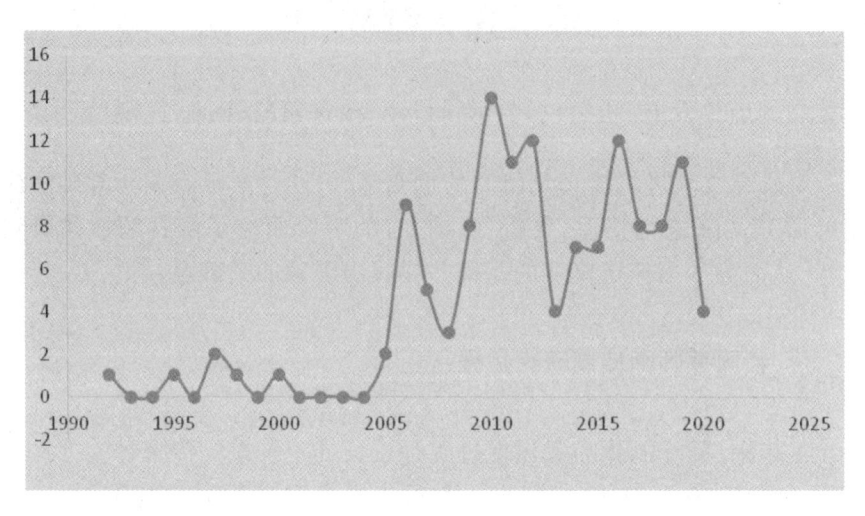

图 1-1　我国教师师徒制研究文献年度数量分布(1992—2020 年)

第一阶段,即酝酿阶段(1992—2004 年)。尽管此时师徒制方式在中小学已普遍开展起来,但学者的研究关注度并不是能及时跟进。由此,1992—2000 年前后,相关研究还处于酝酿阶段。从图 1-1 可以看出,这一阶段的主要特点是研究成果较少,进展缓慢。在 13 年的时间里发表了相关文献 6 篇,占研究样本成果总数的 4.5%;研究内容主要倾向于实践层面的成效和经验总结;研究方法较为单一,主要是思辨性研究。

第二阶段,繁荣阶段(2005—2016 年)。21 世纪初,随着基础教育新课程改革的深入推进,教师现有素养与实施素质教育要求的差距明显表现出来,提高教师质量成了教师教育工作的重点,教师专业化发展的问题随之再次受到重点关注[①],从而促进了作为教师专业发展重要途径之一的师徒制相关理论与实践的深入研究。从图 1-1 可以看到,这一阶段的主要特点:研究成果大量涌现,12 年间文献总量为 94 篇,平均每年的成果数量是之前的 8 倍;研究内容逐渐拓宽,师徒制内涵、作用、影响因素、师徒关系等,实践运作、管理、对策等;研究方法呈多元化,除思辨外,还有大量的问卷调查研究、个案研究等。总体来说,这一阶段研

---

① 教育部师范教育司.教师专业化的理论与实践[M].北京:人民教育出版社,2003:6.

究视角多元、内容扩大、成果暴发式增长,其研究进入了繁荣阶段。

第三阶段,稳步发展阶段(2017—2020年)。随着师徒制研究的深入推进,人们开始反思之前研究的诸多不足,在此基础上有学者继续进行深入研究,呈现出稳步发展的态势。从图1-1可以发现,这一阶段主要特点为:成果相对稳定,年均有8篇左右文献;研究内容更加丰富,如师徒制的历史发展、相关政策、师傅作用、改进策略等;研究视角更加丰富,除教师专业发展外,"教师专业学习"已成为师徒制研究的新视角,持此理念的学者试图以情境学习、生态学、社会文化理论作为理论基础,使师徒制朝着"教师专业学习共同体"的方向加以改进和发展。

二、我国教师师徒制研究主题概括分析

通过使用 Citespace5.5 分析软件,把从中国知网收集的85篇教师师徒制期刊文献进行可视化分析,词频数设置为5,时间设置为1992—2020年,运行后获取图1-2的我国教师师徒制研究关键词共现图谱。

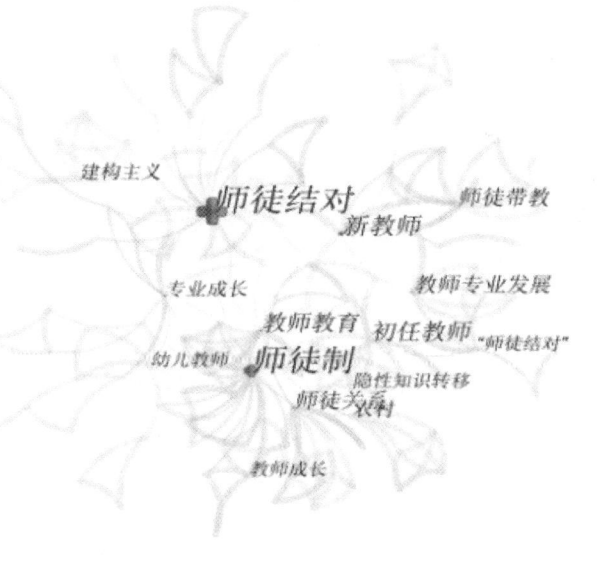

图1-2 我国教师师徒制研究关键词共现图谱(1992—2020年)

图1-2中的十字节点代表关键词,其节点和字体越大,代表该关键词的出现频次越高,也体现出其是该领域研究集中的主题。节点之间的连线就是关键词之间的共现关系,它的粗细与关键词之间的共现关系呈

正相关。图 1-2 中最大的节点为"师徒结对",则表明"师徒结对"出现的频次最高,体现出其是该研究领域中关注度最高的主题。为进一步了解相关的其他研究主题,随后把出现词频较高的关键词提取后制作成表 1-1。从表 1-1 的内容来看,可以发现其研究主题除"师徒结对"外主要集中有新教师、教师专业发展、师徒关系、教师教育等方面。以上我国教师师徒制研究的关键词共现图谱,不仅为明确其研究的历史主题提供了直观的认识,而且还为其文献梳理提供了科学的方向。

表 1-1　教师师徒制词频 ≥ 5 的关键词

排序	关键词	词频
1	师徒结对	27
2	师徒制	21
3	新教师	7
4	教师专业发展	6
5	师徒关系	6
6	教师教育	5
7	青年教师	5

三、教师师徒制已有研究成果的细化梳理与分析

教师师徒制在国外特别是欧美等国家作为对新教师进行入职教育的重要举措之一,被称为"教学指导"或"导师制",兴于 20 世纪 80 年代,已经具有丰富的实践经验和大量的研究成果。为此,为了全面梳理师徒制研究情况,以下就结合国内外相关已有的研究文献进行梳理。

（一）关于师徒制内涵的研究

"师徒制"在国外被称作 Mentoring,据《牛津高阶英汉双语词典》和《朗文当代英汉词典》分别解释为"教学指导"和"有大量经验和知识的人在工作上建议和帮助年轻人为工作做准备的一种制度"。在社会生产领域,师徒制被认作是一种经验丰富员工对新入职员工进行指导的培训方式。在教育学领域,师徒制虽然是一种大家熟悉的用语,但也未真正做出明确的界定,因为它是基于工作场景的教师学习与培训的重要方式,伴随着师徒制研究的关注问题发展变化而赋予了不同的解释。伴随

教师教育理念的变换与发展,师徒制的重点关注研究问题经历了由对新教师个体教育实践技能的掌握,转向教师专业发展,再到教师的群体学习三种变换过程。因而,对于师徒制内涵的认识也主要有以下三种。

一是单向指导训练说。受教师教育最初传统理念是加强教师教育技能训练的影响,人们自然将师徒制视为对新教师进行的单向指导训练。例如,美国学者伊根于20世纪80年代就指出,师徒制是一种以资深教师的有效性和可接近性与新教师的可接受性为特征的启发潜能过程。在此过程中,资深教师对新教师起着顾问、教育者和榜样的作用,其影响是普遍和持久的[1]。随后有学者也认为,师徒制是一种养育的过程,一种角色示范行为以及一种持续的关怀的关系。其中,导师主要以专业知识和个人发展为指导重点,起着教育、支持、鼓励、咨询和帮助的作用[2]。还有学者更加简洁地认为,师徒制是一位资深老教师对新教师所提供的一种引导或帮助[3]。

也有学者认为,师徒制是名教师与青年教师结成师徒,师傅对徒弟实施"传、帮、带",引导新教师走上专业化的培养模式。[4] 另有学者认为,师徒制指通过新手教师与资深教师合作的形式,使新教师通过对资深教师教学活动的观察、模仿,不断掌握专业技能和智慧的一种新教师培养方式。[5] 但是此种强调师傅对新教师单向指导作用及新教师教育胜任力培养的教师"师徒制"认识,存在忽视新教师作为学习主体的地位,导致新教师被动接受和模仿,缺乏创造性,最终难以实现师徒双方共同进步和提高,存在较大的片面性。为此,美国杨伯瀚大学的 Richard S. Kay 认为,师徒带教是一种全面的定向努力,旨在帮助新人在特定环境下,形成自立、负责任的态度与行为。[6] 特别强调通过师徒制培养徒弟的独

---

[1] Egan, J. Induction the Natural Way: Informal Mentoring[J]. ERIC, 1985(12): 282.
[2] Healy, C. C. An Operational Definition of Mentoring. In H. T. Frierson, Jr. (Eds.). Diversity in Higher Education[C]. JAI Press Inc., 1977: 11-15.
[3] Ingersoll, R. M. & Smith, T. M. Do Teacher Induction and Mentoring Matter[J]. NASSP Bulletin, 2004(7): 18.
[4] 冯家传.优化"师徒结对"的实施策略[J].中小学教师培训,2006(16):14-16.
[5] 杨显彪."师徒制":新手教师专业成长的必经之路[J].中小学教师培训,2006(3):13-14.
[6] Theresa M. Bey & C. Thomas Holmes. Mentoring: Developing Successful New Teacher[J]. Association of Teacher Educators, 1990(18): 13-15.

立自主精神和能力。

二是双向合作发展说。随着教师专业发展理念成为教师教育主导理念,人们对师徒制内涵有了新的认识,充分认识到师徒制应是师徒双方发展的需要,同时也是双方共同发展的过程。如有学者认为,师徒制是指在一种工作环境下,一位资深职业老手和一位同职业领域的新手间发生的一种具有动态性和互惠性的关系,其目的是促进和提高参与双方的职业发展[1]。另有学者认为,"单向教师指导训练"下的师徒制存在只注重徒弟教师的单向影响作用,注重教学技能的训练的片面认识,而教师专业发展理念下,师傅教师与徒弟都有专业发展的要求。由此有学者便从师徒"合作、共赢"角度出发,认为师徒制是师傅与徒弟教师共同发展的平台。把师徒制看成一种以师徒双方通过自愿结对,相互听课、评课形式,从而达到师徒双方共同发展的教师专业发展的途径[2]。克劳(G. M. Crow)将师徒制分为传统功能主义与批判建构主义师徒制两种类型,并认为传统功能主义师徒制把导师视作权威、知识、专长拥有者,而把徒弟视作是欠缺的,需要补足和完善的一方,从而导致徒弟需要完全服从导师的安排。此种方式是一种不平等的交流。而批判建构主义师徒制师徒双方是两个拥有不同知识优势的平等对话主体,他们通过指导、讨论和协商,共同建构知识[3]。此种认识强调师徒教师双主体地位和师徒制的双向作用影响及互惠功能,弥补了片面强调对徒弟教师发展的单向作用。

三是教师学习共同体说。随着新课程改革的深入发展,人们普遍发现教师在教师教育中所接受的教师发展理念在教育实践中存在难以适应的问题,故而在教师教育理念中出现一种"教师专业学习"新理念,该理念以社会学、人类学、情境学习理论为基础强调教师主动地在真实教育场景中适应并利用环境,实现经验的积累和发展。在此理念指导下,师徒制被认作是一种教师群体的合作学习方式,即教师学习共同体。如

---

[1] Anderson, E. M. & Shannon, A. L. Toward a conceptu-alization of mentoring[J]. Journal of Teacher Education, 1988(1): 38-42.

[2] 范蔚,廖青.基于教师专业发展的"师徒对"的内涵及特征[J].教育导刊,2012(9): 45-47.

[3] Grow. G. M. A. Critical-Constructivist Perspective on Mentoring and Coaching for Leadership[A].in Fletche, S. J. R. and Mullen, C. A. THE SAGE Handbood of Mentoring and Coaching in Education[C].Thousand Oak, California: SAGE Publications Inc., 2012: 228-241.

有学者认为,师徒制是以新老教师结为学习共同体为主要形式,通过合作、交流学习,以实现专业发展的重要途径。其主要特征为:以师徒共同意愿与情感结成的精神共同体,没有等级之分的师徒合作共同体,以实际教育问题解决为导向的实践共同体[①]。美国学者莱夫和温格则通过对裁缝、助产士、屠夫等行业进行大量调查基础上指出,师徒制是徒弟学习的一种"合法的边缘性参与"的过程,徒弟先是在共同体边缘观察学习,通过向各种人士学习逐渐成熟而到达共同体中心成为其核心人员[②]。由此,他们强调创建和通过学习共同体让职业新人在真实工作场境中与他人对话、分享来获取知识,成为共同体核心成员。

总之,尽管当前教育领域对教师师徒制内涵还未有一个明确一致的统一认识,但大体上还是将其看成是一种教师成长与学习的重要方式,并随着时代的发展不断融入新的内涵。

(二)关于师徒制作用的研究

师徒制活动影响范围较大,在教育领域从对象上可主要分为师徒双方及学校组织三个方面;从作用的方向又可分为积极与消极两个方面。

对于其积极作用,研究者最初主要聚集于对徒弟教师的影响。美国学者克莱姆(K. Kram)较早提出,师徒制作用主要存在两个方面:一是职业提升,包括提供赞助、提高新手的可见度、辅导、保护并给予挑战性任务;二是心理支持,包括提升新手的自信、自我同性和自我效能感[③]。随后,默茨(N. T. Mertz)在克莱姆的二分法基础上提出了促进心理发展、专业发展和职业提升三分法的观点[④]。他认为,虽然后面二者都属于促进职业发展的作用,但专业发展主要关注徒弟当前的需要,而职业提升关注徒弟的长远发展,师傅更应关注徒弟长远的职业提升。另有学者从更微观的视角出发认为师徒制的作用主要体现在:大大缩短了新教

[①] 周钰洁.基于专业学习共同体的中小学教师师徒制研究[D].重庆:西南大学,2018:14.

[②] J.莱夫,E.温格.情景学习:合法的边缘性参与[M].王文静,译.上海:华东师范大学出版社,2004:25.

[③] Kram, K. mentoring at work developmental relationships in organizational life[M].Glenview, Ⅲ: Scott Foresman, 1985: 232.

[④] Mertz, N. T. Whats a mentor, Anyway?[J]. Educational administration Quarterly, 2004(40): 541-560.

师熟悉教学常规、教学过程的周期[1],促进了新教师隐性知识的获得和个性化发展[2]。有学者还以自身为研究对象揭示了师徒制对澳大利亚在职移民教师的专业发展作用及过程。[3]

随着研究的深入,有诸多学者认为师徒制应是一个师徒双方均会受益的互惠活动。[4]这种益处主要表现在:提高了双方的生产力、师徒双方都获得良好评价、管理与技术的改进、潜能的发现、领导素质的提炼、业绩改进。另有学者认为,师徒制应充分考虑双方专业发展需要,通过师徒双方优势互补,达到共同发展的效果[5]。还有学者从促进师傅作用的视角出发认为,师傅提高了工作责任意识和主动性、扩展了知识结构和提高了教学反思意识[6];有利于促进成为新教师的"倾听者"[7]。除了针对徒弟和师傅的视角研究外,另有学者从促进教师队伍建设视角认为,师徒双方的进步与提高,将对建设一支具有良好思想业务素质、结构合理、相对稳定的教师队伍起到不可低估的作用[8]。有学者从教师培训方式的视角出发,指出师徒制与传统教师集体集中培训相比,贴近教育实践问题,是满足教师培训个性化的需要[9]。还有学者从教师文化视角认为,师徒制是教师合作文化的重要体现,其有效实施有利于教师合作文化的形成[10]。

对于其消极作用,陈桂生教授就曾指出,"师徒制既可能培养出好

---

[1] 沈莉,陈小英,于漪."师徒帮带"的教师培训模式——中美英青年教师职业初岗位培训比较研究[J].外国教育资料,1995(5):56-62.
[2] 杨显彪."师徒制":新手教师专业成长的必经之路[J].中小学教师培训,2006(3):13-14.
[3] Yan Dave. The impact of mentoring on a non-native immigrant teacher's professional development[J]. Teaching and Teacher Education,103,2021(103):56.
[4] Zey, M. G. The mentor connection[M].Homewood IL:Dow jones-Irwin,1984.
[5] 范蔚,廖青.基于教师专业发展的"师徒结对"的内涵及特征[J].教育导刊,2012(9):45-47.
[6] 胡伊淇.师徒结对"师傅专业成长的新途径[J].幼儿教育,2008(12):38.
[7] 母远珍.从师傅的角度解读幼儿园师徒制教师专业成长模式[J].学前教育研究,2008(6):15-17.
[8] 沈莉,陈小英,于漪."师徒帮带"的教师培训模式[J].外国教育资料,1995(5):56-62.
[9] 胡惠闵,王建军.教师专业发展[M].上海:华东师范大学出版社,2014:208.
[10] 赵昌木.教师专业发展[M].济南:山东人民出版社,2011:147.

徒弟,也可能带出问题"①。在已有研究中对于消极作用的认识主要体现在对徒弟教师专业发展的影响方面,如有学者指出师徒制制约了徒弟教师独立思考能力、问题解决能力以及创造思维的形成②。又有学者认为,其很容易导致师徒教学风格一致化③。师徒制容易将徒弟濡化到学校现有文化当中,阻碍了徒弟教师对新思想的吸纳,阻碍徒弟的成长和学校文化的发展。正如王建和奥戴尔认为,现存的师徒制师傅关注的是为徒弟提供情感和技术上的支持,而对标准教学却不够重视,所以需要让徒弟掌握基于标准教学教育改革的新思想、新观念。④

进一步研究还可发现,作用的研究主要是横向、静态的研究,而纵向、动态的研究成果却较为少见。横向、静态的研究成果有利于人们正确把握事物的稳定特征,却不能更好地揭示其运动变化发展的特点与规律。虽然人们已逐渐认识到师徒制对师傅所产生的作用,但更多是从活动的影响角度认识,是被动地接受影响,而并未真正深入师傅教师的内心,了解他们对师徒制的认识与理解,这容易使师徒制对师傅的真正作用难以取得实效。由此,从师傅教师出发,开展大量的纵向、动态研究,对师徒制的理论研究与实践运用都具有重要的意义。

(三)关于师徒制影响因素的研究

教师师徒制的实施过程中必然会受多种因素的影响和制约。从已有国内外研究文献来看,其影响因素主要包括组织管理、经济、文化等外部因素和师徒心理特质、参与态度等内部因素。

1. 外部环境因素

教师师徒制的设计与实施从外部宏观视角来看,必然会受国家教育方针、教师教育政策,教师专业发展理念等方面的影响。如有学者研

---

① 陈桂生.且说初任教师入职辅导中的"师徒制"[J].湖南师范大学教育科学学报,2006(5):38-40.
② 薄艳玲.教师教育变革理念下的我国师徒制研究进展述评[J].中小学教师培训,2015(2):1-5.
③ 张博伟,吕立杰.教师培养师徒制教学风格一致性问题研究[J].黑龙江高教研究,2013(3):92-94.
④ Wang, J. & Odell, S. J. Mentored Learning to Teach According to Standards-Based Reform: A Critical Review[J]. Review of Educational Research Fall, 2002, 72(3):481-546.

究后发现,相关政策的制定与实施将在很大程度上影响师徒带教的效果。[1] 还有学者关注师徒制实施学校所处社区或自身文化特点对导师的影响,如通过跨文化考虑的视角,关注美国犹太人学校中的导师制影响。研究表明,当导师对学校社区变得熟悉,对学校社区特有的宗教和文化元素表现出尊重和非判断的态度时,辅导就会加强。[2] 但从已有研究文献来看,主要集中于学校中观层面的研究。如有学者认为,学校事务性工作、相应的选拔、监督、评估与激励机制、教师文化等是师徒制实效的重要因素。[3] 又有学者从影响有效运行的角度指出有七个关键因素,分别是师徒带教的概念与目标、带教者的角色定位与职责、带教导师的识别与选拔、带教关系的建立与维持、带教的主要内容领域与范围、带教的主要策略、带教导师的培训与激励。[4] 还有学者认为,等级化的行政管理、学校建筑结构、教师共事场所的数量、课表安排、师徒所教学段是影响其实施效果的主要因素。[5]

2. 内部师徒主体因素

关于师徒内部影响因素,人们较早关注于师傅教师应具备良好的人格特质。如有学者认为,师傅应具备儿童发展、教育评价与各种学习理论知识;关心徒弟教师,并愿意投入时间与精力;在个人与专业方面尊重徒弟教师;具有良好的适应与运用环境的能力。[6] 还有学者通过对"优秀"或"明星"师傅教师的特点进行概括后认为,第一,具有优秀的教学实践能力;第二,具有良好的人格魅力和领导力;第三,具有根据工作环境而生成灵活的组织能力;最后,优秀师傅能够在行动中总结出自己

---

[1] Ngersoll, R.M.Strong, M.the impact of induction and mentoring programs for beginning teachers: A criyical review of theresearch[J].Review of educational research, 2011, 81(2): 201-233.

[2] Efron Efrat Sara, Winter Jeffrey S., Bressman Sherri. Cross-cultural considerations: mentoring teachers in Jewish day schools[J]. Mentoring & Tutoring: Partnership in Learning, 2021(29): 23-49.

[3] 孙式武."师徒帮带"制度实效性探析[J].淄博师专学报,2010(4):19-20.

[4] 夏正江.师徒制有效运作的关键要素解析[J].外国中小学教育,2018(2):45-47.

[5] Hargreaves, A. Changing Teachers, Changing Times: Teacher's work and culture in the postmodernage[M]. London: Cassell, 1994: 135.

[6] G. Robert bowers, Nancy Ann Eberhart, mentors and entry year program, theory into practice, 2008(3): 288.

"信奉的理论"。①

随后人们开始关注徒弟教师的心理特质因素的影响。如有学者通过准实验研究认为,收获高效的徒弟更乐于参与指导,对师傅的批评与指导更为开放,师傅与所带师徒交流次数更多,内容更具体、详细、清晰;徒弟也能客观地评价和反思自身的表现。相反,收获较低的徒弟常常习惯乐观估计自己的困难。②

3. 关于师徒制存在问题及成因研究

受多种因素的影响,中小学教师"师徒制"在运行中出现了诸多问题,严重制约了其作用的发挥,只有找准问题及"症结",才能提出有效的解决策略,提升实施效果。为此,对于师徒制的各种问题及成因分析是众多学者所关注的重要内容。但要真正厘清具体存在哪些主要的问题,并非易事。因为从不同角度来分析,就会有不同的答案。如从参与主体来看,就可有徒弟和师傅及师徒关系的问题。从运行过程来看,就有结对、指导计划、指导方式内容、评价及整体运行机制的问题。从学校管理角度分析,又有相关制度的制订、具体条例的科学性、监督、保障等方面的问题。另外,对于问题的表现和原因有时还难以区分。如师徒制中存在师傅指导方式单一的问题,但这一现象是问题还是原因呢?对此问题要能正确回答,关键在于要将某个问题放在具体的位置上来进行判断,如指导方式单一从指导方法或方式的角度是一个问题表现,而从效果不佳的原因探讨来看,它又是一种原因。

从已有研究来看,涉及师徒制问题及成因分析的成果较为丰富,主要体现在以下。

一是徒弟方面问题,主要涉及学习态度与方法。如有学者认为,有部分徒弟教师学习上缺乏主动性,不能主动向师傅请教,一切都需要师傅安排。其原因主要有作为徒弟的新教师还是习惯于学生的角色,徒弟的胆小、害羞等个性缺陷及害怕被师傅贴上"专业不扎实"标签等影

---

① Lily Orland-barak. Ronit hasin: exemplary mentor's perspectives towards mentoring across mentoring contexts: Lessons from collective case studies[J]. teaching and teacher education, 2010(26): 427-437.
② Roehrig, A. D, et al. Mentoring beginning primary teachers for exemplay teaching practices[J]. Teaching and Teacher Education, 2008(24) 687-702.

响[1]。另有学者认为,因师徒关系的依附性,徒弟教师在学习上容易盲从师傅教师,缺乏个性及创造性[2]。

二是师傅方面问题,主要涉及指导态度与方法。有学者认为,有部分师傅在活动中存在热情不高,动力不足。主要的原因是师傅缺少相应的回报,而不愿努力培养一位"潜在的对手"。[3] 另有学者认为,师徒制下师傅指导方式主要是互相听课,较为单一,未能满足徒弟教师的需求。其师傅指导时习惯使用的个人传统经验,缺乏创新精神等是其产生的主要原因。[4] 费南·奈米瑟(Sharon Feiman-Nenser)认为,"多数情况下,对于师傅老教师来说,对徒弟新教师的指导是一种违反常态的行为"。他们虽然能教好学生,却难以明白其中背后的原理和或将一系列复杂的教学行为分解为徒弟容易学习的要素,由此容易使徒弟只掌握一些实用的技能,却很难形成一名教师成长所需要的教学反思能力。[5] 有学者从定量研究考察了被调查者对自己参与了三年的校本辅导计划(SBMP)中获得的支持的感知。该研究涉及7所主办SBMP的学校的341名教师。调查结果显示,只有45.2%的参与者"同意"或"强烈同意"他们的导师提供了预期的支持。根据调查结果,如此低的教师对辅导计划项目效益的满意度可能源于高的师长比(56比1)、有限的导师的内容知识以及时间的限制。[6]

三是从学校管理的角度出发揭示问题,这也是已有研究较为集中探讨的内容。其主要表现在:师徒结对行政化,师傅培训制度缺失,缺乏过程管理与监督,缺乏有效的评价机制等。对于产生的原因,学者们主要从管理学的角度进行剖析;对于师徒结对行政化问题,其主要原因是学校管理权力集中,教师缺乏主导权;师傅培训缺失,主要是观念陈旧,

---

[1] 沈莉,陈小英,于漪."师徒帮带"的教师培训模式——中美英青年教师职业初岗位培训比较研究[J].外国教育资料,1995(5):56-62.

[2] 符太胜,舒国宋,李东斌.农村中学师徒制的冷思考[J].内蒙古大学学报(教育科学版),2008(6):56-61.

[3] 毛齐明,岳奎."师徒制"教师学习:困境与出路[J].教育发展研究,2011(22):58-62.

[4] 邹学红,王馨,王松丽,李琼.北京市中小学初任教师专业成长中"师徒结对"现状调查研究——以北京市朝阳区为例[J].中国教师,2010(5):27-29.

[5] Sharon Feiman-Nermser. What New Teachers Need to Learn[J]. Educational Leadership, 2003, 60(8): 25-29.

[6] Muhayimana Theophile. Are you better off now? An investigation of perceived outcomes among teachers involved in a mentoring program[J]. Mentoring & Tutoring: Partnership in Learning, 2021(29): 195-214.

简单认为师傅不需要培训;缺之过程监督主要是重结果,轻过程;评价机制失效原因主要是评价措施简单化。但有学者从心理学的视角出发认为,其主要受各方参与主体"路径依赖"的惯习作用影响[1]。对已有研究成果分析还发现,对问题与成因的研究较为散乱,主要体现在硕士学位论文现状调查当中,或以其他主题研究的论文中也有涉及,但《教师培养师徒制教学风格一致性问题研究》[2],此篇论文可以说是就专门问题进行集中研究的少见成果。

4. 关于师徒制改进策略研究

随着对师徒制的深入研究,人们开始对师徒制此种方式产生了诸多质疑。有学者认为,师徒模式依然是传统手工业经济方式在教师教育上的延伸,其实质是把教师职业视作一门手艺,需要师徒之间口耳相传,示范模仿。虽然教师工作中有技能、技艺的成分,教育经验也是众多成熟教师的工作依据。但教师教育是一门科学,需要更多科学思想的指导、理性的反思,师傅在传授经验时,可能掩闭了思考的空间。另外,在当前教育大众化的情境下,师徒制已经不能满足大量培养合格与优秀教师的需要[3]。为此,研究者主要针对师徒制对教师专业成长的局限性,积极探寻改进的有效策略。这里主要从以下两个方面进行探讨。

一是从内部具体运作层面提出的改进策略。如有学者认为,师徒制中师徒之间主要有行政、专业、私人层面的三种关系,实践中行政关系和专业关系不利于活动的有效开展,故而应注意私人关系的发展。但不管何种关系,都应注重平等、互惠的原则[4]。有学者从改进带教形式出发认为,师徒结对形式应从"一对一",向"多对一"及"多对多"[5]、团队带

---

[1] 杨瑞勋.中小学教师"师徒制"改进中的路径依赖与破解[J].当代教育科学,2019(9):53-58.
[2] 张博伟,吕立杰.教师培养师徒制教学风格一致性问题研究[J].黑龙江高教研究,2013(3):92-95.
[3] 蔡方,王丽琴.骨干教师专业成长规律[N].中国教育报,2004-1-14.
[4] 胡惠闵,王建军.教师专业发展[M].上海:华东师范大学出版社,2014:220-224.
[5] 符太胜,舒国宋,李东斌.农村中学师徒制的冷思考[J].内蒙古大学学报(教育科学版),2008(6):56-61.

教①、电子导师制②、网络指导方式③等改进。另有学者从情境学习理论出发认为,指导模式应从传统的观摩师傅上课—在师傅指导下备课—模仿师傅试课—接受师傅评课模式,转变为"同台上课"模式。④美国各地所依托新教师入职教育所开展的"教学导师"非常重视采用"认知师徒制"方式来促使徒弟不仅是提高教学的胜任力,还有助于形成重要的教学反思力。师徒之间通过双方自由选择形成师徒之间平等的朋友关系是实现其目标的重要一环。

二是从外部制度及指导思想层面提出的改进策略。在对师徒制内部改进研究中人们开始反思发现,内部的改进更多是就事论事,细枝末节的调整,并不能整体改变运行的实效。于是人们让改进的关注焦点逐渐从师徒制的内部运行中就某个具体问题进行探讨而转向外部的制度及未来发展走向的思考。如有学者在对师徒制实施现状审视后发现,现行师徒制是一种依靠组织管理制度维系的"规约"型运作方式,其特点是依靠学校组织制定相关规章制度,刚性规定其程序、内容、方式与评价,以保证其顺利运行。尽管"规约"型具有操作规范、便于管理的优点,但其以管理规范作为人的行动准则,使师徒制限制于制度的框架之中,削弱了师徒的认同感和创新性。为此,该学者借鉴组织行为学的心理契约理论,提出变革制度框架束缚的规约型师徒制,朝着构建心理契约型师徒制方向改进,并具体提出目标激励、柔性管理、文化建设、主体构建的构建策略⑤。

另有学者在基于师徒制下徒弟教师简单"模仿"师傅教师的问题进行研究中发现,其问题主要是师徒制受传统教师专业发展范式影响的结果。因为传统的教师专业发展范式是一种注重知识与技能的教师发展,或"补足式"的发展,在这发展范式中教师扮演的是"知识的消费者",

---

① 蔡亚平.团队带教:基于师徒制的初任教师培养模式革新[J].当代教育科学,2018(5):72-85.
② 焦中明,赖晓云.电子导师制:师徒带教是新教师培养的一种有效策略[J].电化教育研究,2005(10):37-40.
③ Haring, M. J. Networking Mentoring as a Preferred Modelfor Guiding Programs for Underrepresented Students[A]. In H. T Frierson, Jr.(Eds.). Diversity in Higher Education[C]. JAI Press Inc., 1997: 63-76.
④ 毛齐明,岳奎."师徒制"教师学习:困境与出路[J].教育发展研究,2011(22):58-62.
⑤ 袁强.学校师徒制的价值及其转型:从规约到契约[J].教育科学,2016(6):7-50.

最终失去自身发展的主动权。而新的教师专业发展范式,强调教师的"自我理解"与"社会生态的转变",重视基于教师实践,培育教师合作的社群文化,让教师在互相学习、交流中实现专业发展。由此,为了让师徒制中的教师发挥主动性,扭转被动发展的现实,实现促进专业发展的实效,该学者提出让师徒制向"教师专业学习社群"转变,从而在其共同分享学校决策与领导、教育实践经验的分享、尊重与互信的氛围、共同的目标环境中实现所有教师的专业发展[①]。

总之,师徒制随着社会发展需要进行改进,众多学者为其做了大量的工作,但师徒制的改进有学者指出不能极端化。如有学者认为,学校师徒制的转型并不意味着要抛弃传统师徒制的全部,而是要去粗存精,继续发挥其优势和特长,在此基础上积极转向并不断创新发展[②]。

四、研究评析

从已有研究可以看出,教师师徒制的研究成果较为丰富。但通过相关文献梳理发现,关于教师师徒制的研究尚有进一步提升和深化的空间。

首先,展开师徒制历史演变发展脉络的研究。目前有关师徒制的研究更多地关注师徒制经验如何传承的问题,而对师徒制的起源与发展却关注不足。为什么在教师专业发展中采用师徒制,它是从何而来,它具有怎样的发展过程?当前的师徒制主要有哪些类型,它的演变过程如何?在教师专业发展背景下师徒制将面对哪些挑战和变革需求?对这些问题的回答是正确理解师徒制内涵的重要前提。只有通过回顾社会职业培训中的学徒制、教师职前教育、校本培训的认识演变过程,才能在正确认识师徒制的发生发展历史的基础上进行继承与创新,也才能更好服务于教师专业发展,师徒制也才能完成当前时代所赋予的重要任务,体现其重要价值。

其次,增强"教师专业发展"主题的研究。师徒制作为教师专业发展的重要途径之一,教师专业发展已成为众多学者对其研究的重要视角。但从研究的内容和结果来看,其二者联系得不够紧密,只有教师专

---

① 宋萑. 新教师专业发展:从师徒带教走向专业学习社群 [J]. 外国教育研究,2012(4):77-84.
② 袁强. 学校师徒制的价值及其转型:从规约到契约 [J]. 教育科学,2016(6):47-50.

业发展的"皮毛",却没有相应的"灵魂"。第一,作用范围窄化。教师专业发展是教师伴随职业终身的过程,存在不同发展阶段,在各个阶段都有发展的特殊要求。但现有的研究都把师徒制作为对新教师专业发展的重要方式,而对其他针对骨干教师的师徒制方式却"视而不见",诚然,师徒制在实践中对新教师的帮助尤为显化,但缺乏其他阶段教师(如合格、骨干教师)帮助的师徒指导活动的研究,出现作用范围的窄化,导致缺乏其全程化的研究成果。第二,研究对象只集中在师徒制活动本身,但二者的联系却较为少见。其整个研究只在关心师徒制运行的现状、问题及建议。但是,教师专业发展对师徒制在目标、内容、运作、评价等方面与传统师徒制的区别和新要求有哪些?其运作机制如何构建?类似问题,已有研究并没有给出相应的答案。似乎只要传统的师徒制搞好了,教师就会自然地获得专业发展了。第三,针对师傅教师专业发展作用缺乏的深入研究。已有研究成果也指出师徒制会促进师傅教师的专业发展,但已有研究更多停留在思辨层面的简单解释,缺乏更为细致的实证研究。

最后,深入开展师徒互动作用机制的研究。尽管师徒制活动已普遍在教育领域开展,但其运行仍然主要以师傅经验传递的方式进行。这一现状也反映出当前师徒制理论研究不够系统、深入的问题。从当前师徒制研究的内容来看,其经验化、外显化特点突出,其成果主要集中在介绍其实施的意义与经验,或者基于经验以及调查发现的问题,而就事论事地泛泛而谈一些改进的建议。但是,师徒制方式是否真的有效?其作用的机制是什么?在当前其影响因素有哪些?在教师专业发展下其存在哪些局限?为克服这些局限应增加哪些新的要素?如果缺少以上理论问题的深入、系统研究,而针对实践中存在的问题,只是简单依据经验提出对策建议,那只能是治标不治本的无用之举。

由此,师徒制的研究必须向更深层的内容进发。尤其是当教师师徒制作为一个研究领域走向形成与发展之时,教师师徒制的相关研究必然会朝向其核心发展。一般而言,当人们最初将目光投向教师师徒制时,他们关注最多的可能是教师师徒制的外部条件如政策、管理制度、经费、时间等和如何激发各参与主体的动机。但是,当其研究走向一个正式的研究领域时,一些根本性的问题就会凸显出来,如教师师徒制到底是什么?它如何展开?什么样的教师师徒制才更加有效?等等。但从其研究现状来看,人们思考更多的还是教师师徒制的外部条件和主体动机问题,对于其本身具体的师徒互动作用机制缺乏必要的探讨。尽管教师师徒制的外部条件与动力激发这些研究需要进行而且尚需大力推进,但从该研究领域的形成与发展来看,对教师师徒制的师徒互动作用机制本身进行研究,也是一个不容忽视的任务。只有弄清了这个主题,所提供的条件才会更加适当,激发参与主体动机的措施才会更有针对性和有效性。

鉴于此,对于师徒制的研究应充分认识其不仅是一个重要的理论问题,也是一个重要的实践问题,需要研究者既要拥有扎实的理论基础,又要结合当前师徒制的运行环境,为促进师徒制更有效地发挥作用而积极、努力地探索。为此,运用规范研究与实证研究、整体研究与个案研究,借鉴管理学、心理学、社会学、人类学等理论,从纵横方向拓宽研究视野,以新的视角对其进行理论审视,并紧密围绕教师专业发展的对象、目标、内容展开师徒制历史发展规律、作用效果及其影响因素、运作机制、师徒互动策略等理论与实践的探究是今后进行深入研究的重要方向。

第三节 核心概念界定

一、教师专业发展

"教师专业发展"(Teacher Professional Development)于大多数人而言并不陌生,然而,不同学者对它有不同的理解。霍伊尔(Hoyle)认为,教师专业发展就是指在教学职业生涯的每一阶段,教师形成良好的专业实践所必备的知识与技能的过程。[1] 格拉特霍恩(Glatthorn)认为,教师发展即教师由于经验的增加和对其教学系统的审视而获得的专业成长。[2] 佩里(Perry, P.)认为,教师专业发展意味着教师个人在专业层面上的成长,包括信心的增强、技能的提高,对所任教学科知识的不断

---

[1] Hoyle & Jacquetta Megarry. Word Yearbook of Education[J]. Professional development of teachers, 1980(1): 42.
[2] 蒋竟莹. 教师专业化及教师专业发展综述[J]. 教育探索, 2004(4): 104.

更新、拓宽和深化，以及对自己在课堂上为何这样做的原因和意识的强化。① 美国学者斯帕克(Sparks, D.)、赫什(Hirsh, S.)认为，专业发展、教师培训、在职教育等完全可以相互交叉使用②，以促进教师在不同的阶段有不同的专业发展侧重。

国内对教师专业发展也有不同的解释。余文森和连榕在《教师专业发展》一书中认为：教师专业发展是指教师作为专业人员，在专业思想、知识、能力等方面不断发展和完善的过程，可概括为从新教师到专家型教师的过程。饶见维认为，教师专业发展是"新教师从职前培训到在职教育，再到离开教师职业位置整个阶段，都必须维持学习与研究，不断发展其专业内涵，逐渐达到专业圆熟的境界"。刘捷认为，教师的专业发展是指教师专业成长，是多阶段的连续过程，是职前教育、上岗适应和在职提高的一体化的过程。③ 崔允漷、王少非则认为，教师专业发展即专业实践的改善。④

从以上国内外不同学者对教师专业发展的各种概念界定可以看出：它受到多方重点的关注，体现出不同学者从不同角度的理解与认识。但本书认为，从教师专业发展的现实活动中表现出的复杂性已经说明其实并不是那么简单。由此，如欲获得教师专业发展的本质认识，还需要厘清教师专业发展与教师专业化、教师专业素养的结构，教师专业发展的主动性等基础性问题。

第一，教师专业发展与教师专业化。教师作为一门古老的社会职业，但职业不能等同于专业，因教师职业的特殊性等因素的影响，其专业性地位在长时间受到多方质疑或争议。由此，20世纪60年代开始，在要求大力提升教师素养的背景下，欧美国家兴起了争取教师专业地位及相应权力和教师专业能力的教师专业化运动，但在运动中由于片面追求教师群体的专业地位及权力却忽视了教师个体关键的教育实践能力的发展，从而导致活动到20世纪80年代前，并未取得实质性进展。20世纪80年代后，各国在加强教育改革中，充分认识到教师专业发展在教育改

---

① 叶澜.教师角色与教师专业发展新探[M].北京：教育科学出版社，2001：225-227.
② Sparks, D. & Hirsh, S. A new vision for staff development[M]. Washington, D.C.: Assoiation for supervision and curriculum development, 1997: 23-27.
③ 刘捷.专业化：挑战21世纪的教师[M].北京：教育科学出版社，2002：57-71.
④ 崔允漷，王少非.教师专业发展即专业实践的改善[J].教育研究，2014(9)：7-82.

革中的关键作用,从而对以前忽视教师个体专业发展的做法进行批评和反思,促使教师专业化的目标重心从专业地位与权力的诉求转移到教师专业发展之上,成为教师专业化的方向和主题。随着促进教师专业发展的各种活动的开展,人们越来越认识到,提升教师专业地位的有效途径是加强教师教育,促进教师专业发展,只有不断提高教师的专业水平,才能使教师成为一种受人尊敬和社会较高地位的职业。总之,教师专业发展来自争取教师职业专业地位运动的经验总结,并成为人们所认可的实现教师职业专业地位的有效途径。由此,在研究中需要注意不能忽视教师专业化这个大前提,来片面强调教师个体的发展。

第二,教师专业素养结构。教师专业发展应朝向哪些内容和目标?如何评价教师专业发展的效果?如要解决这些问题,必须清楚教师专业素养的结构问题。关于教师的专业素养内容,众多学者对其进行了研究,比较具有代表性的有:叶澜的专业理念、知识结构、能力结构[1];林瑞钦所教学科的知识(能教)、教育专业知能(会教)、教育专业精神(愿教)[2];曾荣光的专业知识、服务理想[3];申继亮、辛涛的职业理想、知识水平、教育观念、自我监控能力、教学行为与策略[4]等。总之,从以上研究表明:作为一名优秀的教师应具备多方面的专业素养,概括起来主要包括三个方面:专业知识、专业技能和专业情意。

第三,教师专业发展的主动性。从已有研究中关于教师专业发展的概念中,都忽视了教师发展意愿的问题,几乎一致把教师会主动发展作为预设前提。但现实中教师的存在方式是多元化的,主要有"生存型""享受型""发展型"。其中,"生存型"的教师面对生活的各种压力,是否有强烈的意愿关注自身的专业发展呢?由此,在涉及教师专业发展的概念界定时,需要特别注意教师现实的生存方式与生活环境的前置条件,调动发展的主动性。

综合以上思考,本书所涉及的教师专业发展是指在关注教师生存方式与环境的前提下,教师主动通过培训、教学反思、交流、科研等活动,使自身专业素养内容与结构不断更新、演进和丰富的过程。从时间上

---

[1] 叶澜.新世纪教师素养研究[J].教育研究与实验,1998(1):41-46.
[2] 林瑞钦.师范生任教职志之理论与实证研究[M].高雄:复文图书出版社,1990:176.
[3] 曾荣光.教学专业与教师专业化:一个社会学的阐释[J].香港中文大学教育学报,1984(1):23-41.
[4] 申继亮,辛涛.教师素质论纲[M].北京:华艺出版社,1999:30.

讲,它贯穿于教师整个职业生涯的始终,包括职前培养、入职教育和在职培训各个阶段;从内容上讲,教师专业发展的主要内容包括:专业理念、专业知识、专业能力、专业态度和专业意识,以及正规的课程和个人的学习反思等。也就是在教师的整个工作过程中都必须持续学习与研究,不断发展其专业内涵,逐渐迈向专业成熟的境界。从其意义而言,它不仅能提升教师个人职业幸福的满意度和幸福感,而且是提升整体教师队伍专业地位的有效途径。

二、师徒制

师徒制源于古代技艺传承经验,是最早的教育形式之一。师徒制的英语词汇是 Mentoring,《牛津高阶英汉双解词典 》(商务印书馆第六版)和《朗文当代英汉辞典》(外语教育与研究出版社第四版)中,对 Mentoring 分别解释为"指导计划"和"有大量经验和知识的人在工作上建议和帮助年轻人为工作做准备的一种制度"。[①] 进一步查阅相关文献发现,也有诸多学者从不同视角对师徒制进行了相应的概念界定,但准确地说要给师徒制下一个明确的定义是非常困难的。为此有学者认为,主要原因有四个方面:一是历史上对师徒制的定义只是揭示了其主要特征,而不是这个概念的意义;二是师徒制在实践中其类型在不断拓展,带来的外延不断扩大,使把握其内涵困难重重;三是这个概念缺乏明显的边界,人们普遍把工作与生活中发生的帮助关系都定义为 Mentoring;四是师徒制中的某些假设,如师徒对目标的一致性认识程度,双方的利益认可度及是否能付出最大努力来参与等基本假设都是未经检验的。[②] 另外,人们难以很好地区分 Mentoring 与 Coaching 两个概念之间的关系。有学者认为 Mentoring 是 Coaching 的一部分。但也有学者持相反意见并认为,Coaching 是 Mentoring 的一部分。从教育情境出发认为二者存在差异,Coaching 是指学校同事教师间就某些技术层面的问题的交流与建议,主要体现在平时教研或公开课当中,可以说是

---

① 王红艳,陈向明.审视"Mentor-启导"现象[J].国内外相关研究综述,2010(7):103-106.

② Grow. G. M. A. Critical-Constructivist Perspective on Mentoring and Coaching for Leadership[A].in Fletche, S. J. R. and Mullen, C. A. THE SAGE Handbood of Mentoring and Coaching in Education[C].Thousand Oak, California:SAGE Publications Inc., 2012: 228-241.

指"同事互助";而 Mentoring 是指导教师专门负责对被指导教师全面的专业指导和促其成长的活动。

由此,本书认为需要通过对各种形态的师徒制现象进行综合、比较、抽象与概括,从而揭示出师徒制的本质特征,这样才能更科学地对师徒制的概念进行界定。师徒制随着社会发展在不断地演变,产生了多种不同类型,其中具有代表性的主要有:学徒制、传统师徒制、现代学徒制、认知师徒制等。

学徒制指旧中国手工作坊、商行、工厂中的一种剥削青少年工人的制度。学徒年龄有大有小,以幼小者为多。初入厂、店者要先充当学徒。学徒须有铺保、人保,付一定数目押金或保证金,要办拜师酒。要对厂主或店主立下"学徒契约"或"保证书",以保障厂主和店主对学徒的剥削与压迫。

传统师徒制指在近代学校教育出现之前,手工作坊或店铺中师徒共同劳动,徒弟在师傅指导下习得知识或技能的传艺活动。欧洲中世纪时期的行会组织中此形式较为普遍,徒弟的行为更多受到契约的约束与限制。在《教育大辞典》中,顾明远先生把"学徒制"定义为"一种从古代延续至今的职业训练制度。最初形式是父亲把技艺传授给儿子,这是一种与初期手工业相适应的教育形式。在大工业出现以前的小生产时期,一般指雇主与学徒订立契约,按照国家规定进行职业训练,在规定期限内,雇主以师傅身份向学徒传授技艺,学徒整天为雇主劳动服务,一般报酬很少或只给生活费用"。[①]

现代学徒制是由企业和职业学校共同推进的一项育人模式,其教育对象既包括学生,也可以是企业员工。对他们而言,就学即就业,一部分时间在企业生产,一部分时间又在学校学习。

认知师徒制指将传统学徒制方法中的核心技术与职业教育相结合,以培养学生的认知技能,即专家实践所需的思维、问题求解和处理复杂任务的能力。在这种模式中,学习者通过参与专家实践共同体的活动和社会交互,进行某一领域的学习。

从以上师徒制的各种类型来分析,可以得到其主要的共同特点:第一,建立在师徒关系之上的经验与技艺的传、帮、带;第二,亲临职业活动实践现场的个别化指导;第三,具有相应的规范或制度保障其顺利运

---

① 顾明远.教育大辞典[M].上海:上海教育出版社,1986:4.

行；第四，指导或作用对象都为职业新手。由此，根据这些主要特点，本书将师徒制概念界定为：发生在社会活动各领域之中，由一名经验丰富、技艺出众的从业人员与一名或多名经验不足的职业新手建立师徒关系，师傅在实践操作中通过传、帮、带等方式负责对徒弟进行专业与生活的指导与帮助活动。

三、教师师徒制

教师师徒制是师徒制在教师专业成长中的设计与应用。它在我国中小学校中还有众多称谓，如"师徒结对""师徒帮带""师徒带教"等。但都是同指一种现象，其含义相同。从已有文献来看，对其定义也较为丰富，有学者认为，它是指通过资深教师与新手教师合作的形式，使新教师通过对资深教师的教学实践观察、模仿以及资深教师的指导，逐渐体悟职业的隐性经验，不断掌握专业技能和智慧的一种新教师培养方式。[①]另有学者认为，它是指骨干教师与青年教师结成师徒，师傅对徒弟传、帮、带，引领和指导他们走上专业化道路的一种目标性、实践性和实效性很强的培养模式。[②]可以看出，当前学者对教师师徒制的内涵主要聚焦于师傅对徒弟的传、帮、带作用之上，目标为促进新教师的角色适应与专业知识与技能的掌握。

本书对象为教师专业发展的"师徒制"，故这里所指的"师徒制"与教师"师徒制"内涵基本一致，但本书认为当前教师"师徒制"的定义与实践存在一定的偏差，未能反映出教师"师徒制"的全貌与实质。首先，当前教师师徒制关注对象集中于对新教师作为徒弟的认识和研究，但实践中教育领域的师徒制还运用在对成熟或骨干教师的专业发展之上，由此应以更宽广的范围来认识当前教育领域的师徒制现象。其次，当前教师师徒制片面强调师傅对徒弟的单向传递与指导作用，但作为师徒二者参与的实践活动，必然是一种双向互动的过程，师徒在这一过程中也必然受到一定的影响，这一情况也不能被忽视。

综合以上内容的梳理，本书中所涉及教师师徒制概念界定为：在普通中小学校富有教育经验和指导能力的教师与需要发展指导的教师以

---

① 杨显彪."师徒制"：新手教师专业成长的必经之路[J].中小学教师培训，2006（3）：13-14.
② 冯家传.优化"师徒结对"的实施策略[J].教学与管理，2006（10）：14-16.

正式(学校行政安排)或非正式(双方自发形成)的形式结成对子,建立师徒关系,师傅教师主要通过发挥"传、帮、带"作用对徒弟教师进行实际教育工作的知识、技能、态度等内容的全面指导,通过师徒互动,从而促进师徒教师双方在原有基础上获得实质性的进步与发展。

第四节 研究思路与方法

一、研究问题

综合当前文献研究的情况,本书的核心问题设定为:师徒制在教师专业发展中发挥了什么作用,如何更好地发挥其作用?具体可分解为以下三个研究问题。

(1)师徒制作为教师专业发展的重要方式是如何发展起来的?

(2)师徒制在中小学校实施的效果究竟如何?主要影响因素有哪些?

(3)如何才能更好地促进师徒制作用的发挥?

二、研究思路

为全面、理性认识当代教师专业发展中的"师徒制"现象。本书基于研究问题以逐步深入的步骤展开探索,首先在厘清当代教师师徒制的理论成果与实践经验基础上,围绕中西方师徒制的历史演变进行梳理与分析,从而全面、系统地认识师徒制的发展历程及特点;随后通过问卷调查、实地访谈等方式,在收集和分析样本数据的基础上,了解和掌握当前师徒制在中小学教师专业发展的实际作用效果及其主要影响因素;最后围绕构建师徒制运作机制模型及揭示优秀师傅带教特征两个方面来为师徒制的作用提升提供理性指导或参考,从而促进其作用的发挥。具体研究思路与内容可参见图1-3。

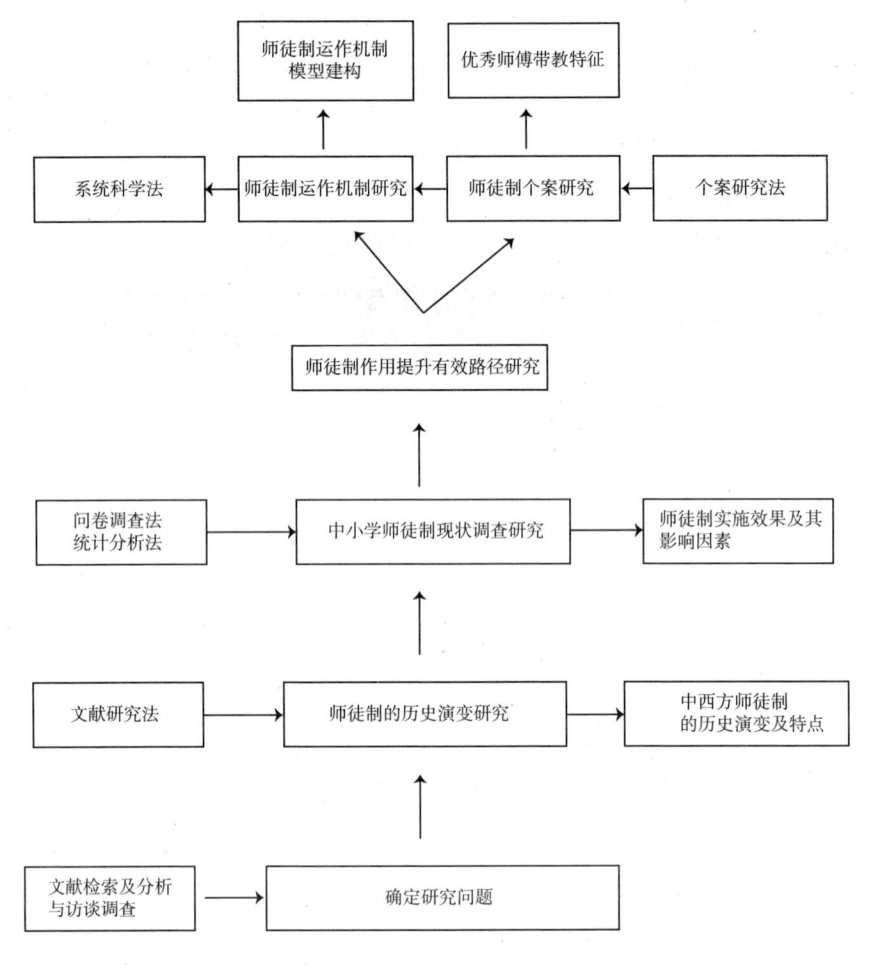

```
                                         ┌──────────────┐  ┌──────────────┐
                                         │师徒制运作机制│  │优秀师傅带教特征│
                                         │  模型建构    │  │              │
                                         └──────▲───────┘  └──────▲───────┘
                                                │                  │
┌──────────┐    ┌──────────────┐    ┌──────────────┐    ┌──────────┐
│系统科学法│───▶│师徒制运作机制│◀───│师徒制个案研究│◀───│个案研究法│
└──────────┘    │   研究       │    └──────────────┘    └──────────┘
                └──────▲───────┘           ▲
                       │                   │
                       └───────┬───────────┘
                               │
                    ┌──────────────────┐
                    │师徒制作用提升有效路径研究│
                    └──────────▲───────┘
                               │
┌──────────┐    ┌──────────────────┐    ┌──────────────┐
│问卷调查法│───▶│中小学师徒制现状  │───▶│师徒制实施效果及其│
│统计分析法│    │  调查研究        │    │  影响因素    │
└──────────┘    └──────────▲───────┘    └──────────────┘
                           │
┌──────────┐    ┌──────────────┐    ┌──────────────┐
│文献研究法│───▶│师徒制的历史演变│───▶│中西方师徒制  │
│          │    │  研究        │    │的历史演变及特点│
└──────────┘    └──────▲───────┘    └──────────────┘
                       │
┌──────────────┐    ┌──────────────┐
│文献检索及分析│───▶│确定研究问题  │
│与访谈调查    │    │              │
└──────────────┘    └──────────────┘
```

图 1-3　研究流程示意图

三、主要研究方法

（一）文献研究法

文献研究法主要指研究者通过系统全面地搜集、查阅和分析与研究问题相关的文献资料,明晰研究现状、问题和发展趋势的一种研究方法。[①] 为此,本书通过中国知网（CNKI）、万方、维普、超星图书馆等电子资源数据库和学校图书馆、微信公众号等渠道,将与师徒制相关的各类

---

① 和学新,徐文彬.教育研究方法[M].北京:北京师范大学出版社,2015:66.

文献,主要包括学术期刊、学位论议、国家政策文件及教师教育、教师专业发展、教育学、心理学、管理学、社会学等学术专著进行广泛收集和阅读。首先,通过阅读和分析已有研究文献在了解和掌握了本书的历史、现状和不足的基础上,明确了本书的基本问题及思路和框架。其次,通过对收集到与中西方师徒制产生与发展相关文献资料的分析,以获得师徒制的历史演变特点。最后,使用已收集文献中的相关理论为本书的问卷设计、访谈提纲的制定提供了相关理论依据或支撑,并在结论观点论证时提供丰富、科学的论据材料,为更科学地论证本书观点增强说服力。

(二)问卷调查法

为了解师徒制在中小学校的基本运作情况及探究师徒制作用效果及其影响因素,笔者自编了"中小学教师师徒制现状调查问卷(徒弟教师卷)"(详见附录1)和"中小学教师师徒制现状调查问卷(师傅教师卷)"(详见附录2)两个问卷,问卷结构如表1-2和1-3所示。

表1-2 中小学教师师徒制现状调查问卷结构表(徒弟教师卷)

问卷内容	维度	题号	题量	题型
教师基本信息		1~15题	15	类别式单选题
教师专业发展效果	专业知识	16~18题	3	里克特式单选题
	专业技能	19~32题	14	
	专业态度	33~35题	3	
师徒制作用效果影响因素	徒弟对师徒制的认识观念	36~38题	3	36、37类别式 38里克特式
	师傅教师带教素养	39~40题	2	39、40里克特式
	师徒关系	41~42题	2	42里克特式 41类别式
	学校管理与氛围	43~47题	5	46里克特式 43、44、45、47类别式
	师傅带教的内容与方法	48~50题	3	50里克特式 48、49类别式

表 1-3　中小学教师师徒制现状调查问卷结构表（师傅教师卷）

问卷内容	维度	题号	题量	题型
教师基本信息		1～14题	14	类别式单选题
对师徒制的认识		15～17题	3	类别式和里克特式单选题
教师专业发展效果	专业知识	18～20题	3	里克特式单选题
	专业技能	21～23题	3	
	专业态度	24～28题	5	
提升师徒制效果建议		29题	1	类别式多项选择题
带教基本情况	带教目的	30题	1	类别式排序题
	带教内容	31～33题	3	类别式排序题
	带教方式	34题	1	类别式排序题

表1-2可见，徒弟教师问卷由三个部分共50个题目构成，其中第一部分为教师个人基本信息；第二部分为师徒制对徒弟教师专业发展的影响效果，主要包括教师专业知识、教师专业技能、教师专业态度三个维度题目；第三部分为师徒制影响因素。

表1-3可见，师傅教师问卷由五个部分共34个题目构成，其中第一部分为教师个人基本信息；第二部分为师傅教师对师徒制的认识；第三部分为师徒制对师傅教师专业发展的效果；第四部分为师傅对师徒制有效开展的建议；第五部分为师傅教师个人带教情况。

对两个问卷的调查数据运用SPSS23.0软件对涉及师徒专业发展效果的里克特式题目（师傅问卷的第18～28题，徒弟问卷的第16～35题）的效度进行探索性因子分析。研究结果如表1-4所示：师傅与徒弟两个问卷相关题目的KMO系数分别为0.956和0.982；其巴特利特球形检验显著性P值均小于0.05，这些结果表明这两个问卷的相关题项结构效度较为理想。

第一章 绪 论

表1-4 中小学师徒制现状调查问卷结构效度探索因了分析

KMO 和巴特利特检验			
师傅教师问卷	KMO 取样适切性量数		0.956
	巴特利特球形度检验	近似卡方	10717.413
		自由度	55
		显著性	0
徒弟教师问卷	KMO 取样适切性量数		0.982
	巴特利特球形度检验	近似卡方	24358.378
		自由度	190
		显著性	0

使用SPSS23.0软件对两个问卷的相关题项进行信度检验。研究结果如表1-5所示：师傅教师问卷中涉及其专业发展效果的第18～28题的11个题目中，专业知识、技能、态度三个维度的克隆巴赫系数即 α 系数分别为0.887、0.922、0.948；徒弟教师问卷中涉及其专业发展效果的第16～35题的20个题目中，专业知识、技能、态度三个维度的克隆巴赫系数即 α 系数分别为0.922、0.983、0.933；以上两个问卷各维度的 α 系数介于0.887～0.948之间，从而表明这两份问卷相关题项的信度较高。

表1-5 中小学师徒制现状调查问卷信度检验

	问卷信度分析			
	维度	克隆巴赫 Alpha	基于标准化项的克隆巴赫 Alpha	项数
师傅教师问卷	专业知识	0.879	0.887	3
	专业技能	0.919	0.922	3
	专业态度	0.948	0.948	5
	维度	克隆巴赫 Alpha	基于标准化项的克隆巴赫 Alpha	项数
徒弟教师问卷	专业知识	0.921	0.922	3
	专业技能	0.983	0.983	14
	专业态度	0.933	0.933	3

以上两个问卷共时通过"问卷星"网络平台和现场发放途径对全国范围内参与师徒制活动的中小学徒弟教师和师傅教师进行问卷调查。

问卷截至 2021 年 5 月 25 日,共收到"徒弟教师问卷"952 份,有效问卷 872 份,有效问卷率为 91.5%,"师傅教师问卷"975 份,有效问卷 887 份,有效问卷率为 90.9%。样本涉及全国 21 个省级行政区,主要集中在天津、湖北、四川三个省,从样本东、中、西的全国地理分布来看,具有一定的代表性。

对所收集的问卷数据,主要运用 SPSS23.0 和 Excel 软件进行统计分析,主要采用了频数统计、T 检验、单因素方差分析、多元线性回归分析等统计方法,逐步呈现数据分析的结论,为研究提供数据证据。

(三)个案研究法

1. 研究个案基本情况

个案研究也称"案例研究",是对一个有界限的系统,如一个个体、一个团体、一个机构等,运用多样的技术与手段,如观察、访谈、实验等收集完整的资料,以做出深入描述、分析,从而做出判断、评价与预测的研究方法。[①] 本书为探究优秀师徒带教特征,拟使用个案研究方法选择具有典型性和代表性的"师徒对子"为个案进行深入访谈及收集相关文件资料来开展研究。为此,笔者根据就近和方便性及目的性抽样原则,从笔者工作所在地四川省西昌市有意抽取了三所中小学校,分别为一所公立小学、一所民办初级中学、一所普通中学;然后从每一所中学中根据校长和教师的推荐,确定了两组"师徒对子",共 6 对"师徒对子",其基本信息可见下表 1-6。所选研究个案或样本均考虑良好的带教效果和不同学科、师傅不同年龄、师徒不同类型等因素,使研究样本具有一定的典型性。最后依据拟定的访谈提纲(详见附录 3)对这 6 对师徒进行半结构式访谈收集相关资料,对相关访谈资料进行分析、归纳并结合相关文件资料(师徒听课记录、徒弟成长记录、师傅与徒弟的活动总结等),最终得出相应的研究结论。

表 1-6 个案基本信息

研究个案	任教学科	年龄	教龄与职称	师傅资质与徒弟类型
A 组师傅:	高中地理	50 岁	27 年、高级	带教 3 届
A 组徒弟:	高中地理	35 岁	10 年、中级	新调入校的青年成熟教师

[①] 和学新,徐文彬. 教育研究方法 [M]. 北京:北京师范大学出版社,2015:225.

续表

研究个案	任教学科	年龄	教龄与职称	师傅资质与徒弟类型
B组师傅：	高中物理	52岁	28年、高级	带教3届
B组徒弟：	高中物理	25岁	1年、初级	初任教师
C组师傅：	初中英语	38岁	15年、中级	带教2届
C组徒弟：	初中英语	27岁	1年、初级	有1年校外培训机构教学经验
D组师傅：	初中语文	48岁	20年、高级	带教3届
D组徒弟：	初中语文	23岁	1年、初级	初任教师
E组师傅：	小学数学	45岁	20年、高级	带教3届
E组徒弟：	小学数学	23岁	1年、初级	初任教师
F组师傅：	小学语文	42岁	19年、中级	带教3届
F组徒弟：	小学语文	24岁	1年、初级	有1年校外培训机构教学经验

2. 研究分析框架

由于师徒制运作是一个相对复杂的动态系统，为能准确发现优秀师傅教师的主要带教特征，而又不失松散无序，为此需要本书活动围绕一个科学的分析框架进行。从教学活动理论来看，师傅带教活动是一种广义的教学活动，是师傅向徒弟传授经验、技能与思想的双边活动。由此可见，关于优秀教师教学特征个案研究的分析框架可作为本书分析框架的参照与借鉴。

Brookfield在20世纪90年代，就以中小学高技能教师（the Skillful teacher）为研究对象，对其教学特征（teaching traits）进行个案研究，其研究成果和方法在欧美教师研究领域产生了很大的影响。[1] 他提出了一个由教学观念和教学行为两个基本要素所构成的分析框架。教学观念是指教师对教学的基本认识、意见和态度。教学行为是指教师在教学实践中所呈现出来的具体活动，如教学实施、教学组织、教学评价等。教学观念反映了教师"如何想"，而教学行为则反映的是教师"如何教"，通过这两个要素的刻画，可以较为完整地勾勒出优秀教师的基本教学特征。

---

[1] S. D. Brookfield. The skillful teacher[M]. San Francisco：Jossey-Bass，1990：56.

鉴于师傅带教与教师教学活动相近或共通的特点，笔者在借鉴 Brookfield 所构建的优秀教师教学基本特征二因素分析框架基础上并结合师傅带教的特殊性综合考量后，确定以师傅带教观念、师傅带教动因、师傅带教内容、师傅带教方式、师傅带教组织五个维度构成分析框架（详见图 1-4），五个维度中师傅带教的观念和动因两个维度反映了"如何想"的要素，而师傅带教的内容、方式、组织则反映了"如何做"要素，并试图以此分析框架来较为完整地勾画出优秀师傅带教的主要特征。

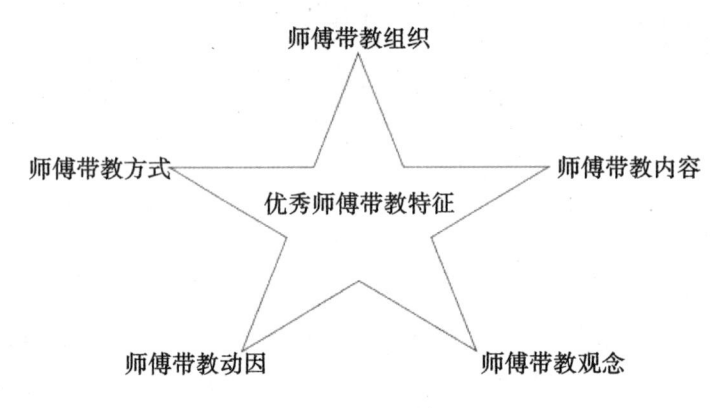

图 1-4 优秀师傅教师带教特征五维分析框架

第五节 研究的创新点

一、使用多元虚拟线性回归对师徒制成效影响因素进行探究

本书基于相关理论从徒弟、师傅、学校三个维度出发，提出了徒弟参与师徒制活动目的、师傅带教能力、学校教师合作文化氛围等 15 个影响因素，随后提出这 15 个因素对徒弟专业发展效果产生显著影响的研究假设。最后以问卷所收集到的徒弟教师专业发展效果为因变量，15 个影响因素为自变量，使用 SPSS23.0 统计分析软件进行多元虚拟线性回归分析，经过对回归方程的拟合优度检验，回归方程的显著性 F 检验和回归系数的显著性 T 检验后，根据其显著性结果得出相应的结论，从而

探寻出具体哪些因素对师徒制效果产生显著性的影响。

二、系统构建了目标引领、阶梯式循环互动、支持系统结合的师徒制运作机制模型

本书根据法国著名哲学家埃德加·莫兰的复杂性理论认为,师徒制的运作机制是一个由整体和部分共同作用的动态循环系统。由此,本书所建构的师徒制运作机制模型主要由三个分系统构成。一是目标系统,由徒弟和师傅专业发展及学校发展下具体的目标所组成。它主要发挥目标引领作用。二是支持系统。芬兰心理学家恩格斯托姆的拓展学习理论关于学习是发生在社会大环境之中并且学习主体主要受工具、规则、共享受目标的共同体及劳动分工四个维度的影响。本书借鉴此理论即从这四个维度出发,相对应地确定了共同体、国家教育改革要求、智慧校园、合作型教师文化等 10 个方面的支持要素,此 10 个要素以目标共享的共同体为核心相互影响、相互促进、共同作用为师徒制运作提供强力支撑和保障。三是师徒互动系统。师徒互动系统是师徒制运作的核心和关键,决定着师徒制运作的质量和效果。该互动系统通过借鉴美国管理学家戴明教授的 PDCA 环理论,构建出师徒阶梯式循环互动系统,即师徒围绕某一问题通过不断的 P(计划)、D(实施)、C(检查)、D(总结评估)四个环节循环互动,但这一循环互动是一种阶梯式循环互动,即师徒循环互动一般情况下不是一次就能把问题全面解决,而是需要多次互动,而且多次互动并不只是停留在同一水平面之上的循环滚动或"原地踏步",而是随着问题研究的不断深入使互动上升到更高层面之上,所以通过不断提高的层面互动能促使问题得到全面、深入的解决。但这三个分系统并不是独立运作,它们有机融合在一起成为师徒制运作的一个动态循环系统。

第二章 教师专业发展中师徒制研究的理论基点

扎实的理论基础是研究科学进行的前提和立论的重要依据,明确理论基础的研究作用和各理论之间的联系,是确立研究分析框架及研究逻辑自洽的保证。

基于教师专业发展中师徒制研究的关键问题:师徒制在教师专业发展中发挥了哪些积极作用?这些作用又是如何实现的?怎样才能更好地促进其作用的发挥?以此研究的主题延伸展开,并从哲学、教育学、心理学、社会学、人类学的视野出发,确定其主要基础理论是:叶澜的教师专业素养结构理论、布迪厄的实践逻辑理论、布劳的社会交换理论、莫兰的复杂性理论、莱夫和温格的情境学习理论。

第一节 叶澜的教师专业素养三因素结构理论

一、提出背景

教师的专业素养问题是教师专业发展研究中不可绕开的一个关键问题。无论是20世纪初我国著名教育家陶行知先生所言的"学高为师,德高为范",还是民间广为流传的"杯桶水"比喻,都强调了教师专业素养的重要性。第二次世界大战后,世界各国为满足本国经济迅猛发展所需要的各种高素质人才,都不断扩大和深化教育改革,在改革中各国都充分认识到教师素质水平是教育改革成功的关键。与此同时,欧美等国的教师专业化运动实践,加快了教师努力实现提升其专业化水平的步伐。由此,自20世纪中叶以来,伴随世界各国教育改革与教师专业化运动,教师专业素养成为人们广泛关注的对象。从1896年克拉茨率先对优秀教师进行问卷调查研究,探究其素养开始,大量的相关研究成果不断涌现。如1975年出版由我国台湾的林本先生所著的《现代的理想教师》一书中,就收录了20世纪50年代以前与教师素养相关的研究个案多达30多个。其书中提及的恩格尔赫德等通过调查列举出优秀教师46项品质。又如1986年出版由香港的郑燕祥先生所著的《教育的功能与效能》一书中,所收录和提及的有关研究也有20多个。该书中提及的克鲁克香克运用综合研究的方法,提出有效教师应具备的素质分两个部分:一是在课堂上的组织管理方面,应具有"注意学生行为表现"等14项素质;二是在课堂教育学方面应具有"引导学生回答正确的答案"等25项素质,共计39项。然而,教师的专业素养并不是像以上零散内容的简单组合,而是以一种结构形态而存在。正如有学者认为教师专业素养是"教师拥有和带往教学情境的知识、能力和信念的集合。它是在教师具有优良的先存特性的基础上经过正确的教师教育所获得的"[①]。由此,我国众多学者逐渐对教师专业素养结构进行分析研究,提出不同的意见和主张,如曾荣光的二因素论[②],叶澜与林瑞钦的三因素论[③],申继亮、曾涛的五因素论[④]等,其中叶澜教授的三因素论具有一定的代表性。20世纪90年代,叶澜教授在开展新基础教育试验与研究中,发现教师既是教育实验改革的推进者,但同时又是其阻碍者,主要是因为部分教师的理念与知识陈旧,其专业素养水平与教育改革的要求还存在一定的距离。由此,在当时深化教育改革、提升教育质量的背景下,叶澜教授结合其新基础教育理念与面向21世纪社会对教师的挑战,提出了教师专业素养的三因素理论。

---

① 郑燕祥.教育的功能与效能[M].香港:广角镜出版有限公司,1991:122-123.
② 曾荣光.教学专业化与教师专业化:一个社会学的阐释[J].香港中文大学教育学报,1984(1):23-41.
③ 林瑞钦.师范生任教职志之理论与实证研究[M].高雄:复文图书出版社,1990:16.
④ 申继亮,辛涛.教师素质论纲[M].北京:华艺出版社,1999:30.

二、主要内容

叶澜教授认为,教师的专业素养结构是由三个相互联系的因素所构成,如表2-1所示。

第一因素是教师应具有与时代精神相通的教育理念。其教育理念具体包括在正确认识教育的未来性、生命性与社会性的基础上形成的三种新理念[①]。

一是具有新的教育理念,并作为自身工作的理性支点。叶澜认为,拥有正确和清晰的教育理念是现代教育发展对教师提出的重要要求,也是专业教师与传统教师素养的重要区别。首先,教师应明确基础教育是整个教育系统的重要基石。其主要任务是培养学生适应未来生活的能力及为学生终生学习与发展打下坚实的基础。其次,充分认识教师在学生发展中的重要作用。最后,教育不是封闭与独立的活动,需要向社会和全体公民负责,更多依靠与社会和社区及家庭来搞好教育工作。综合以上内容来看,叶澜教授的新教育理念主要是集中在对基础教育任务新的认识之上,强调了基础教育新的任务是将学生的潜能开发、个性健康成长及为适应未来社会生活的自我教育、终身学习能力初步形成作为重要任务,从而与传统的知识与技能传授任务区别开来。

二是具有新的学生观。首先,视学生为发展中的潜在个体。传统学生观中将学生视为缺乏知识、技能与经验的静状个体,片面强调了学生的现实状态。而新的学生观,教师应将学生视作尽管他们暂时还显稚嫩,却拥有顽强的生命力和强烈的发展愿望及其实现的可能。其次,视学生是学习的主体。传统学生观视学生为教育的对象或客体,将学生发展视作教师传递的知识与技能的过程,忽视学生在学习中的主体作用。而新的学生观将其视为具有主观能动性,有可能积极参与教育活动、在学习中不可忽视和替代的个体。最后,视学生是存有个别差异的个体。叶澜教授认为,学生的差异性与个性特长是客观存在的,需要每一位教师都能真正重视和尊重学生的个性差异与特长,尊重学生个性差异是优秀教师成功的法宝之一。[②]

---

① 叶澜.新世纪教师专业素养初探[J].教育研究与实验,1998(1):41-46.
② 同上.

第二章 教师专业发展中师徒制研究的理论基点

三是新的教育活动观。首先,视教育活动为师生沟通的桥梁。教师关于教育活动的传统认识是向学生施加教育影响的载体,显得单向和冰冷。而新的教育活动观应是将教育活动作为师生之间心灵沟通、交流的"桥梁"。其次,多元化的教育活动观。部分教师的传统教育活动观念中将教学活动视作主要或唯一活动,严重阻碍了学生的全面发展,故而教师应树立起多元教育活动观,围绕教学活动,创设更多机会让学生走出课堂、超出校园,积极参与社会实践与生产劳动,实现其发现问题、解决问题等综合能力的提升。

第二因素是教师应具备的专业知识。叶澜认为,未来教师的专业知识结构已经不能是传统的"学科知识+教育学知识"平面模式,而应是一种立体的多层复合结构[①]。其具体结构为立体三层。首先,处于基础层的专业知识是:当代科学与人文两方面的基本知识,工具性学科扎实的知识基础与熟练运用的技能。这些知识是教师不仅作为一名社会知识分子,而且作为教育工作者能胜任其角色和能随时代发展、与时俱进所必须具备的。其次,处于中层的是能具备1～2门学科的专门知识与技能。叶澜认为,两门学科可以是相近或相关的,也可以是相远的,由教师根据自身兴趣选择。但其内容是教师进行教学工作的基础,所以与其他非教师之人相比应具有特殊的专业要求。第一,教师要对其学科知识、技能能正确地理解,并熟练地掌握相关技能。第二,了解学科的发展历史及其发展趋势、主要影响因素、重要价值与社会生活中的各种表现形态。第三,了解与本学科相关学科的知识,特别是二者的相关点、相关性质与逻辑关系。最后,第三层是教育学科类知识。叶澜认为,传统上教师的教育类知识被局限于"一般教育理论+学科教法"范围,并未突出科学认识学生与教育工作所必备的知识。由此,教师需要首先具备心理学、教育学原理、教育管理学、教学设计、现代教育技术手段应用的知识;其次,需要具备教育科学研究的知识。这不仅是教育工作和教师成为一名研究者的需要,而且还是教师要为教育科学发展贡献力量的要求。总之,教师的立体复合式知识结构体现出三个互相联系、有机渗透与融合的特征,教师的各类知识只要实现科学的融合,不仅能体现出教师工作的科学性与艺术性,也能体现出教师专业知识与其他专业知识的复杂性。

---

① 叶澜. 新世纪教师专业素养初探[J]. 教育研究与实验,1998(1):41-46.

第三因素是教师的教育能力。叶澜认为,现代社会的高速发展,对教师提出了更多的要求,教师如要完成社会赋予的各种复杂任务,需要具有更高更新的能力。首先,理解他人和与他人进行交往的能力,主要包括教师与学生、教师之间、教师与学生家长之间的交往能力。其次,管理能力,主要包括教师对教育活动决策与设计的能力、作为学生组织者与领导者的管理能力。最后,教育研究能力。对于教师而言,其研究主要是围绕学生和自身教育实践问题而展开,这里主要是教师对学生科学研究的能力和对教育实践问题的研究能力[①]。

表 2-1 叶澜的教师专业素养三因素结构

	新教育理念		专业知识		教育能力	
教师专业素养	新教育理念	1. 将学生潜能开发,健康成长及自我教育、终身学习能力初步形成为主要任务 2. 认识教师在学生成长中的要作用 3. 教育活动应具开放性和社会性	基础层	1. 当代科学与人文两方面基本知识 2. 工具性学科的扎实基础与熟练运用技能	理解他人和与他人交往的能力	1. 教师与学生交往的能力 2. 教师之间交往的能力 3. 教师与学生家长、社会人员的交往能力
	新学生观	1. 学生是发展中具有潜能的个体 2. 学生是学习的主体 3. 学生具有个体差异与特长	中间层	具备1~2门学科的专门知识与技能	管理能力	1. 教育活动决策与设计的能力 2. 作为学生的组织者和领导者的管理能力
	新教育活动观	1. 教育活动是师生交流的桥梁 2. 教育活动开展应有多元性	第三层	1. 心理学、教育原理、教育管理学、教学设计、现代教育技术手段的应用知识 2. 教育科学研究知识	教育研究能力	1. 科学研究学生的能力 2. 科学研究教育实践问题的能力

---

① 叶澜. 新世纪教师专业素养初探[J]. 教育研究与实验,1998(1):41-46.

三、对本书的启示

本书对于师徒制对师徒教师的专业发展到底应取得什么样的效果是不可回避的一个重要问题,但如何确定其对教师专业发展的效果并不是一件易事。当代对于教师专业素养的研究者众多,提出的素养结构也是五花八门。但叶澜教授所提出的三因素结构素养是立足新基础教育理念,扎根教育实践,面向未来教育对教师的新要求所总结概括的成果。由此,本书以此为理论依据来探讨师徒制作用效果的主要依据不仅体现了理论的逻辑自洽性,而且也是研究能获得科学结论的必要选择。

第二节 布迪厄的实践逻辑理论

一、提出背景

法国当代著名社会学、哲学、人类学家皮埃尔·布迪厄是20世纪最具影响力的社会学家之一,其理论研究具有独特创造性,有力推动了对人文社会科学理论与方法论的变革。他在理论研究与经验分析基础上提出了实践逻辑理论,超越了人文社会科学中客观主义与主观主义的二元对立思想,树立自身的实践观。该理论的提出具有其厚重的渊源,"从柏拉图的理念论、康德的实践理性与辩证理性,再到黑格尔对形而上学的集大成,西方哲学一直处于笛卡尔所说的身心之间、知性与理性之间、主体与客体之间和自在与自为之间的二元对立之中。随后以伽达默尔、胡赛尔、海德格尔等人为代表的现象解释学的兴起,力求突破主客二分的二元论思想"[①]。布迪厄深受现象学思想的影响,坚决反对二元论,反对在主体与客体、物质与精神、理论与实践之间做出明确的区分。布迪厄曾指出:"人为造成社会科学分裂的对立中,最具破坏性的是主观主义与客观主义的对立。为了超越这两种认识方式的对立,同时保留

[①] 解玉喜.布迪厄的实践理论及其对社会学研究的启示[J].山东大学学报(哲学社会科学版),2007(1):105-111.

其成果,就必须阐明它们作为学术性认识方式——它也与产生社会日常经验的实践认识方式对立——所共有的预设。这意味着应对那些使社会世界主观经验的反思和该经验的客观条件的客观化成为可能的认识论及社会条件实施批判性客观化。"① 由此,布迪厄提出实践逻辑理论,引入场域、惯习、资本等概念,来分析社会活动。

二、主要内容

布迪厄的实践逻辑理论旨在阐明实践是如何发生的?是在什么空间展开?其主要组成要素和运行机制是什么?就此,布迪厄提出:"实践具有一种不属于逻辑学的逻辑,因此把逻辑学的逻辑运用于实践的逻辑,会导致通过人们用来描述逻辑的工具而毁灭人们想要描述的逻辑。"② 布迪厄还指出:"实践活动的原则不是一些能意识到的、不变的规则,而是一些实践图式,这些图式是自身模糊的,并常因情境逻辑及其规定的几乎总是不够全面的视点而异。因此,实践逻辑的步骤很少是完全严密的,也很少是完全不严密的。"③ 虽然实践较为模糊,难以理解,布迪厄却提出一个简明的公式来对其进行表示,该公式为:实践=场域+惯习资本,可以看出,实践是场域、惯习及资本相互作用的产物。④

布迪厄指出:"一个场域可以被定义为在各种位置之间存在的客观关系的一个网络,或一个构型。"⑤ 随着社会的分化,社会逐渐由大量分化和自主的具有自身逻辑和必然性客观关系的场域所构成。他进一步提出场域具有以下主要特征:一是场域是相对独立的社会空间,每个场域都有自身的逻辑规则和关系网络;二是场域并非实体的场所,而是各种客观关系构成的系统;三是场域是一个充满博弈和斗争的空间;四是场域的边界是模糊的。布迪厄指出:"尽管各种场域总是明显地具有各

---

① 皮埃尔·布迪厄.实践感[M].蒋梓骅,译.南京:译林出版社,2003:37-38.
② 皮埃尔·布迪厄.实践理性:关于行为理论[M].谭立德,译.北京:生活·读书·新知三联书店,2007:135-136.
③ 皮埃尔·布迪厄.实践感[M].蒋梓骅,译.南京:译林出版社,2003:17.
④ 银平均.布迪厄的实践理论:从理论综合至经验研究[J].思想占线,2004(6):66-69.
⑤ 皮埃尔·布迪厄,华康德.实践与反思——反思社会学导引[M].李猛,李康,译.北京:中央编译出版社,1998:134.

种或多或少已经制度化的"进入壁垒"的标志,但它们很少会以一种司法限定的形式出现。"① 他还进一步指出:"场域的界限位于场域效果停止作用的地方。"②

关于惯习的认识。布迪厄对传统惯习的概念进行拓展,"将其设计成衔接结构与实践的中介,以强调存在于社会与个体之间以及社会客观结构与主体内化结构之间的辩证关系"。③ 由此,布迪厄所指的惯习是一种稳定的性情倾向系统,具体表现为一些感知图式、思维与行为图式。它具有以下主要特征:一是惯习是持久的可转移的禀性系统;二是惯习在潜意识层面发挥作用;三是惯习包括了个人的知识和对世界的理解;四是惯习具有历史性和能动性。"④

关于资本的认识。布迪厄认为,资本是积累的劳动,当这种劳动在私人性,即排他的基础上被行动者或小团体占有时,这种劳动就使得他们能够以物化的或活的劳动形式占有社会资源。⑤ 资本只有在特定的场域中存在和发挥其功能,"资本不仅是主体之间互相竞争的目标,也是相互角逐的手段"。⑥

总之,场域、惯习、资本是布迪厄实践逻辑理论的核心概念,它们各自又形成独立的理论,共同构成和支撑起实践逻辑理论体系。

三、对本书的启示

布迪厄的实践逻辑理论不仅关注人们的实践过程,而且更为关注行动过程的内隐逻辑。其实践逻辑是一种非完全理性的实践图式,主要由惯习、实践意图、资本、场域等要素组成,对个体的思想、话语、行为进行支配。从此理论分析,教师发展中的师徒制活动是在特定场域所进行的

---

① 皮埃尔·布迪厄,华康德.实践与反思——反思社会学导引[M].李猛,李康,译.北京:中央编译出版社,1998:138.
② 同上.
③ 孙进.布迪厄习性理论的五个核心性结构特征:德国的分析视角[J].哲学研究,2007(8):25-29.
④ 张国举.场域——惯习论:创新机制研究的新工具[J].中共中央党校学报,2003(3):32-35.
⑤ 朱国华.习性与资本:略论布迪厄的主要概念工具(上)[J].东南大学学报(哲学社会科学版),2004(1):33-37.
⑥ 李全生.布迪厄场域理论简析[J].烟台大学学报(哲学社会科学版),2002(2):146-150.

一种实践活动,其活动效果必然会受到师徒教师主体的实践意图、行为活动及特定时空场域的影响和制约。鉴于此,在本书中,首先,可通过此理论来审视师徒制活动的实践性和特殊性,有利于更深入地了解师徒制现象。其次,需要深入分析师徒教师在活动中的实践意图,如价值取向、目标定位及主观愿望。这些内隐因素虽然不易体察,却是影响师徒制成效的重要因素。其三,师徒制活动并不是在封闭环境中运行,需要注意分析师徒制活动的空间场域,如个体的时空、集体的时空和公众的时空场域。由此可见,布迪厄的实践逻辑理论为本书提供了重要的理论支撑。

第三节 布劳的社会交换理论

一、提出背景

20世纪50年代,社会交换理论重要创始人霍斯曼在早期古典经济学、人类学、行为主义心理学的影响下,同时又针对20世纪40年代社会学研究中占主导地位的结构功能主义进行批判,认为结构功能主义片面从宏观社会制度和社会各组成部分及抽象的社会角色对社会进行研究,而个人才是社会研究的基本原则,提出了行为主义社会交换理论。随后,社会交换理论的另一重要代表彼德·迈克尔·布劳一方面吸收了霍曼斯社会交换理论基本原理和基本命题中的合理内核;另一方面,迈克尔·布劳又通过汲取马克思辩证法思想的精髓,运用"集体主义方法论"与整体结构论,进行了对社会交换中宏观结构的研究,形成了自身的社会结构交换理论。

二、主要内容

布劳在继承和批判霍曼斯交换理论的基础上,对社会交换的定义、条件、特征、过程等方面进行了系统的论述,实现了交换理论从微观向宏观社会的过渡。其主要观点如下。

第二章 教师专业发展中师徒制研究的理论基点

其一,关于什么是社会交换。布劳认为,社会交换是指行动者被期望能从他人那里获得的并且一般也确实从他人那儿获得回报所激励的一种自愿行动。① 布劳将社会交换看作一种社会现象的原型,通过分析构成交换的互惠过程,解释社会互动中每个行动者过去和预期的交换报酬以何种方式影响他们的选择、行为以及构成的社会关系。②

其二,关于交换的条件。布劳反对人类一切行为都是交换行为的行为主义学说的观点。他认为,人类的行为有部分是交换行为,而且其发生还需要具备两个条件:一是交换行为的最终目标只有通过与他人互动才能实现;二是交换行为必须采取有助于实现这些目的的手段。

其三,关于社会交换的过程。布劳对于交换的过程认为主要由社会吸引、报酬交换、权力竞争、权力分化及群体的整合与对立五个部分组成。③ 第一,社会吸引。布劳认为,社会吸引是指个体与他人交往的倾向性,是不管什么原因都愿去接近另一个人。社会吸引过程导致社会交换过程。互相提供报酬将维持人们之间的相互吸引与继续交往。第二,报酬的交换。其是指社会交往中,行动者都努力让对方相信,凡是能给行动者提供报酬,那他也将会获得相应的回报。第三,权力竞争。是指交往中,行动者积极通过各种手段,努力让对方相信会获得报酬,以便获取相应或更为贵重的报酬,整个过程充满着竞争。第四,权力分化。交换中依据行动者所拥有的资源和为他人提供报酬的高低而产生权力分化。如若行动者获得对方"服从"的回报,那他就获得了权力,从而使权力出现分化。第五,权利的整合与对立。交换中,行动者通过竞争打败其他行动者成为成功的竞争者,而失败的行动者则一方面与成功行动者整合,在其关照下取得合法地位;另一方面,则出现与成功行动者的对立状态。

其四,社会交换的原则。布劳的交换理论思想包含了理性原则、互惠原则、不均衡原则、边际效用共四种原则。④ 理性原则主要是指行动者以获得某种报酬作为交换的出发点,并根据报酬的价值和发生频率来衡量自己的行动。互惠原则主要有两个方面的含义:一是人们在交

---

① 彼德·布劳.社会生活中的交换与权力[M].张菲,张黎勤,译.北京:华夏出版社,1988:108.
② 同上.
③ 乔纳森·特纳.社会学理论的结构(上)[M].邱泽奇,等,译.北京:华夏出版社,2001:293.
④ 同上,第279-284页.

往中,从对方那里获得报酬的期望值越高,越能促进交往活动的发生;二是当行动者未能获取相应回报时,他将对对方采取惩罚措施。公平原则也包含两个方面:一是行动者的交换会受到一定规范的制约,与对方之间建立的规范越多,受到公平规范制约的可能性越大;二是交换中如一方违反规范,就会引起攻击行为,提供报酬的人就会惩罚违反规范之人。不均衡原则是指社会交换关系不是单一的,而是多种交换关系构成的复杂体。一种关系平衡后,必然引起另一种关系的不平衡状态,不平衡矛盾解决后又会出现新的不平衡,如此不断反复,社会交换就是在这种情况下不断转换。边际效用原则是指当某人得到的某种报酬次数越多,他就会对得到这种报酬产生厌腻,越增加此种报酬也就越觉缺失价值感。

其五,布劳还对一些概念进行了新了解释,一方面对霍曼斯从经济学中引入的奖励、资源进行了新的解释。他将奖励分为内在奖励与外部利益。内在奖励是一种感情上的奖励,是一种关系上的满足;外在利益是把人际关系作为谋取利益的手段。同时,他把奖励分为金钱、社会尊重、权力与服从四种类型,并认为权力价值最大,金钱价值最低。布劳把资源分为主观资源与客观资源。主观资源是指围绕个体的知识、技能、经验、个性品质等。客观资源是指个体之外的物质财富、地位、声望等。另外,他还提出了"社会共同价值观""社会冲突""权力与权威"等新的概念,进而发展了霍曼斯的社会交换理论。

三、对本书的启示

首先,布劳的社会交换理论对于从社会交往视角来认识师徒制具有重要的意义。因为师徒制并不是简单存在于学校内部师徒二人之间封闭式的交往,它应是一种社会交往。由此,运用社会交换理论分析师徒交往,才能更加深入、细腻地分析、解释其需要、动机、情感等内容。

其次,分析师徒制效果需要关注师傅教师的收获。开展师徒制活动是因为师傅教师能够对徒弟教师在专业方面进行指导和帮助,由此,徒弟教师的收获是衡量其有效性的关键因素,然则其活动只有师徒双方都有利时,才能朝正向方向发展,反之则会降低其预期效果。鉴于此,师傅教师的收获的合理性从这里找到了理论依据,另外提升师徒制的质量也应从关注师傅的收益入手进行考量。

最后，师徒制中师徒关系是影响其效果的重要因素。师徒制下师徒关系是如何互动和生成的，其过程怎样，对指导产生了哪些影响等问题的分析与揭示，便可通过其社会交换过程的视角来展开，从而得出一种新的认识和答案。

第四节 莫兰的复杂性理论

一、提出背景

复杂性理论思想的产生可追源于 20 世纪 40 年代，而明确提出建立复杂性理论任务则是在 20 世纪 80 年代，主要是因自近代以来长久影响人们思维与工作方式的自然科学理论思想已经在悄然发生变化，如从线性到非线性、从一元到多元、从精确到模糊等。这些变化使人们认识到传统自然科学研究方式只给自然界描绘出粗线条式的简单轮廓，而自然界远非如此简单。科学要继续发展，就需要更加深入揭示自然界的复杂本质与复杂的过程。

目前，对于"复杂性"的定义描述有 50 多种，尽管仍没有形成统一和被公认的确切定义，但大多数定义都表达了这样一种共识：复杂性表现为一种众多因素相互作用的状态，即"交织在一起的东西"。[①]

法国哲学家、社会学家埃德加·莫兰是复杂性思想的重要代表人物之一。他在批判传统简单思维范式的基础上系统地提出了复杂性理论，主张在人类思想领域实现一个"复杂性范式"的革命。其理论是用多样性统一的概念模式来纠正经典科学的还原论的认识方法，用关于世界基本性质是有序性和无序性的统一批判机械决定论，提出把认识对象加以背景化来反对在封闭系统中追求完美认识，主张整体和部分共同决定系统来修正单纯系统性原则的传统系统观。[②]莫兰认为，学科的细分化使知识在学科之间被分割、肢解和箱格化，而现实的问题却是多学科性

---

① 胡惠闵，王建军.教师专业发展[M].上海：华东师范大学出版社，2014：90.
② 黄志成.西方教育思想的轨迹——国际教育思想纵览[M].上海：华东师范大学出版社，2008：428.

的、多维度的、总体性和全球化的。由此,他试图在批判西方传统社会割裂与简约各门学科的简单思维模式基础上,寻求一种能将各种知识融通或融合在一起的复杂性思维方式,即"复杂性范式"。

二、主要内容

首先,世界多样性的统一。尽管世界存在复杂性,但仍需要对其进行统一性认识,这里的统一性是指事物多样性统一、发展中动态的统一。然而,经典科学简单化方法是对问题单一的线性处理,从而使问题变得简单化并远离了问题的本质。如胡塞尔指出:"科学实证主义控制下的简单性思维的泛滥是产生科学危机的主要原因。"[①] 由此可知,简单式思维已经不能适应人类科学发展与进步的需要。为此,重新认识科学的发展及人类面临的复杂问题,需要坚持统一性与多样性相融合的观点。针对世界是多样性的统一,莫兰认为需要使用"宏大概念"来认识对象。宏大概念是由若干不同的基本概念或观点组成的概念网络,作为组成单元的概念或观点之间存在着互补、竞争和对抗的关系,而它们每一个又揭示出复杂对象性质的一个方面。[②] 运用宏大概念来认识事物,也意味着打破学科的藩篱,对学科知识进行综合性的认识。

其次,世界有序性与无序性的交融。莫兰的复杂性理论另一个重要内容是与世界的无序性有关。经典科学的机械决定论认为,事物的运动是由其内部的规律所决定的。由此,世界的本质是井井有条、严格有序的,无序只是事物的表面现象。有序性是指事物的稳定性与必然性,无序性是指事物的变动性与无规则性、偶然性等特点。由此,机械决定论影响下,人们习惯于通过对现象的深入分析和逻辑推理来认识其本质,进而揭示其有序的活动规律。然而,19世纪中叶,德国物理学家克劳修斯提出了热力学的第二定律,即其他形式的能量能进行相互转换,但热能形式的能量却不能完全转换为其他形式的能量。通过此定律,人们逐渐认识到世界能量存在一种向均匀化分布发展的状态。而世界上各种有序的物质最终归结于物质、能量的不均匀分布。这就意味着世界

[①] 胡塞尔. 欧洲科学危机和超验现象 [M]. 张应熊, 译. 上海: 上海译文出版社, 1998: 27.

[②] 陈一壮. 埃德加·莫兰的"复杂方法"思想及其在教育领域内的体现 [J]. 教育科学, 2004(2): 1-5.

第二章 教师专业发展中师徒制研究的理论基点

物质的深层潜在着一种自发的无序的倾向。对此,莫兰提出:世界既不可能是纯粹有序的也不可能是纯粹无序的,因为在一个只有无序性的世界里任何事物都将化为乌有而不可能存在,而在一个只有有序性的世界里万物将一成不变,不会有新东西发生。所以,世界的基本性质是有序性和无序性的交混,而这正构成了它的复杂性的基础。莫兰进一步提出,对待它的方法应当是应用"策略"优于应用"程序"。应用程序是一种简单的行动方式,程序由一个预先确定的行动序列构成,它只能在包含着很少的随机性和无序性的环境中付诸实施。至于策略,则是根据既有确定性又有随机性、不确定性的环境的条件而建立的,人们在这个环境中行动以求实现一定的目的。程序是不能改变的……。而策略是可以改变预订的行动方案,甚至创造新的方案①。

最后,复杂的、动态和开放的理性主义。莫兰的复杂性理论的另一重要内容是元系统观点。20世纪初,人们开始对依据经典科学理论形成的归纳与演绎推理方法及其科学性产生质疑。归纳法存在的问题是无法穷尽所要归纳的对象;演绎推理的问题在于无法证明演绎点的正确性。1931年奥地利数学家哥德尔提出"哥德尔不完备性定理",该定理指出特定的数学形式系统不可能是完备的,因为在它内部至少有一个正确的命题不能被证实。随后,波兰主义学家塔尔斯指出:一个语言系统的真理的概念不可能在该语言系统中被表达,而只能在一个把该系统作为对象的内容更为丰富的元语言系统中得到表达。莫兰说:"这样,哥德尔和塔尔斯两个人都向我们指出了,任何一个概念系统必然包含一些只能在系统之外给予回答的问题。因此,要考察一个系统,就必须参照一个元系统。"②元系统是一个比系统在证明手段上更加有力、在内容上更为丰富的形式系统,它包含了系统成立的条件或其前提的依据。为此,莫兰认为经典科学的研究方法是使对象脱离实际环境,被认识的对象脱离认识主体。由此,关于某对象的理论系统不应是封闭的,而应随时对它的元系统开放。在对某一对象进行考察时,既要在其系统框架内考察,又应在其元系统的框架内考察,这样既能看到对象的现状,又能看到对象的根底和限度。总之,莫兰虽然对经典科学研究方法的弊端进

---

① 埃德加·莫兰.复杂思想:自觉的科学[M].陈一壮,译.北京:北京大学出版社,2001:74-175.
② 埃德加·莫兰.方法:思想观念[M].陈一壮,译.北京:北京大学出版社,2002:206.

行了批判,但他并未对其完全否定,只是力求让复杂的、动态和开放的理性主义取代简单的、静止和封闭的理性主义。

三、对本书的启示

以莫兰为代表的复杂性理论在批判经典科学研究方法简单化思维范式基础上,提出了复杂性思维范式革命的呼号,主张用统一性与多样性相融合、无序性和有序性相交融,以动态和开放的理性主义来认识事物,从而使复杂性思维成为一种在视角上与简单化思维存有很大区别的思维方式,这为本书提供了更为重要的视角。由此,一方面本书需要打破单一线性思维,遵循整体性、系统性思维来认识师徒制现象,避免研究的片段化、局部化问题。当然,在研究中不仅需要注意理论的逻辑自洽,还需要更多关注师徒制的实践环境。深入挖掘师徒教师在实践中的生活与学习实际需求,了解他们的关注和兴趣点,对其产生深刻影响的"随机事件"等。唯有如此,才能获得更为深入、细腻和真情实感的认识成果。

第五节 莱夫和温格的情境学习理论

一、提出背景

20世纪90年代,西方学习心理学理论研究领域中情境学习理论异军突起,它是继行为主义、认识主义、人本主义、建构主义学习心理之后成为人们研究的一个重要取向。早在20世纪20年代,怀特海在《教育目的》一书中就认为,学校中知识学习的方式导致了"惰性知识"的产生。学生所学知识只能应对考试,却不能解决生活中的实际问题。这是人们较早对学习与真实情境脱离问题的关注与思考。1989年布朗、柯林斯发表了《情境认知与学习文化》一文,较为系统地论述了情境认知与学习理论,提出了知识具有情境性的创新观念。1991年莱夫、温格两位学者出版了《情境学习:合法的边缘性参与》一书,从而提出了"学习是一种合法的参与实践共同体,学习是一个社会协商的过程"的著名隐喻或论断。情境学习理论在广泛理论基础上,超越传统心理学的情境观,主要通过人类学的视角对社会传统行业(助产士、裁缝)中学徒学习长期观察,对学习的情境本质进行较为系统的阐述,进而在众多学习理论中占有重要的一席之地。其主要概念和特征有:基于情境的行动、认知学徒制、实践共同体、合法的边缘性参与。

二、主要内容

第一,关于知识与个体认知的发展。首先,该理论认为知识具有情境性和工具性。因为知识具有情境性,它嵌入在具体活动情境之中,由此学习者在情境中通过长期观察、体验后,学习到的知识主要是默会知识,而学会的默会性知识又在实践运用中作为工具运用,最终牢固地给予掌握。由此,该理论认为知识的学习、获取可以通过情境学习来完成或实现,不一定通过语言传递方式进行。同时,个体的认知也像是学徒学习一样在自然的情境中,如梦一般获得了成长[①]。

第二,关于学习的认识:学习是发生在情境之中。首先,学习是一种社会参与的过程。该理论从人类学视角出发认为,在日常生活中不存在专门的特殊学习活动,只有不断变化的参与性实践活动。质言之,人们日常生活中的参与是改变理解的过程,即学习。由此,学习在这里被理解为是"现实世界中的创造性社会实践活动中完整的一部分",是"对不断变化的实践的理解与参与"。[②] 由此可见,该理论认为学习并不是认识世界的一种方式,学习本身就是一种在社会生活中的存在方式。学习此种自然而然的方式,就体现在社会实践之中。鉴于此,学习便是一种参与的过程。其次,学习是一种参与的过程。学习具体应参与什么活动,情境学习理论认为,学习是一个参与情境的过程,是一个基于情境而发生的过程。进一步,对于什么情境,该理论认为是日常生活情境,主要指社会情境,而社会情境又更多指向于社会实践中的"实践共同体"。由此,情境学习理论将学习隐喻为学习是参与实践共同体。莱夫和温

[①] 崔允漷.学习如何发生:情境学习理论诠释[J].教育科学研究,2012(7):28-29.
[②] J.莱夫,E.温格.情景学习:合法的边缘性参与[M].王文静,译.上海:华东师范大学出版社,2004:2.

格对于实践共同体的解释为,"有着共同的历史文化传统,一个相互依赖的系统,具有再生产功能"。概略地说,一个实践共同体是一个诸多个体的集合,这些个体长时间地共享共同确定的实践、信念和理解,追求一个共同的事业。……共同体并不必然意味着一起出现,有一个明确界定身份的小组,或者存在可以看见的社会界限[①]。同时,学习与情境的联系,取决于对知识的获得方式。[②] 最后,关于情境学习的条件。情境学习理论强调了情境学习需要在一个真实的自然环境、社会情境、实践情境和文化情境当中进行和展开。人类学家通过对日常生活中的学徒式学习提出情境学习理论,那么强调情境的自然性乃情理之中,另外,情境认知理论与情境学习理论都关注情境的重要性,但前者重视以设置虚拟的情境为手段,而后者则重视真实自然的情境。另从情境学习理论强调学习自然发生于学习者参与社会活动之中。情境学习理论并不重视知识的获得,而是强调学习者与"人"即社会群体的关系。可以看出,其对学习社会情境条件的重视。情境学习需要在实践情境之中展开,不仅是它强调"主动行动者与世界、活动、意义、认知、学习和知识之间相互依赖的关系,强调意义固有的社会协商特性"[③],而且也是学习实践共同体需要完成的实践任务所决定的。对于学习条件的文化情境,从情境学习是一种从边缘参与到充分参与实践共同体的过程。但如何确定学习者真正成为实践共同体的正式成员呢?其主要依据要看学习者是否被共同体的文化所认同。由此可见,情境学习所指的情境是一种文化情境,学习者只有在一种文化情境中被认可,才是真正成为该文化群体中的正式成员,学习也才能自然产生。由此可见,文化情境对于情境学习的重要性。

第三,实践能力获得的最佳方式——认知学徒制。布良朗与柯林斯通过对普通人、学生与专业实践者在活动中核心要素——推理依据、作用范围、解决问题的性质、产生的结果方面进行比较发现,学生在学校里所做的与普通人日常生活中所做的,以及专业实践者都有很大的不

---

① 王文静. 基于情境认知与学习的教学模式研究 [D]. 上海:华东师范大学,2002:21.
② 约翰·D.布兰斯福特,安·L.布朗,罗德尼·R.科金,等. 人是如何学习的——大脑、心理、经验及学校 [M]. 程可拉,孙亚玲,王旭卿,译. 上海:华东师范大学出版社,2002:65.
③ J.莱夫,E.温格. 情景学习:合法的边缘性参与 [M]. 王文静,译. 上海:华东师范大学出版社,2004:15.

同,但普通人与专业实践者所做的却非常相似。进一步探究发现,普通人与专业实践者的活动是定位于自身的生活与工作情境之中,而学生却被限于窄的学校环境之中。由此,从这一认识出发,人们认为培养人们的专业实践能力最有效的方式是"认知学徒制"。其方式是将传统学徒制的优点与学校教育结合起来,通过一定的程序:示范—提供支持—撤除支持—复述—探究,使学习者在专家的指导下,在真实的场景中掌握认知技能,促进学习的迁移。

三、对本书的启示

首先,应用情境学习理论为分析当前师徒制中存在的问题及改进策略提供学理支持。因为师徒制可视为徒弟学习的过程,而徒弟作为成人,他的学习显然与青年学生的接受式为主的学习方式不同,而是一种参与式、情境化的学习活动。由此,以情境学习理论作为理论基础具有针对性和自洽性。

其次,以参与的视角对师徒制的发生机制进行分析是一种非常有价值的途径。师徒制作为一种相对个体化的行为,有其发生的背景与机制。从情境学习理论入手对其审视,与榜样学习或知识传递视角相较,不仅能获得新的结果,也能使研究更具动态性和细腻性。因为情境学习理论揭示出徒弟的学习是通过逐渐参与到学校实践共同体中,在与师徒的互动中学会了"如何教学",而这一过程是一种潜移默化的过程,因而会增强研究的动态性和洞察力,尤其能对徒弟是如何从边缘性参与者逐渐过渡到中心地带,而在此过程中师傅是怎样行动的、徒弟是如何观察与行动和反思等作用机制提供鲜活的材料,使研究结果更具说服力。

最后,为师徒制的顺利开展提供了重要的理论支撑。情境学习理论观点强调了知识具有情境性和工具性,主张通过真情实景的活动让学习者参与其中进行学习,从而牢固地掌握隐性知识,从而为师徒制实施提供理论依据,因为师徒制方式正是一种结合教育实践的真实场景而开展的一项促进教师专业发展的重要方式。

第三章 教师专业发展中的师徒制历史透视

面对师徒制在教育领域作为促进教师专业发展方式被广泛运用,人们不由产生它到底从何而来,促进教师专业发展为何要采用此种方式等疑问。对此问题的回答不仅有助于丰富对其历史的了解,还是正确理解和认识教师专业发展中师徒制内涵及其价值的重要前提。为此,梳理师徒制的发展历程,有助于提升对教师专业发展中师徒制的理性认识。

师徒制作为一种技艺传授方式,是人类最早的教育形式之一,在人类社会技艺传承与人才培养方面发挥出重要的作用。如今在教育领域,师徒制作为促进教师专业发展的重要方式,对教师的专业发展发挥着其特殊作用。但现行在广大中小学校所开展的"师徒制"究竟从何而来?针对这个问题,有学者认为,现行教育领域中的师徒制这种形式借鉴了古代行会中学徒制的做法,并经历了职业教育的再发展[1]。陈桂生教授认为,在现代学校中,初任教师入职辅导中,常常采用有经验的教师与初任教师结成对子的办法,对初任教师进行个别辅导。由于这种办法借鉴古代行会中的学徒制,故称其为"师徒制"[2]。由此可见,当前师徒制产生的根源是受传统的学徒制,特别是古代行会中较为规范的学徒制的影响,现代教育领域中的师徒制是对传统学徒制的借鉴与运用。但传统学徒制是如何亦步亦趋发展为现代师徒制的呢?本书所关注的教师师徒制又是怎样产生、发展及变化的呢?教师师徒制与传统学徒制又存有何重要差别?为进一步深入探讨以上问题,本书将以师徒制中西纵横历史

---

[1] 胡惠闵,王建军.教师专业发展[M].上海:华东师范大学出版社,2014:204.
[2] 陈桂生.且说初任教师入职辅导中的"师徒制"[J].湖南师范大学教育科学学报,2006(5):38-40.

发展为脉络,在梳理中西方学徒制历史变迁的基础上,以教师专业发展的视角来审视教育领域师徒制的发展历程及特征。

第一节 西方师徒制的历史演变

一、西方古代职业培训中的学徒制

(一)西欧11世纪前的学徒制雏形

当代人们普遍认为学徒制发端于11世纪欧洲中世纪手工行会中的一种教育形式。但学徒制的原始形态却可以追溯到古代甚至更早的原始时代。从人类文明初始之时,工作技能教育的原始形态就已存在,其主要形式是原始先民中的父母在生产劳动和生活中手把手向自己的孩子传授基本生活技能,儿女们则通过一旁的模仿等方式进行学习与掌握,此种方式被认为是学徒制的原始起源。从青铜器时代开始,社会手工业的快速发展,导致以家庭血缘关系为纽带的父子技艺传承方式已经不能满足社会生产力发展与社会分工的需要。由此,职业技术传承逐渐从家庭范围以一种较为初级、半制度化的学徒制形态,向社会范围扩大,将职业技术传递给家庭以外的成员。此种初级或原始形态的学徒制在古代西方是职业技术传承的主要形式。从社会职业中的手工木匠、鞋匠、铁匠等新人需要通过学徒制培养,在古埃及、古希腊、古罗马的书记员、辩论家、法律家也不同程度地依靠学徒制方式培养[①]。从公元前2100年的汉姆拉比王的《巴比伦法典》及相关考古发现的公元前18年到公元3世纪间的一些学徒制合同均有相关情况的记载。从这些资料中呈现出当时学徒制的基本情况有:当时还未出现学徒制这个词语;年满13岁后可以成为学徒,学徒时间无记载,师傅同时可招若干个学徒;学徒一般在家中食宿,但师傅须向其父母或监护人支付其基本的衣食费用;学习纺织的学徒期一般为1~5年,要成为熟练并能独立工作的匠

---

① 关晶.西方学徒制的历史演变及思考[J].华东师范大学学报(教育科学版),2010(1):81-90.

人需要 1～2 年的过渡期①。总之，11 世纪前西欧社会中的职业技能传承已经从家庭的父子传承逐渐向师徒传承方式演进，并且也是当时职业教育培养新人的主要途径。但此时还未出现学徒制的词语，师徒活动形态具有强烈的私人性质，主要呈现出以下主要特征。第一，以亲子或养子家庭关系为基础，缺乏完整的制度。如没有学习期限、资格、方法等方面的严格规定，更为重要的是缺乏相应的监督与管理规范。其运行主要依靠师傅的责任心及学徒对师傅的尊重维系，故有学者称其为一种"私人习惯"②。第二，技能传授与生产劳动同时进行。第三，传授方式原始、简单，主要依靠师傅的言传身教和学徒的学习模仿与试错，学习效率较低③。

（二）西欧中世纪行会中的制度化学徒制

行会组织及行会制度的建立是学徒制从雏形状态向制度化转变的关键。作为中世纪和近代重要的社会经济组织，行会控制和影响着西欧城市的经济生活。11 世纪，西欧行会组织伴随城市的发展而兴起。行会组织涉及社会各行业领域，如商人、手工业者、艺术家等，但影响最大的是手工业行会。较早出现的手工业行会主要有：德国美因茨和科隆的织匠行会分别于 1099 年和 1112 年见诸记载，法国巴黎 1150 年时有 5 个属于皮革行业的手工业行会。英国著名经济史学家李普逊认为：中世纪手工业行会是一个技术工匠的团体，这些人通常居住在同一个城市内，从事同一种职业。手工业行会建立的目的是为维护行业的经济利益，从而通过制定详细、严格的行规来约束成员生产及生活行为。其本质正如有学者指出，中世纪行会是一个具有封建特权的封闭性组织，对外进行行业垄断，对内实行超经济的强制性管理与监督④。

12—13 世纪，随着市场的扩大和对外贸易的发展，促进了城市手工业的发展。手工业从业者为保护自身利益和扩充实力，手工业者行会在西欧各城市普遍建立起来。被纳入行会的会员是独立拥有家庭手工作坊并具有某种成熟职业技艺的师傅。其家庭手工作坊的主要生产方式

---

① [日]细谷俊夫. 技术教育概论 [M]. 肇永和，译. 北京：清华大学出版社，1984：14-19.
② 同上.
③ 关晶. 西方学徒制的历史演变及思考 [J]. 华东师范大学学报（教育科学版），2010（1）：81-90.
④ 金志霖. 英国行会史 [M]. 上海：上海社会科学院出版社，1996：3-5.

即师傅招收学徒共同生产的学徒制不可避免地受到行会的监督与管理。最初,行会对会员雇佣徒弟这种现象持默认的态度,并视其为一种私人关系。但随着行会权利的扩大,为保证产品的质量,控制恶性竞争等考量,行会开始转向并加大对学徒制的控制,通过制定各种相关制度对其严格管理,从而促使学徒制实现了制度化,并成为一种社会公共制度。学徒制也随之从私人性质制度转化为公共性质的制度[①]。其相关管理制度主要内容有如下。第一,行会制定基本管理规范,主要包括提供师徒间的书面契约;保证合格师傅才能招收徒弟;规定徒弟的资格和学习期限,徒弟资格要求为城市自由民子弟,学徒期一般要求5～7年;只有完成学徒期,并被行会认可的徒弟才能从事本行业;师傅招收学徒的数量,一般要求不超过三个;禁止引诱其他师傅的学徒等。第二,强化师傅指导过程。对于师傅指导徒弟的内容并没有统一规定,有行会直接规定了师傅指导的内容,有行会虽然没有具体规定,但每年行会的师傅长会游查全城,检查徒弟是否得到了有效的指导。[②]第三,出师考核。最初,只需要师傅证明徒弟已经可以独立从业。但后来越来越多的行会要求必须经过行业师傅长的检查以证明其独立从业的能力。第四,对徒弟开展全面教育,要求师傅不仅传授技艺,还要进行读、写、算等基本技能和道德品质和宗教教育等方面广泛的教育。

总之,西欧中世纪的制度化学徒制在行会的监督管理下,将师徒传授方式置于公共监督下,有效保证了徒弟培养质量,促进了手工业的持续发展。由此,中世纪的学徒制既是一种真正理想的技术教育体制,也是一种卓越的社会教育组织。[③]

二、工业革命助推手工业行会学徒制的瓦解

12—13世纪在欧洲各城市逐渐建立起来的手工业行会学徒制,于14—15世纪非常盛行,对当时的手工业发展及职业教育都发挥着重要作用。但当步入16世纪之时,欧洲开始从封建社会向资本主义社会发

---

① 胡惠闵,王建军.教师专业发展[M].上海:华东师范大学出版社,2014:204.
② Scott, Honathan French. Historical essays on apprenticeship and vocational education[M]. Ann Michigan: Arbor Press, 1914: 5.
③ [日]细谷俊夫.技术教育概论[M].肇永和,译.北京:清华大学出版社,1984:24.

展过渡,此时期各国政治、经济、社会各方面震荡不断,在此背景下,手工业行会日渐衰落,导致行会学徒制在行会的衰落之中挣扎、变形。最后,伴随18世纪中叶开始的产业革命,手工行会学徒制逐渐解体。

(一)行会学徒制伴随行会衰落而逐渐衰退

首先,行会学徒制逐渐失去吸引力,其生存根基开始动摇。一方面,随着生产规模的扩大,部分师傅逐渐积累起一定的财富,资本主义最早的"简单协作"生产方式开始出现,即部分有实力的作坊主师傅招收大量的手工业者在自家作坊中共同劳动,也即开始出现雇佣关系,从而在简单协作方式下师傅招收徒弟的目的主要是获取其廉价的劳动力。另一方面,师傅逐渐脱离生产第一线,徒弟缺少了能直接获得师傅指点或模仿的机会,学徒制的教学功能缺失。

其次,行会的严重腐败让学徒制逐渐衰退。一方面,行会为避免加大竞争的环境,刻意打压匠人或帮工成为师傅,直至成为会员。行会管理下的学徒制,主要是由三个层次构成:师傅、匠人或帮工、徒弟。徒弟期满后可成为匠人,匠人一般作为师傅的帮工,只有能做出一件非常精致的作品才能成为师傅,也只有成为师傅才能成为会员独立生产与经营。由此,徒弟的发展目标便是有朝一日成为师傅,能独立经营。但行会此时已成为少数既得利益者所把持的并实施特权的机构,他们严格控制会员数量,使得工匠如要成为师傅变得更加困难,导致处于最底层的学徒看不到发展的希望。另一方面,行会对师徒间的各种矛盾已经力不能及。随着产品需求的增加,为扩大生产,师傅此时常常违背行会规定,擅自增加徒弟数量,并把徒弟作为廉价劳动力,因而师徒间的矛盾和纠纷不断,但许多问题行会此时已经不能有效地调和和解决,而需要更高权威的地方司法部门介入。①

(二)国家介入对学徒制的控制

在手工业行会管理之下的学徒制出现无序与衰退及国家为解决底层民众的生活问题,开始重视学徒制的背景下,从16世纪中叶开始,对学徒制的管理权力逐渐从行会转移到国家手中,国家开始通过立法形式

---

① 关晶.西方学徒制的历史演变及思考[J].华东师范大学学报(教育科学版),2010(1):81-90.

来干预和管理学徒制。[①] 为此,16—18世纪间欧洲学徒制样态可称为"国家立法学徒制"。[②] 其主要特征如下。

其一,制定了国家层面的法律文件。如英国于1562年颁布了《工匠学徒法》,对学徒制进行各种详细的规范。1601年又颁布了《济困法》,规定了"教区学徒制"。1733年德国普鲁士也颁布了保障行会特权的法令,实行对学徒制进行全国统一管理的政策。1794年普鲁士还在国家一般法令中对行会各学徒制做了具体的规定,在全地区统一施行。

其二,目标的多层性。国家立法学徒制的目标不仅只是针对学徒制本身,如加强学徒制管理,解决师徒矛盾与纠纷,及维护传统手工业生产的正常秩序。更高层的目标还在于,通过学徒制解决贫困民众的就业与生活困境,维护社会的稳定。

其三,与行会学徒制存在显著的变化。国家法令管理下的学徒制与行会控制下的学徒制在教学形态上并无差别。但二者从本质上来看已经呈现出两个方面的差别。一方面,体现在制度层面。行会学徒制从制度化角度来看属于行业制度或规范,而国家法令学徒制则上升到国家层面,具有强制性的约束力,从而对规范和控制学徒制行为起到了一定的积极作用。另一方面,则体现在师徒关系之上。行会控制下的师徒关系主要是一种较为亲密的私人关系,然而在国家法令控制下的师徒关系已经是一种显著的雇佣关系。[③]

以上内容可见,16世纪,随着自由贸易的扩大,手工行会日渐衰落,导致行会学徒制产生诸多新的矛盾,为解决学徒制问题,维护社会稳定,16世纪中叶至18世纪,欧洲国家相继出手干预学徒制,国家主要通过法令形式来规范其运作并取得了一定的效果。但随着社会的进步、生产方式的变革,以手工业行会为核心的学徒制,必将在产业革命的浪潮中解体。

(三)工业革命助推学徒制的逐渐瓦解

从16世纪开始,行会学徒制不仅随着行会的衰落而衰退,关键还是此时资本主义萌芽的重要生产方式分散与集中的工场手工业开始逐渐

---

① 关晶.西方学徒制的历史演变及思考[J].华东师范大学学报(教育科学版),2010(1):81-90.
② 同上.
③ 同上.

兴起。工场手工业的分工生产及场主与工人的雇佣关系等都在不断动摇传统的学徒制的必要性。十八、十九世纪的两次产业革命,欧洲各国先后实现了工业化,即以机器生产取代手工生产。对欧洲的行会学徒制及国家立法学徒制产生了致命的打击,加速了原已制度化的学徒制迅速崩溃。

首先,机器生产取代手工生产贬低了手工技艺的价值。欧洲古代及中世纪中行会学徒制的盛行从根本上来说与个体手工技艺的特点紧密相关。古代社会由于生产力的限制,主要依靠手工生产。而手工生产主要依靠的是劳动者的手工技艺,从事不同的职业需要具有不同的手艺。同时,在手工劳动中,某一产品的生产全程均由个体完成。此生产过程的全程与关键技艺或诀窍等是由家庭世代相传或个体在生产中逐渐掌握而来的。为此,如果要学习某种手艺,除了家传外只能拜师学艺。至近代,个体手工业过渡到工场手工业后,工场手工业的分工生产,让某一产品的生产全程分为若干个工序,劳动者只需要掌握某一个工序的技能即可,从而使之前的生产全程等秘密因工序的划分而破解。由此,生产方式的转变让个人手工技艺的价值逐渐削减。[①]也就动摇了学徒制存在的根基。

其次,机器化工厂生产方式未能提供学徒存在的空间。机器化大生产的流水线生产方式,降低了对劳动者的技能要求,导致传统手工工场中的师傅—匠人—徒弟—劳工的人员结构转化为工厂中的领班—熟练工—半熟练工—劳工的结构。在此人员体系结构中,已很难找到学徒的位置。[②] 由此可见,旧式学徒制已经不适合机器大生产的集体生产方式,既不被厂主所需要,也不被为谋生的劳动者需要。

另外,机器化大生产工厂的迅速增加和规模扩大,招收大量的普通劳动力。这也导致原有从事技艺传承的人员减少。

总之,工业革命出现的机器生产方式的各种影响助推了行会学徒制的瓦解。同时,伴随 1814 年《工匠学徒法》的废除及《济困法》的修订,行会学徒制已经不再为职业和社会的利益受到统治,也没有通过法律要

[①] 陈桂生.且说初任教师入职辅导中的"师徒制"[J].湖南师范大学教育科学学报,2006(5):38-40.
[②] 关晶.西方学徒制的历史演变及思考[J].华东师范大学学报(教育科学版),2010(1):88-89.

求强制执行的约束,终于不得不自行消亡。① 不过,学徒制形式仍然在一些传统手工业行业中存在,但已经没有约束各方的法律文书,师徒的权利与义务更多依靠二者之间的口头契约,工会开始介入学徒制的管理。由此,可把 19 世纪至 20 世纪初这一期间,缺乏强制规定,主要依靠雇主、学徒、工会等共同商议的学徒制称为"集体商议学徒制"。②

三、职业教育兴起与现代学徒制的诞生

以行会学徒制为核心的职业训练或培训方式瓦解后,取而代之的是迅速发展的学校职业教育体系。第二次世界大战后,随着职业教育发展到一定程度后,其自身的不足也充分暴露出来,为弥补其不足并结合传统学徒制的优势,现代学徒制思想与实践开始产生与发展。

(一)学校职业教育取代旧式学徒制承担社会职业训练的责任

传统行会学徒制逐渐衰退后,职业教育获得发展的良机,并承担起社会职业训练的重任。18 世纪初,欧洲各国职业教育开始出现,但更多是由私人和社会、宗教团体倡导和举办。他们开办学校的目的往往是让贫穷儿童掌握一技之长,获得谋生本领,带有济困性质。18 世纪后期,欧洲国家出现了一些由政府举办的初等职业教育机构。如法国于 1794 年 9 月开办的公共工程中心学校,即后来著名的综合工科学校;1795 年建立的综合技术学校,即后来著名的巴黎理工学校,是法国近代史上第一所新型技术院校。③ 职业教育的兴起不仅是传统学徒制的失效和缺陷,而更多是社会生产方式变革的需要。

究其原因如下。第一,电动机器化生产对劳动力提出了更高的要求。19 世纪末与 20 世纪初,以电力为标志的第二次产业革命,使以电力为动力的机器体系取代了以蒸汽为动力的机器体系。以电动机器为工具的生产更加专业化,使原来降低对劳动者技能要求的趋势转变为对劳动者具备科学技术基本原理知识及良好文明素质修养的要求。劳动者必

---

① [日]细谷俊夫. 技术教育概论[M]. 肇永和,译. 北京:清华大学出版社,1984:31-32.
② 关晶. 西方学徒制的历史演变及思考[J]. 华东师范大学学报(教育科学版),2010(1):81-90.
③ 王川. 论西方学校职业教育产生的社会条件[J]. 职业技术教育,2008(1):81-84.

须既掌握机器工作原理,正确阅读与领会产品图纸,而且还需要以文明的态度对待越来越精密的机床或机器。第二,科学技术知识作为间接经验需要系统的课程学习。手工业生产需要的是劳动者熟练的技能与直接经验,这样通过传统师徒传承方式便可完成职业新手的培养。但机器生产需要劳动者掌握更丰富的生产原理方面的间接经验,而课堂教学是人们掌握间接经验的一条重要捷径。由此,职业新手需要职业学校教育课堂教学来系统学习教科书里的间接经验,从而掌握机器生产的基本原理。第三,机器大生产解放了生产力,生产效率大大提升,从而创造出更多的财富,这也为举办职业教育提供了物质保障。

由此,欧洲各国从18世纪至20世纪初,职业教育从初等到中等再到高等职业教育都获得了蓬勃的发展,并在整个国家职业培训体系中占据主导地位。

(二)职业教育的困境与"双元制"人才培养模式

当学校职业教育发展到一定阶段后,其自身的问题与不足也充分暴露开来,为克服不足,第二次世界大战后,因德国职业教育"双元制"的成功,致使各国于20世纪80年代始,对本国职业教育进行充分的改进与革新,探寻新的人才培养方式。

1. 职业教育的问题日益增多

职业教育取代传统学徒制后,在技能人才培养方面发挥出重要的作用,但当它发展到一定阶段,其诸多问题开始日渐突出,从而不能有效满足用工单位的需要。其主要原因有:首先,学校职业教育因强调理论教育,不可避免地忽视了技能训练,导致"学问"化问题突显;其次,学校虽然重视技能训练,但生产领域机器更替、换代时间缩短,学校无法迅速跟上其节奏,导致学生学非所用,未能有效实现与生产实践的无缝对接;最后,随着机器化工具的应用与发展,人们却发现某些特殊的产品(如天然气运输船的钢板焊接),使用高精密的机器却无法达到其标准,仍还是需要具有过硬本领的能工巧匠操作完成,而这些高级技师仅依靠通过职业教育学校培养是不能实现的。

2. 德国职业教育"双元制"模式的异军突起

基于职业教育的问题人们开始反思的同时,20世纪六七十年代,战后德国的经济快速复苏,其成功的秘密武器,便是德国以双元制为特色的职业教育体系,从而促使人们对传统学徒制的价值进行重新评估。德国职业教育主要有两种人才培养模式:一种是全日制培养,一种是双元制模式,而后者占主导。所谓职业教育"双元制",是指政府(行业)监督下企业与学校联合办学,受教育者在行业内是学徒,在学校内是学生,身份"双重",活动"两地"。第二次世界大战后德国职业教育双元制主要通过对学徒进行集体培训的方式进行,其主要特点如下。第一,工学结合。从学习地点与时间分配来看:双元制培养对象最初主要为职业中学毕业生,年龄一般在16岁。学制为2年至3年半。[1]职业中学的学生毕业后,可以先向具有学徒培养岗位的企业申请,申请成功并签订学徒合同后成为企业正式的学徒工,并享受相应待遇。然后再到与企业合作的职业学校以学生身份进行相关理论知识的学习。学习时间以企业或工厂为主,一般三分之二的时间在工厂学习与劳动,三分之一的时间在学校学习。[2]第二,校企合作。一方面,多数有实力的企业都陆续建立起自己的培训基地,未有基地的企业都能通过扩大工厂实践训练或委托其他企业代为训练培养,从而让多数适龄青年为容易就业而积极参与企业培训。[3]另一方面,从学校课程来看,其所学课程以企业需求为核心进行设计,综合性强,紧密联系生产一线经验。第三,实现了做中学。职教学生所学习的环境与未来工作环境一致,实现了学习与工作的无缝对接,直接接触新机器、新材料、新工艺,边做边学,不断积累工作经验,毕业后能满足用工单位的真实需要。

3. 现代学徒制的诞生与发展

随着德国职业教育特别是双元制培养模式的成功,使世界各国都纷纷对其学习与效仿。20世纪80年代末,各国紧紧围绕双元制模式主要特点而开展传统学徒制与职业教育改革,在此背景下,现代学徒制应运而生。

现代学徒制是指以校企合作为基础,以学徒培养为核心,以课程为

---

[1] 何杨勇.德国双元制职业教育发展中的公平问题[J].高等教育研究,2017(3):104-109.
[2] 马宇.德国"双元制"职业教育的特点及其对我国的影响[J].江苏教育研究,2013(3):10-13.
[3] 何杨勇.德国双元制职业教育发展中的公平问题[J].高等教育研究,2017(3):104-109.

纽带,以学校、企业的深度参与和教师、师傅的深入指导为支撑的人才培养模式。① 现代学徒制与双元制既有相似之处也有一定的区别。相似之处在于,二者都以职业院校为基础,增加企业实践技能培训并获取相应的职业资格证书。而区别在于,双元制是以企业培训为主,学校为辅。而现代学徒制是校企深度合作,以企业和社会需求为导向,共同完成培养任务。现代学徒制是英国于1993年率先提出并开始实践,通过多年的努力,不断扩大学徒范围和等级,形成了完善的学徒制体系,涉及英国的多个部门与领域,不仅为英国青年学徒提供了上升空间,满足各行业对人才的需求,也让参与各方获取相应利益,成为"支撑国家一个更强大目标的核心"②。除英国外,美国的"注册学徒制"、澳大利亚的"新学徒制"等都是对本国职业教育人才培养模式进行改革的成功典范。总之,自第二次世界大战后开始出现,以德国双元制为典型的、适应现代社会的、以校企合作为基础、纳入国家人才发展战略的职教人才培养模式都可称为"现代学徒制"形态。③

现代学徒制尽管各国称谓不同,但它与行会学徒制或16—18世纪国家立法的学徒制仍存在明显的差别,主要具有以下主要特征。

第一,学徒制再次回归到国家制度层面。20世纪60年代,英国高等教育还未普及,大约1/3的青年仍须通过学徒经历来就业,但此时学徒工所的教学内容陈旧,脱离社会实际,缺乏吸引力,严重影响了青年的就业和社会稳定。由此,英国从1993年开始实施现代学徒制,随后不断出台相关法律法规来规范学徒制运作,保证了其正常的开展。如2008年以来相继出台了《学徒制草案议案》《学徒制、技能、儿童与学习法案》《英国学徒制标准规范》等。

第二,功能的层次提升。传统行会学徒制的功能是传承技艺,培养职业新人。16—18世纪欧洲各国的立法学徒制主要功能是扶贫济困。而现代学徒制的功能不仅是促进就业,而更是我们国家的人才战略和经济发展战略。

第三,利益主体多元化。传统行会学徒制的主要利益主体只有行会、

---

① 陈嵩.关于现代学徒制的实践思考[J].江苏教育,2013(11):22-25.
② 欧阳忠明,韩晶晶.雇主参与现代学徒制的利益与权力诉求[J].教育发展研究,2014(11):52-59.
③ 关晶.西方学徒制的历史演变及思考[J].华东师范大学学报(教育科学版),2010(1):81-90.

师傅与学徒。而现代学徒制由于参与主体的增加,呈现出多元化特征。主要利益主体包括:政府、企业雇主、国家行业指导委员会、培训学校、学徒、师傅与教师、工会,甚至还有第三方培训或中介机构,这批机构首先招收学徒,然后将学徒派往雇主企业进行培训。

第四,学制更加灵活。现代学徒制学习仍强调"工学结合",但作为一种学历教育与职业教育整合的人才培养模式,必须兼顾二者的特点规律。由此,在学制上更加灵活,学分制和弹性学制等新方式得以采用。另外,缩短学习期限,一般为3～4年,并且满徒主要是以是否取得职业资格证书为标准。[①]

四、现代导师制的产生与发展

现代导师制(Mentoring Program)是20世纪90年代,在欧美等国各行业领域为解决新员工的职业适应问题及人力资源开发,促进企业可持续发展而逐渐施行的重要手段。

现代导师制一般是指社会组织中一位富有经验的员工在工作技能、生活及职业发展等方面对一个缺乏工作经验或具有发展潜力的员工进行指导和建议。它既是传统学徒制的一种升华,也是对高校研究生教育中学术导师制学习借鉴的结果。[②] 现代导师制不仅借鉴了传统学徒制中师傅对徒弟实践技能"手把手"指导、"做中学"等特点,还借鉴了具有悠久历史,源于14世纪牛津大学中对研究生培养的"导师制"教育模式,它不仅注重密切的师生关系和对学生知识与学术能力的培养,还重视对其思想、心理等方面全方位的引导。为有别于高等教育中研究生教育的导师制和传统的学徒制方式,故将此种发生在现代社会中各行业对员工进行培训与人才开发的方式统称为"现代导师制"。其中具有代表性的是存在于生产、经营等领域的"企业导师制"和中小学校中的"教学导师制"。

---

① 关晶.西方学徒制的历史演变及思考[J].华东师范大学学报(教育科学版),2010(1):81-90.
② 张正堂.企业导师制研究探析[J].外国经济与管理,2008(5):35.

(一)欧美等国生产、经营等领域中的"企业导师制"

企业导师制是指富有经验和技能的资深管理者或专业人员与经验不足但有发展潜力的员工之间建立起来的支持性师徒关系。① 其承担指导任务的富有经验者被称作导师(mentor),而缺乏经验或具有发展潜力的被指导者则被称为学徒或学习者(学徒 protege,学习者 mentee)。导师不仅需要对学员进行岗位知识、技能的传授,还要负责对其职业发展生涯进行指导、关心及帮助。其主要特点如下。

第一,导师制已成为当代欧美各国企业普遍施行的人力资源开发计划。20 世纪 80 年代,欧美等国的各大企业中普遍出现新入职员工虽然接受了专业的职前教育,但他们工作时却发现学校所学知识与实践要求存在较大差异,部分新员工出现挫折感、缺乏自信心,严重影响工作效率及个人职业的健康发展。由此,各大企业便通过应用导师制来对其进行帮助和指导。20 世纪 90 年代,现代导师制在各大企业作为员工培训开发工具普遍开展。据翰威特公司在对企业领导力的一项权威调查显示,在全球十佳雇主企业中,80% 的企业提供"内部导师制"。② 美国已有超过三分之一的大企业正式实施了企业导师制,而且这一比例还在不断增长。③

第二,企业导师制类型多样。企业导师制在欧美企业实践应用中存在多种类型:正式与非正式导师制,直属关系与非直属关系导师制,一对一导师制与团队导师制,面对面导师制与电子导师制等。④ 以下就其主要的正式与非正式、直属与非直属关系导师制进行阐述。

正式导师制主要特点为:师徒配对方式是由组织进行统一安排,其活动具有较为严格的计划,是企业组织人力资源管理的重要组成部分;其适用对象主要应用于新人入职教育或老员工在职培训;其目标主要是帮助徒弟完成阶段性任务。另外,师徒时间较短,一般为 6 个月至一年。⑤

非正式导师制主要特点为:师徒关系是自发而成,而不是由组织行

---

① 张正堂.企业导师制研究探析[J].外国经济与管理,2008(5):35.
② 廖晖.内部导师制——企业人才培养的捷径[J].HR 论坛,2007(3):32-33.
③ 张正堂.企业导师制研究探析[J].外国经济与管理,2008(5):35.
④ 康宛竹,艾康.国外企业导师制的研究路径与走向[J].国外社会科学,2013(4):127-133.
⑤ 张正堂.企业导师制研究探析[J].外国经济与管理,2008(5):35.

第三章 教师专业发展中的师徒制历史透视

政安排,也不是组织正式管理活动;适应对象为在职员工的职业生涯发展;指导目标为帮助徒弟成功实现职业发展的每一阶段任务。指导时间较长,多达3～6年。[1]

直属关系导师制是指导师是徒弟学员的直属领导。是企业内部组织的一种纵向指导模式。其指导模式有利于导师了解徒弟,并有充足时间对徒弟进行指导,帮助发展技能与进行职业规划。[2] 非直属关系导师制是指导师与徒弟不存在上下级关系,而存在于同事之间,导师与徒弟更多是经验、资历的差异,是企业内部组织的一种横向指导模式。其模式由于师徒处于较佳位置,有利于相互了解对方不同时期的需要;由于拥有徒弟相似的经历,导师更注意对徒弟的心理层面支持;由于不存在上下级领导关系,徒弟更容易接受导师的指导和反馈。[3]

第三,企业导师制在实践中发挥出重要作用。企业导师制的效果如何,具体发挥了什么作用。有学者对此进行了大量的实证研究,主要体现在对徒弟、导师及组织发展三个方面。

首先,关于导师制对徒弟的作用。一般而言,了解导师制的作用必然会聚焦于对徒弟产生了哪些具体的作用和影响。有学者认为导师制下良好的师徒关系会使徒弟获得更多晋升、薪酬或奖励,以及更多的工作和表现机会,从而达到更高的满意度。[4] 另有学者研究表明,有导师的员工与没有导师的员工相比,薪酬较高且加薪机会较多。[5] 还有学者认为,导师制有助于促进徒弟的组织社会化进程,提升组织承诺水平,降低离职意愿。[6] 由此可见,导师制对徒弟的积极影响和作用是多方面的,不仅是获得更多学习机会,快速适应工作岗位,也为将来的晋升与

---

[1] 张正堂.企业导师制研究探析[J].外国经济与管理,2008(5):35.
[2] Ragins, B. R., and McFarlin, D. B. Perceptions of mentor roles in cross-gender mentoring relationships[J]. Journal of Vocational Behav-ior, 1990(37): 321-339.
[3] Russell, J. E. A., and Adams, D. M. The changing nature of mentoring[J]. Journal of Vocational Behavior, 1997, 51(1): 1-14.
[4] Scandura, T. A. Mentorship and career mobility: An empirical investigation[J]. Journal of Organizational Behavior, 1992, 13(1): 169-174.
[5] Chao, G. T., Walz, P. M., and Gardner, P. D. Formal and informal mentorships: A comparison on mentoring functions and contrast with nonmentored counterparts[J]. Personnel Psychology, 1992, 45(3): 619-636.
[6] Birnbaum, P. H. The choice of strategic alternatives under increasing regulation in high technology companies[J]. Academy of Man-agement Journal, 1984(27): 489-510.

加薪奠定了坚实的基础,而且还利于徒弟提升组织社会化进程,提升组织承诺水平、提高工作满意度等。

其次,关于导师制对导师的作用。企业导师制仅对徒弟产生积极影响,也会对导师的各方面产生影响。已有研究表明:第一,可以促进导师的职业满意度,因为导师往往大多处于中年危机期和职业倦怠期,但导师通过指导学员成长,使自身工作经验有了用武之地,体现出应有价值,从而提升了职业满意度;第二,通过建立和加深师徒关系和徒弟人际关系,获得了徒弟的强力支持,从而维护了自身在组织中的权力或地位;第三,通过师徒互动,向徒弟学习了新的知识与技能,提升了自身的专业能力。[1]

最后,关于导师制对组织的作用。企业导师制的施行,不仅对直接参与互动的师徒产生积极影响,而且师徒互动的过程及结果直接或间接地对企业组织本身产生出积极的影响。第一,有利于企业核心精神文化的传承。企业在发展过程中逐渐形成了具有鲜明组织特色的精神文化,它是企业生存与发展的精神支柱与动力,深深地烙印在职工身体之中。导师在与徒弟互动中通过自身的行为榜样,使新员工深入地理解了企业文化的精髓。第二,为形成学习型组织提供了重要条件。企业要成为一个学习型组织,需要有相应的平台。而企业导师制本身就是一种众人参与的教育学习模式,它的活动使企业学习从口号转变为现实,从而为企业成为学习型组织创造了条件。[2] 第三,有利于组织的可持续发展。人才是企业可持续发展的关键。而导师制的开展不仅能促进员工的工作满意度,减少离职率,还能使组织更好地识别和发现关键人才,从而促进企业的可持续发展。

总之,企业导师制作为培养员工、规划员工职业发展的一种重要手段。企业希望核心员工和后备干部能够迅速成长、新员工能迅速进入工作角色,而员工则希望获得成长的空间。导师制恰恰顺应了这种要求,它提倡分享知识与智慧,提倡通过沟通与交流提升企业信任感与忠诚度,也有利于培养后备干部和核心员工的责任感并提升管理水平,实现

---

[1] 张正堂.企业导师制研究探析[J].外国经济与管理,2008(5):38.
[2] Christine D. Hegstad & Rose Mary Wentling. Organizational Antecedents and Moderatorsthat Impact on the Effectiveness of Exemplary Formal Mentoring Programs in Fortune 500 Companies in the United States[J]. Human Resource Development International, 2005(8):467-487.

了企业与员工的共赢。

(二)欧美中小学校中的"教师导师制"

现代导师制不仅在欧美国家的企业得到普遍应用,而且在教育领域也是重要的应用场所。欧美国家的现代导师制在教育领域的应用主要体现在对中小学新教师的入职培训之中,新教师入职教育时采用多种方式,但导师制是其主要采用的培训方式。此方式是指新教师刚入职时,学校挑选具有丰富经验的老教师担任新教师的指导教师,负责对其进行监督和辅助,故称为"教师导师制"或"教学导师制",其依托欧美等国家多年以来形成为较完善的初任教师入职培训制度。所以,它不仅从外部的支持,还是其内部的运行都较为规范和完善,从而为本国的初任教师的成长及教师队伍的稳定和教育质量的提高都起到了积极的作用,现仍被欧美等国家给予高度的重视和积极地开展。

1. 美国中小学初任教师入职教育中的"教学导师制"

美国的教学导师制也称"师徒制"或"导师制教学指导",是一种典型的教师入职教育形式,其侧重于教学导师对初任教师的互动与支持,也是美国初任教师职业指导计划中最常采用、最为重要的一种形式。[1] 美国的师傅带徒弟的历史早在20世纪前已广泛在医疗、工商业等领域开展。20世纪初开始引用到教育领域,并为后来的教学导师制奠定了基础。20世纪50年代,教学导师制主要用在教师职前培养过程中师范生的教学实习。20世纪80年代才将教学导师制运用到初任教师入职教育中,并最早在加州"1983年教育改革法案"里出现了"教学导师"(mentor teacher)一词。[2] 在美国,从中小学到大学都设有教学导师,中小学教学导师主要为学生和校内教师尤其是初任教师提供服务,大学教学导师则主要为在校学生提供服务。进入20世纪90年代,美国各州对教学导师的需求有了比较大的提高,为了解决这种供不应求的局面,德克萨斯州和伊利诺伊州等,还设立了网络教学导师制(on-line mentoring),通过远程或在线的方式为初任教师提供帮助和指导。

美国自20世纪60年代以来,伴随着终身教育、教师专业发展、教

---

[1] 谭菲. 美国初任教师入职教育研究[D]. 重庆:西南大学,2012.
[2] 同上。

师教育一体化理论与实践的发展,开始了对初任教师进行入职教育的研究与探索。1963年前哈佛校长发布了著名的《科南特报告》,科南特在报告中特别强调中小学教师的在职培训和继续教育的重要性,并在报告的第11条建议中指出"对处于困境中的初任教师尽力给予帮助"[①]。该报告的发布,随即影响到各界对学校初任教师面临的困难和提供帮助的高度关注。1974年,美国威斯康辛州的怀特沃特大学的教育学院首创了一个为所在地区的中小学初任教师提供指导帮助的计划,即"威斯康辛改进计划"。此计划提出为初任教师提供一个由教学导师、大学教师、学校学区行政领导组成的支援小组。20世纪80—90年代,美国教师入职教育获得了迅速的发展。1984年以前只有8个州有相应计划,而在1992年以各种立法形式要求实施入职教育计划的州数已达34个。各州具体实施情况虽然有所不同,但主要由地方学区和学校承担着具体的指导工作。进入21世纪,美国为应对教育规模的扩大和新教师流失的问题,许多地区都非常重视新教师入职教育和指导,把它作为稳定教师队伍的重要举措。有研究发现,在新教师入职教育实施较好的地方,教师保持率高达93%,而且,新教师的教学水平与自我发展水平都得到显著提高。

随着时代的发展,美国初任教师入职教育或指导的方式呈多样化趋势,主要有教学导师式、指导小组式、校际合作式、教学档案袋式、学科融入式、学校改进式。[②] 其中,教学导师式是一种较为典型的指导方式,主要指当初任教师被学校受聘后,由校长为其指定一名经验丰富的教学导师。在美国教学导师被称为 mentor teacher 或 master teacher。美国教育界专家布洛克和格雷蒂为教学导师下了一个准确的定义:"教学导师是一个有经验和专业知识的个人,他应承担为初任教师提供支持与指导的责任。"[③] 美国弗吉尼亚州特别重视教学导师指导方式的特殊作用,从而专门制定了教学导师制度。1985年,该州实施了第一个针对初任教师的初任教师援助计划。1991年两年教学导师培训学校成立。截至1996年,已有31个学区建立了教学导师制的初任教师入职指导计划,

---

① [美]科南特.科南特教育论著选[M].陈友松,译.北京:人民教育出版社,1988:226-233.
② 谭菲.美国初任教师入职教育研究[D].重庆:西南大学,2012:11.
③ Brock, B. L. & Grady, M. L. From Frist-Year to First-rate: principals guiding beginning teachers[M]. CA: Corwin press, 1997: 143.

并对 2000 多名初任教师提供了为期两年的支持与帮助。1999 年,"教育职责与教育质量增强"法案的制定,要求每一个初任教师都配有一位教学导师。2000 年,州教育厅厅长明确了教学导师的职责,并建议发展新教师"入职指导计划"来作为全州教学导师制实施的依据。通过多年的努力,弗吉尼亚州的中小学教学导师制度,从导师的选择标准、教学导师的培训与指导、教学导师制度实施的评价等方面已较为完善。迄今,弗吉尼亚州学区的教学导师制度中每一位初任教师都有三名教学导师提供支持,他们是指导教师、培训教师和高级教学导师、指导教师主要负责提供简单、及时的帮助,如学校相关政策内容与执行程序的解答;培训教师主要负责课堂教学与学生管理技能的指导与帮助;高级教学导师主要负责学科专业知识问题的指导与帮助。

2. 英国中小学初任教师入职教育中的"教师导师制"

英国的师范教育一直以来是以高校为基地的培养方式,此种模式主要以学科和教育理论知识传授为主,虽然也强调教学实习,但因时间较短且脱离实际,其效果并不理想。第二次世界大战后,英国的师范教育又多次进行改革,但师范教育所培养的新教师还是很难尽快适应新的教学工作。为此,英国提出了建立"合作式"的师范教育体系,即由高校、地方教育行政部门和中小学校三方合作、联合培养师资的模式。这使中小学校成为师资培训机构的主体,积极参与到师范教育的全过程。20 世纪 80 年代中期,英国开始推行"以学校为基地"的师资培养模式。1992 年,英国教育部发表了《职前师资训练(中等阶段)》的报告,接受了已在各地中小学校普遍开展的"岗位培训"来取代过分重视"教育学理论"的做法。然而,在实际学校教育中多数新教师仍难以胜任教学岗位,也伴随着大量新教师的流失。为有效解决这些问题,英国各界更加关注教师的入职教育问题。1972 年,英国教育与科学部公布了《詹姆斯报告》。该报告中首次提出,"教师教育三段式":职前、入职与在职教育三部分,从而将入职教育纳入教师教育体系。同年,英国政府发布了《教育:一个扩展的框架》的白皮书,给英国勾勒出其 10 年的教育发展规划,给予《詹姆斯报告》强烈的呼应。白皮书明确了"有计划地强化初任教师第一年入门指导"的教育目标,并明确提出教师上岗初期属于试用期,试用期教师承担 3/4 的全日制教学工作量,参与不少于 1/5 的在职脱产培训,从而推动了入职教育的开展。经过多年的努力,1999 年,英国政府正式颁布《教师入职培训教育法规》,该入职培训制度及其补充文件《初任教师入职引导期》的具体内容有:凡自1999年5月7日获得资格认证并接下来即将从业的初任教师需要完成三个学期的入职培训教育。这期间,可以采用间断性进行,但应在5年内完成。培训机构、校长、指导教师与地方当局分别承担着不同培训职责。其主要职责在于对初任教师的监督与指导;同时,给予初任教师支持,减少其10%的教学工作量。

英国通过正式立法的形式确立了新中小学教师的入职培训制度,其开展形式多样,以初任教师为中心,极富个性化。其组织形式主要包括教师指导、听课、召开专业考察会议、评估会等。[①]其中,教师指导也称"教师导师制",由初任教师的指导教师大多由学校资深的教师担任,并采取一对一的方式,即每位初任教师由一名指导教师进行指导、监督。在初任教师入职培训的过程中,指导教师的职责主要表现在:第一,指导教师须熟悉双方的义务和权利,并了解入职培训的具体要求及初任教师的基本情况等;第二,指导初任教师制订专业成长目标和计划,并在开学前4周对初任教师进行一次课堂观察,若有特殊情况至少每半个学期一次;第三,教学观察、专业考查会及评估会的举行都有指导教师的参与,指导教师须根据初任教师的教学计划、培训情况及相关会议记录有针对性地对之指导;第四,指导教师须接受地方教育当局安排的有关初任教师入职教育的专门培训。

第二节 我国师徒制的历史演变

与西方相比,我国师徒制的历史演变过程与西方存在众多相同之处,但由于中国工业革命滞后,导致自古以来的学徒制长时传承不息,只是在现代受到西方学徒制演变过程的影响,才一步步发生一些变

---

① 孙国辉.当代英国教师入职教育研究[D].哈尔滨:哈尔滨师范大学,2013:17.

化。① 对于我国师徒制的历史演变进程,已有诸多学者从其师徒关系的演变②、行会专题③等角度进行了一定研究,本书在梳理已有文献时发现,我国师徒制在发展演变中,因受各种因素的影响,在不同时期,师徒制在师徒主体的结构及互动空间方面发生了根本的改变。鉴于此,本书尝试以师徒制中师徒技艺传授的师徒主体结构空间为视角,并在已有研究成果的基础上将我国师徒制历史演变划分为以下四个阶段,各阶段的主要内容及特征如下。

一、我国古代职业训练中的学徒制:师徒代际相传与现场学习

学徒制从技艺传承的方法来看是指在职业活动中,通过师傅的传帮带,使学徒获得职业技术和技能的方法。学徒制是我国古代职业教育与训练中最为普遍和特有的重要形式。学徒制主要用于对手工技艺的人才培养,其训练与学习时间较长,主要是在师傅的指导下通过现场的模仿,进而实作而掌握某种技艺的知识与技能。由此可见,我国古代职业训练中的学徒制在主体空间结构方面是紧密围绕工作现场的父子及师徒之间的代际传递。

(一)学徒制的原始雏形:师徒的"父子"关系

关于我国学徒制的起源,据有学者考证可追源于原始社会中的长辈及家长对自己子女的生产、生活技能传授即父传子受形式。关于原始先民中技能父子相传在古籍中存有记载,如《白虎通》记载有:"古之人民皆食禽兽肉。至于神农,人民众多,禽兽不足,于是神农因天之时,分地之利,制耒耜,教民农耕……"《孟子·滕文公上》有:"后稷教民稼穑,树艺五谷,五谷熟而民人育。"《吴越春秋》有:"尧聘弃……拜弃为农师,封之台,号为后稷。《路史》记载有:"嫘祖始教民育蚕,治丝茧以供衣

---

① 陈桂生.且说初任教师入职辅导中的"师徒制"[J].湖南师范大学教育科学学报,2006(5):38-40.
② 韩翼.师徒关系结构维度、决定机制及多层次效应机制研究[M].武汉:武汉大学出版社,2016:9-13.
③ 殷俊玲.晋商学徒制礼仪习俗初考[J].山西大学学报(哲学社会科学版),2005(1):73-77.

服。"① 以上古籍中的"教民农耕""教民稼穑""拜弃为农师""教民育蚕"等都不仅反映了原始社会农业技艺传授的事实,还反映出氏族中的长辈、首领对晚辈或民众的生产技能代际传授。

随着农业、手工等生产技能的传授、推广,其逐渐形成以家庭为基本的生产单位。其拥有生产技能与经验的家中长辈,在养育子女的同时,在生产劳动过程中向其传授生产技能,逐渐形成父子传递、职业世代传习的传统。② 由此可见,原始社会家庭中长辈对其子女的技能代际传习是学徒制的最早原始形态,其师徒关系是一种亲缘的父子关系。

(二)学徒制的初级形态:师徒的养父子关系

经过长时的发展,随着生产力的提升,私有财产的增多,出现阶级分化,原始社会开始解体,人类社会开始迈入文明时代——奴隶社会。此时,随着生产的发展,其以家庭为单位的父子技艺传习已经不能满足社会生产与发展的需要。由此,为满足社会生产的需要,技艺传习便从家庭向社会开放,通过一种初级的、半制度化的学徒制形态,将手工技艺传授给家庭以外的人员。其基本形式是手工艺人将别人家的子女吸收至自己家中作养子,并向其技艺传授。随即,此种传授养子的初级学徒制成为我国奴隶社会技艺传承的主要方式。其主要特征有二。一是亲密的师徒关系。因为养子作为徒弟与养父师傅学习,生活在一家庭之中,视作亲子,其关系必然十分亲近。二是保守性。因师傅为维护自身利益,其吸收养子作为徒弟的做法还更多限于"生存"式技能的家庭,一些家庭技艺并不轻易传授外人,仍保持职业世袭的方式传授。③

(三)学徒制的稳定发展:师徒之间私人与社会关系共存

当历史步入封建社会,社会生产力进一步发展与提升,伴随农工经济迅速发展,从而扩大了对手工业者数量的需求,自然也相应地促进了当时技艺传承重要方式——学徒制的稳定与发展,受我国封建社会的政治、文化、经济的影响,学徒制呈现以下几个特点。

首先,学徒制规模不断扩大。主要表现为:一方面,随着奴隶社会

---

① 孙立家.中国古代职业教育的主要形式——艺徒制[J].职业技术教育,2007(7):72.
② 刘晓.我国学徒制发展的历史考略[J].职业技术教育,2011(9):72-75.
③ 同上.

瓦解，大批拥有一技之长的奴隶成为自由民，他们在民间互相学习，从而涌现出大批能工巧匠，他们有的在自己家庭手工作坊中招徒传授技艺；另有一些则设专门技能传授的私学招徒传艺。如战国时期的墨子，他曾创办私学传授力学、几何学及机械制造。① 另一方面，是隋唐以来的官营手工工场的繁荣与发展，至宋代全国已经形成庞大的官营手工业系统，包括纺织、冶金、铸币、造船、盐业、采矿、武器制造等。其工场中大量招收徒弟学习与劳动，促使学徒制的扩大与繁荣。②

其次，较为规范的管理与运作。第一，设立了相应的管理机构及人员负责管理工作。如唐代设立了管理官营手工工场生产及运行的机构"少府监"和"将作监"。"少府监"负责皇帝及皇族生活用品的制作，而"将作监"负责朝廷的土木建筑。两部门负责从全国选拔优秀工匠，并负有培养与训练学徒之责。第二，对学徒的学习进行了详细的规定。据《新唐书·百官志》记载，少府监每年十月，从刑部都官司的官奴婢和官户中挑选一部分人为工户，送到少府监学习细缕、车辂、乐器制造等精细手艺。③ 另少府监将不同工种的学徒年限做了明确规定："细镂之工，数以四年；车辂乐器之工，三年；平慢刀槊之工，二年；矢镞竹漆屈柳之工，半年；冠冕弁帻之工，九月。"④ 第三，推行确保师徒传艺质量的"法式"学徒培训法。所谓"法式"，是在总结长期生产经验的基础上形成的工程、产品的制造、制作技术规范和要求，其中也包括一些最基本的技术知识，内容有"名例、制度、功限、料例、图样"等。宋代十分重视手工生产的操作流程与规范，产生了《弓式》《营造法式》等"法式"，在学徒培养上也严格按相关"法式"进行操作，考核时也以标准严格执行，从而使学徒培训有了明确的目标和要求，使学徒制运作更加规范。⑤ 第四，师徒亲密私人关系与社会关系共存。一方面，出于师徒技艺的"言传身教"甚至是"心传"的特点，需要师徒之间具有并保持亲密的私人关系，除父子、养子具有特殊的亲情关系外，社会意义的外来徒弟更要对师傅尊敬、关心与照顾。另一方面，在封建社会的正统儒家思想的影响下，强调尊师重道，"尊师"是至高无上的道德标准。由此可见，师徒

---

① 韩翼. 师徒关系结构维度、决定机制及多层次效应机制研究 [M]. 武汉：武汉大学出版社，2016：9-10.
② 刘晓. 我国学徒制发展的历史考略 [J]. 职业技术教育，2011（9）：72-75.
③ 刘晓. 我国学徒制发展的历史考略 [J]. 职业技术教育，2011（9）：72-75.
④ 陈文. 中国式艺徒制 [J]. 中国手工，2008（3）：26-27.
⑤ 刘晓. 我国学徒制发展的历史考略 [J]. 职业技术教育，2011（9）：72-75.

之间具有亲密的私人关系,但随着师徒传艺中徒弟由亲子、养子扩大至外来之人,并且随着学徒制规模扩大,学徒与师傅都成为一种社会身份或阶层,师徒之间也具有显著的社会关系。

(四)制度化的行会学徒制:徒弟对师傅的严重依附关系

明代中叶后,资本主义萌芽在我国南方各地相继出现,促使其当地的商品经济发展和生产技艺的交流与传递。为维护各手工行业的利益,避免更多同行加入,明清时期出现了维护自身利益的行会组织,行会同时也催生了学徒制的发展,因为未有行会学徒经历者,不能加入工商业活动。明清行会组织中的学徒制相对全面、规范。综合来看具有以下特点。第一,将学徒的招收、学习、出徒等作为具体规定。如晋商商帮的学徒制规定:招徒要进行严格的"入门"考察,首先要有"保人"推荐,然后对个人相貌、智力、家庭背景等进行全面考察;学徒考察合格后,需要选择某个吉日让徒弟入商号,此举称作"请进"。随后进行日常礼仪、基本技能、专业技能、品德教育等内容的训练与学习。对于出徒也做了严格的规定,除专业技能外,还需要考察实际工作能力和品德。① 以清朝行会规定为例,泥作同规,"学徒三年为满"。竹工行规,"收留徒弟,以三年为满"。但金银玉工整规,"收留徒弟,以三年为满;如遇年轻者,四年为满"。天平师友公议,"学徒弟者,以四年为满"。甚至有延长到五年或者七年的。② 第二,学徒对师傅的依附关系鲜明。一方面,行会学徒时间较长,学徒长时在师傅作坊或家中生活与学习,诸事由师傅负责安排,另徒弟在学徒期间没有工资收入,故徒弟必须服从师傅的安排。另一方面,由于师徒存在契约,徒弟处于被动地位,从而增强其对师傅的依附。③

二、近代走向衰弱的传统学徒制:师徒现场指导日渐式微

第一次鸦片战争后,西方列强在中国纷纷开办工厂,需要招收大量

---

① 殷俊玲.晋商学徒制习俗礼仪初考[J].山西大学学报(哲学社会科学版),2005(1):73-77.
② 全汉升.中国行会制度史[M].天津:百花文艺出版社,2007:124.
③ 韩翼.师徒关系结构维度、决定机制及多层次效应机制研究[M].武汉:武汉大学出版社,2016:12.

的技术人才和普通劳动力。同时,在西方工业化浪潮冲击下,民族工商业得到迅速的发展,也需要吸收大量有一定技能的劳动者,在此背景下,一方面职业教育迅速发展,另一方面传统手工作坊中较为缓慢和效率低下的技术人才培养方式已不能适应近代大批工厂对大量劳动者的需求。还有机器化的生产对劳动力的技术要求较低,青年可直接进入工厂学习与工作,不需要经过漫长的学徒生涯。由此,传统师徒制渐渐走向衰落。其主要表现如下。首先,传统师徒制被工厂师徒制替代。其影响表现在:第一,师徒私人关系淡化。工厂在招收青年普通劳动者时,也先要进行简单的职业培训,这样也促使了工厂师徒制的发展。工厂师徒制使传统师徒的私人关系淡化,更多是一种普通的关系,师傅也只是承担教的义务。第二,传统师徒制功能弱化。传统师徒制是培养技术精湛的匠人,但工厂师徒制却转变为培养简单劳动力的方式。第三,师徒现场指导渐微。如1902年,清政府在"振兴实业"的口号下在全国各地设立官办手工工场——工艺局。其既是生产单位,又是学徒培训的场所。其学习结合学堂、工场,理论与实践结合。福建工艺局采用半工半读的方法培训[1],这样与传统学徒制相比,在现场学习的时间变少。其次,随着机器对科学技术的依赖,工厂对工人的文化素养要求增高,致使传统学徒制从根本上失去了承担手工生产劳动技术传承的历史责任,其职责大部分由迅速发展的专门职业学校所替代。

三、新中国成立后对旧式工厂师徒制的改造与构建:半工半读模式的尝试

民国政府时期,资本主义生产关系使师徒制在各种类型的工厂中迅速发展,为保证其正常开展,民国政府相应出台了一些政策对其进行改造,以便于扩大就业,解决民生、福利等问题,缓和社会矛盾。[2]

1949年新中国成立后,随着社会主义改造与公有制经济体制的建立,国家通过一系列的政策对旧式工厂学徒制进行改造,并建立起适应当时社会政治、经济形势的学徒制度。其主要做法为:一方面,通过对旧工厂师徒制改造,让学徒工成为工厂的主人,摒弃与师傅的人身依

---

[1] 刘晓. 我国学徒制发展的历史考略 [J]. 职业技术教育, 2011(9): 72-75.
[2] 王星. 技能形成的社会建构 [M]. 北京: 社会科学文献出版社, 2014: 126-144.

附,淡化其封建宗法家长制色彩;另一方面,通过制定相关政策构建起新的师徒制。① 1958年2月,国务院颁布了《关于国营、公私合营、合作社营、个体经营的企业和事业单位的学徒学习期限和生活补贴的暂行规定》,标志着我国的学徒培训开始进入制度化建设阶段。② 这一政策明确了学徒工的学习期限原则、学徒期间的生活补助、出徒后作为正式工的工资、福利待遇等,从而统一了全国的学徒制度,为提高学徒培养质量发挥了重要作用。随后,各厂矿积极探索学徒工的培养,对学徒工进行半工半读的培养模式,从而使各厂矿半工半读学校迅速开办起来。

然而,改革开放后,我国工厂学徒制一度被长时忽视而暂停,开始进入边缘化阶段。其原因主要有二:一是20世纪80年代中后期,国家进行用工制度改革,明确"先招生,后招工"与"先培训,后就业"的方针,学徒工逐渐被大中专、技校、职高等学校毕业生所替代,导致工厂师徒制失去了位置;二是虽然某些工厂、企业保留了师徒制做法,但由于市场经济管理模式的引入,师徒技能传授出现危机,师傅的主动积极性普遍缺失,而逐渐被边缘化。③

四、现代学徒制的探索与发展:校企合作与双师带教

尽管自1985年中共中央发布《关于教育体制改革的决定》后,我国职业教育获得了迅速的发展,但因我国职业教育与劳动部门在体制上的割裂,导致职业学校长时处于半封闭状态,对社会所需人才的培养严重滞后。另外,职业学校教育以课堂教学为主的培养模式,不可避免产生重理论轻实践、重知识轻实际工作情境等问题,其人才的培养质量不能满足社会生产部门的要求,由此,各级政府、学校、企业都在思考与探索新的人才培养模式。

20世纪60年代以来德国"双元制"职业教育模式的成功经验,为我国职业教育的发展提供了学习的榜样。教育部在2014年8月25日发布了《关于开展现代学徒制试点工作的意见》,标志着我国职业教育

---

① 王星.技能形成的社会建构[M].北京:社会科学文献出版社,2014:126-144.
② 王平.新中国成立以来我国学徒制政策的演变、问题与调适[J].教育与职业,2015(22):13-17.
③ 王平.新中国成立以来我国学徒制政策的演变、问题与调适[J].教育与职业,2015(22):11.

的现代学徒制培养模式进入试点阶段,2018年第三批试点工作开展以来,已有562家单位参与试点。[①] 我国现代学徒制主要特点有:学历+技能的教育模式、半工半读的灵活培养模式、学校与企业双师带教、深度的产教融合、相对完善的管理制度。近年来其现状为,在国家大力发展职业教育,增加对企业与学生的经费与生活补助下,现代学徒制重新重视传统学徒制的现代价值,为提升职业教育发展和学生成功就业提供了保障。但需要注意的是,它并不是传统学徒制的回归,而是一种注重校企联合、双师带教的新人才培养模式。

因此,我国师徒制源发于原始社会中长辈对青年的技能传递,形成于奴隶社会以家庭为单位的手工作坊中的父亲对子女或养子的技能传习,在封建社会中隋唐以来的官场师徒制和明末清初的民间行会师徒制都发展较为完善。自近代以来,随着工业化浪潮的冲击,传统师徒制衰落,却滋生出新的工厂师徒制,清末与民国时期,工厂师徒制曾盛行一时。新中国成立后国家对旧式工厂师徒制进行改造后重构,建立起社会主义性质的工厂师徒制制度,为国家培养了大批新技术工人。20世纪80年代,随着改革开放的深入进行与国家用工制度改革,工厂师徒制一度出现暂停,被长时边缘化,其技能人才培养功能被职业教育替代。20世纪90年代末,人们在反思职业教育弊端时,重新认识师徒制的现代价值,开展了现代学徒制的试点。同时,师徒制培养形式也广泛被社会各行业借鉴与应用,在政府、金融、医院、学校等领域部门都普遍开展"师徒结对"活动,从而促进了员工们的专业发展。另外,时至今日,在民间特别是传统艺术传承方面,如戏剧、剪纸、工艺品制作等,采用师徒制培养仍然是主要形式,为我国优秀传统文化艺术传承做出了巨大贡献。

---

① 程舒通,徐从富.我国现代学徒制之研究进展[J].成人教育,2019(3):53-57.

第三节　我国教师专业发展的师徒制历史透视

从以上我国师徒制的历史演变可以明确,我国当前在广大中小学校开展的教师师徒制活动源于传统学徒制,是对传统学徒制精华的借鉴与应用。进一步梳理教师师徒制的历史演变过程及其特点,对于正确认识教师师徒制的内涵及意蕴以及把握其未来发展的正确方向都具有重要的现实和历史意义。

一、我国教师专业发展中师徒制的发展历程

对于教师师徒制的发展阶段进行划分是较为困难之事,因为一是师徒制在现实存在中不同地区、不同类型学校,甚至同一地区的学校在师徒制的组织运作方面各有不同,各种组织形态并存,共同交织在一起,难以判断。二是从不同角度进行划分其结果必然有所不同,如从实施对象、指导方式、组织方式等方面划分其结果就会存在一定的差异。由此,笔者从师徒制发展的实际情况出发,以教师师徒制组织运作主要方式变化为视角,尝试将其发展历程划分为以下三个主要阶段。

(一)自发组织的萌芽时期(1904—1995年)

1904年1月清政府制定颁布并正式施行第一个近代学制"癸卯学制"后,现代意义学校逐渐建立和发展起来,也就出现了现代意义的教师群体,在此群体中由于老教师拥有丰富的教育经验,出于人类长辈对青年关心的自然本性或基因等因素的驱动,便产生了老教师自发地对刚入职的青年教师进行教学经验传递或指导的交流活动现象,此种现象即是师徒制的萌芽形态。随着老教师对青年教师的"传、帮、带"在实践中体现出的良好作用,促使其学校有意识组织成熟教师对新教师进行指导,并制定出一些学校层面的运作规范,如师徒签订带教协议等。伴随1994年国家出台《关于开展小学新教师试用期培训的意见》等政策和

教师专业发展的紧迫要求,师徒制逐渐在中小学校普遍开展开来,并逐步实现了学校层面的制度化,师徒制进入另一新的发展阶段。在这个时期,教师师徒制整体上的主要特点如下。

首先,师徒关系的自发性。自发性是指师傅与徒弟的师徒关系或指导与学习关系是私下两人自发形成的,而不是由学校行政层面的组织安排。一般情况来看,主要是发生在新入职的青年教师与同级同科的老教师之间,由于同级同科的教学工作,使二者之间能彼此在较短时间内互相了解与熟悉,也便于师徒的互动,由此师徒关系便自发建立起来。如笔者在访谈中,一位张姓教师说道:"我是1962年9月中师班毕业后被分配到一所小学任教,学校安排我担任小学一年级的语文和数学课教学,工作中有什么问题我主动问当时学校的一位老教师,教研活动他听我课后,也给我提出的意见最多。由此,我感觉他是一位教学经验丰富而且非常亲近的教师,有一天,我大胆向她说,我要拜你为师,她爽快地说:'行啊,有什么问题就来问我好了。'这样,她就成为我的师傅,我遇什么问题便主动找她或主动听她的课,从而从她身上学到了许多有效的教学经验,帮我快速地适应了教学工作,也为后来的发展奠定了良好的基础。"

其次,运作的松散性。这一时期的教师师徒制活动,一方面缺乏国家相关政策的支持,直至改革开放后,1978年12月,中华人民共和国教育部和国家计委联合发布了《关于评选特级教师的暂行规定》,其中明确规定"在思想上业务上关心和帮助新教师",将其作为一种条文加入评选特级教师的细则中。1986年,国家教育委员会颁布了《中小学教师职务条例》,规定中学一级教师和高级教师,要指导比自己低一级别的教师,以及承担培养新教师的任务。但两个政策对如何运作并没有具体的细则要求。另一方面,师徒带教活动的个体性特质,也影响到学校行政组织方面的介入和干预,从而导致这一时期,师徒制活动还未形成学校层面的制度化,其组织运行便呈现出鲜明的松散性。主要体现在:第一,师徒教师之间只有师徒之名,但并无师徒之实。因为按中国传统师徒制的规范,师徒之间一无举行拜师仪式,行拜师之礼,二无签订师徒带教协议。第二,学校对其活动缺乏管理,未有相对完善的运作管理规范,从而导致对师傅指导在内容、形式方面没有具体要求,对徒弟也无具体考核与评价的监督管理。第三,师傅指导缺乏科学计划,更多是徒弟主动听课、询问问题等。如笔者在对某位宋姓教师进行访谈时他说道:"我是1993年专科毕业后到一所初级中学担任语文教师,当时我们语文教研组的组长是已经临近退休,是20世纪60年代名牌大学毕业生,教学经验与能力突出,这样我自然受到他的重点关注,一来二往他就成为我的师傅,有什么教学问题,我都向他请教。但我们那时也没有拜师仪式和签订带教协议,学校也没有什么具体要求,全凭自己多看、多问,向其学习。"

最后,总结出丰富的"以老带新"经验。在此期间,广大优秀老教师充分发挥其"传、帮、带"作用,在指导青年教师中逐渐总结出一些良好的经验与做法,为其后学校层面制度化提供了合理依据。这些良好经验主要有,有的让新教师入职后,先不安排教学主讲工作,而是先给老教师做助教,做一些帮助批改作业、课外辅导、准备教具等;有的在教学安排上,有意让新老教师承担同级同科任务,而且让新教师的课略晚于老教师,这样新教师可在上新课前,先听老教师的课,有助于明确和把握教学重难点。还有的先对新教师进行专门辅导,通过讲座形式对某个课程的内容结构、重难点以及教学中应注意的问题进行介绍,然后再让其上课,教师再经常去听课和课后交流、指导。[①]另如20世纪80年代,我国著名语文特级教师于漪在带教30多名青年教师后,所总结出说课、评课、互评、专题讨论、随时讨论五种指导方式。[②]另外,这一时期,师徒制方式还应用到师资的培养之上。如在我国20世纪50年代末,因为扩大学校规模,师资力量不足,为弥补师资不足的问题,在某些地方则采用师傅带徒弟的办法来进行解决。如学校缺少高中语文教师,便挑选优秀的初中语文教师与优秀高中老教师结对,徒弟教师在课余便去听老教师教学,不断学习后,承担起高中语文教学的任务。[③]

(二)行政化组织运作时期(1995—2010年)

1994年11月原国家教委出台了《关于开展新小学教师试用期培训的意见》,在此文件中明确要求,充分发挥老教师"传、帮、带"作用,在对小学新教师的校内分散培训中,必须安排有经验教师对新教师进行指

---

① 张贻复,张徐顺.著名特级教师于漪谈"以老带新"[J].人民教育,1985(9):11.
② 胡惠闵,王建军.教师专业发展[M].上海:华东师范大学出版社,2014:209.
③ 陈以一.采用带徒弟的办法培养普通中学师资[J].人民教育,1960(4):58-61.

导。① 由此可见，国家对"以老带新"的师徒带教模式的充分肯定，教师师徒制获取了国家政策层面的支持。此时，伴随着我国《义务教育法》《教师法》《教育法》的颁布，我国教育事业高速发展，教育规模不断扩大，与此同时，也就出现了师资数量不足与部分教师专业素养偏低的问题。为缓解矛盾，国家不断调整师范教育结构与规模，加强在职教师培训的双重举措并取得了一定的效果。但在实际中，受各种因素影响，部分师范生在毕业实习中实践时间不足，缺乏实际工作技能与经验，同时教师在职培训的统一集中培训模式在时间安排、课程内容、方式方法等方面远远不能满足一线在职教师的实际需求。此外，1995年12月我国颁布了《教师资格条例》，此政策对于提升教师整体专业化水平，扩大师资队伍渠道，吸引各专业人才加入教师队伍起到了积极的作用，但也导致部分非师范专业学生因"假性合格"而"带病"入场的现实问题。还有，随着欧美国家教师专业发展理论与实践对我国的影响，让我国各级教育管理者与广大教师充分认识到教师专业发展是伴随职业终身的过程，故而积极开展教师专业发展的有效实践路径探求。鉴于此，教师师徒制于20世纪90年代中后期在我国广大中小学校普遍开展开来，并逐步实现了学校层面的制度化，进入了学校行政组织规范运作时期。在这个时期，师徒制实现了学校层面的制度化是其重要特点。主要体现在，一是学校出台相关文件对师徒制活动的对象、方式，师徒具体指导与学习要求、监督与考核、奖惩等方面都做了相应的规定，从而与萌芽时期相比较，此时学校行政已经开始走向前台，把师徒制作为学校一项制度并有计划、有组织正式运作；二是基本形成了师徒制的运作流程，其基本流程为：任命师傅教师—建立师徒关系—学校制订活动计划—师傅制订指导内容与方式—带教活动的评价②；三是注重师徒制运行的保障。为了保障师徒制活动顺利有效地开展，学校普遍要求师徒之间签订带教协议，如此让师傅和徒弟教师都明确自身的权利和义务，使师傅指导徒弟更加合理、合法。

---

① 胡惠闵，王建军. 教师专业发展 [M]. 上海：华东师范大学出版社，2014：210.
② 胡惠闵，王建军. 教师专业发展 [M]. 上海：华东师范大学出版社，2014：210-220.

(三)尝试改进的探索时期(2010年至今)

21世纪初,伴随着教师专业发展理论与实践的深入研究,人们在审视教师师徒制之时,对其方式进行质疑的声音逐渐增多。如有学者认为,师徒带教方式依然是传统手工业经济方式在教师教育领域的延伸,此种方式片面将教师专业视作一门手艺,故而采用师徒之间个别化地言传身教、口耳相传。尽管教师专业包含技艺成分,丰富、娴熟的教学经验与技术至今仍然是许多优秀教师走向成功的法宝。但是,教育是一门科学,需要教师更多的理性反思及先进教育思想的笼罩,而师徒制容易限制徒弟教师的思维发展及阻碍形成自己的教育思想。另外,师徒制在教育大众化的今天显然已经不能满足社会对合格教师的需求。[1] 另有学者认为,师徒制容易导致师徒教师教学风格的一致性倾向,限制徒弟教师的教学创新意识与能力。[2] 还有学者从我国广大农村学校实际现状出发认为,师徒制在我国农村学校受师资结构不合理,教师封闭、保守、实用的文化传统,学校管理组织体系不健全等影响下,其效果并没有预期的理想。[3] 针对师徒制在运行中的问题及质疑,其参与各方都依据不同理论而积极提出自己的应对策略或主张,其主要代表有:"师徒制应走向团队带教模式"[4] "青年教师发展的师徒制应走向专业社群"[5] "尝试师徒同台上课,弥合师徒未能同一平台操作的局限"[6] 等。

2010年4月教育部出台了《关于深化基础教育课程改革进一步推进素质教育的意见》,在《意见》中明确提出,全面提升教师队伍实施新课程的能力。充分发挥广大教师在深化课程改革中的主力军作用,把促进教师专业发展作为重要目标和任务。加大教师培训力度,不断改进培训模式,注重教师培训的针对性和实效性。在此背景下,师徒制进入了

---

[1] 蔡方,王丽琴.骨干教师专业成长规律[N].中国教育报,2004-1-4.
[2] 张博伟,吕立杰.教师培养师徒制教学风格一致性问题研究[J].黑龙江高教研究,2013(3):92-95.
[3] 符太胜,舒国宋,李东斌.农村中学师徒制的冷思考[J].内蒙古大学学报(教育科学版),2008(6):56-61.
[4] 蔡亚平.团队带教:基于师徒制的初任教师培养模式革新[J].当代教育科学,2018(5):72-85.
[5] 宋萑.新教师专业发展:从师徒带教走向专业学习社群[J].外国教育研究,2012(4):77-84.
[6] 毛齐明,岳奎."师徒制"教师学习:困境与出路[J].教育发展研究,2011(22):58-62.

改进探索时期。该活动在组织、管理及实施对象、空间、互动内容与方式、手段等方面都积极地尝试进行优化与改进。主要尝试探索有：第一，在师徒结对方式方面，打破规范的行政配对办法，采取师徒自由选择结对。如笔者在调查中了解到山东省青岛市某小学便采用师徒自由选择结对的办法。在对该校的刘姓教师访谈时，当问及与徒弟是如何结对的问题时，她说道："是自己和徒弟之间商量后自主确定的，确定后提交学校批准后就可以了。"此种打破师徒结对单一由行政组织的配对，提供师徒自由选择配对方式，不仅有利于解决"拉郎配"的问题，也有利于师徒之间的情感交流，形成亲密的师徒关系，提升学习效果。第二，组织退休教师组成专门的团队进行团队带教。其运作方式为，在经本人同意下，选取优秀退休教师组成师傅团队，每个师傅团队的师傅教师指导两人以上的多名青年教师，师傅每星期到校听课一次，并集中徒弟进行交流、指导。此种方式不仅发挥了退休老教师的作用，解决了校内师傅教师的工作压力，还让徒弟教师在团队中有互相交流、学习的机会，易于形成你追我赶的良好学习氛围。第三，充分利用现代信息手段尝试电子导师制。其运作主要是，在某个地区由当地教育主管部门牵头，组织地区优秀教师组成网上专家指导群，然后让青年教师加入该网群，在网群中进行指导、经验交流、问题咨询等互动。其方式不仅扩宽了活动的地域限制，还充分利用校外发达地区的优质教育资源，使青年教师的学习更为方便、快捷。我国地域幅员辽阔，在广大边远地区的学校因客观存在的困难，师资水平整体与城市仍存在一定的差距，由此，在我国地处边远地区学校，采用电子导师来促进其教师的专业发展备受当地教育管理者的高度重视。

总之，除以上内容的改进探索外，各地各校还在监督保障、考核评价等方面进行了有益的改进探索。

二、我国教师师徒制发展历程的主要经验

我国教师师徒制在发展中能稳步向前，除大家熟悉的充分利用学校自身资源，特别是发挥老教师的"传、帮、带"作用，其形式具有的简洁、方便等原因外，笔者另从教师专业发展的视角总结出了以下几个方面。

(一)充分尊重并体现了教师专业发展的主体性

教师专业发展的主体性指教师是专业发展的主人,在发展过程中应发挥主导作用,注意充分激发教师对专业发展的主动愿望和追求。[①] 教师专业发展的主体性是教师专业发展过程中,经过由"工会主义""专业主义"到"个体发展"再由教师被动到主动发展的实践活动中不断总结而得出的科学认识。

从教师师徒制的普遍发展的40多年中,可以发现其能够步步提升,得到各方的认同,除了现实教育环境的需要外,更多是广大教师的积极参与、支持和奉献,也可以说是充分尊重并体现出教师专业发展的主体性。主要体现在:首先,尊重了教师在师徒结对方式选择的主体性。从师徒自发结对到自由结对的形式发展来看,它们都不仅体现出老教师对青年教师的关爱,也体现出青年教师主动学习发展的追求。其次,尊重师傅教师在指导方式上的选择与改进的主体性。众多老教师或师傅教师不断主动尝试新的带教模式与途径。如有师傅除应用传统的听课途径外,还大胆尝试让徒弟教师承担考试试卷的命题工作。另有师傅让其参与课题研究,通过提高徒弟的科研能力促发展。而这些尝试与探索并没有外在的要求,而是自觉主动地进行,并没有学校领导来严格要求,必须怎么做。最后,师徒制发展中师傅教师的默默奉献也充分体现出师傅教师的主体性。通过笔者随机对23所开展师徒制活动的学校发现,有20所学校,占调查总体86.9%的学校中的师傅教师没有任何经济方面的补助或奖励,但师傅们仍然每年都一如既往地接受学校任务,发挥主导作用,默默无闻地承担起"传、帮、带"的重任。由此可见,师徒制取得一定的成效离不开师傅教师们发挥主体作用,不计个人得失、顾全大局的无私奉献。总之,在师徒制的发展中还有诸多体现教师主动性的内容与形式,也正是这些蕴含教师主体性的内容与形式的演变推动着师徒制向前发展。因为它们不是外界强推的"舶来品",而是教师们主动探寻并经实践检验行之有效的成果。

---

① 付光槐.论教师专业发展主体的缺乏与建构[J].教育理论与实践,2016(28):44-47.

第三章 教师专业发展中的师徒制历史透视

(二)充分尊重并体现了教师专业发展的阶段性

教师师徒制在发展中能不断进步,并得到广大教师的认同,是与师徒制在发展中尊重教师专业发展的阶段性,根据教师的不同发展阶段的真实需要而改进的实践发展过程紧密联系的。教师专业发展的阶段性指教师的专业发展是一个长期的过程,需要经历一系列的发展阶段,教师在不同发展阶段存在不同的发展需要。关于教师专业发展阶段性理论较多,如较早关注该理论研究的富勒(F. Fuller)提出的"关注"理论中认为,教师专业发展可根据教师不同时期所关注的问题或对象划分为:任教前关注阶段、早期求生存阶段、关注教学情境阶段、关注学生四个阶段。[①]我国学者傅道春根据教师社会化发展视角将教师发展分为:角色转变期、开始适应期、成长期三个阶段。[②]虽然不同学者提出的教师发展阶段有所不同,但促进教师专业发展的教育管理者及教师个人都共同认识到,教师专业发展在不同阶段需要是不同的,促进其发展的途径与方法也应有所不同。

教师师徒制在发展中应充分认识并尊重教师专业发展的阶段性特征,准确并及时地进行扩展与改进,满足了处于不同发展阶段教师的发展需要。主要体现在,首先,以初任新教师为主要实施对象。师徒制从其产生及功能指向都是对某个职业的初入门者进行的指导。从教师发展阶段来看,初任教师是教师专业发展的关键时期,此时期的发展状况将直接影响其今后的职业自信及幸福。师徒制活动的开展在初始时期也旨在促进初任教师的专业发展,故而师徒制在发展中尽管在对象上有所扩大,但仍紧紧以促进初任教师专业发展为主要任务,要求初任教师必须参加"师徒结对"活动。其次,实施对象范围不断扩展而多元化。在教育领域,教师发展中除初任教师外,其他青年骨干教师、成熟优秀的教师等也存在专业发展的需要和困难,能获得师傅教师的指导也是实然之需。教师师徒制在发展中能因地而变,在以初任教师为主要实施对象外,逐渐扩大到新调入学校的成熟教师,甚至学校的成熟骨干教师等对象之上,从而不仅使未合格初任教师在向合格教师转变中师傅的支持

---

① 教育部师范教育司.教师专业化的理论与实践[M].北京:人民教育出版社,2003:68-69.
② 胡惠闵,王建军.教师专业发展[M].上海:华东师范大学出版社,2014:61-62.

与指导,而且合格教师在向骨干教师、骨干教师向专家型教师发展中都获得师傅相应、有力的支持。

(三)充分尊重并体现了教师专业发展取向的多元共存性

教师专业发展取向的共存性是指在各种教师专业发展的理论中,不同学者根据不同的理论基础和立场视角,提出了诸多不同的教师专业发展路径,各种路径都有其理性的内容,但也存在某些不足。各种取向在不断深入研究中,虽然有所相互批判,但也能保持互相学习与借鉴,共同指导着教师专业发展实践的运行与发展。当代教师专业发展取向主要有:理智取向、实践—反思取向、生态取向。

持理智取向者主要观点为,通过向教师传授或训练教育工作所需要的知识与技能来促进教师专业发展,其主要途径强调向专家进行学习。持实践—反思取向者则认为,教师在工作中原来所学习的正式知识是无用的,在实践中教师能用的知识是个体的、实践的、情境化的知识,故而不在意外在的、技术性知识的获取,而强调教师通过个人通过日记、自传等或集体交流讨论来获得专业发展。而生态取向是从更宏观的视角提出自己的主张,认为应从构建良好的教师文化环境出发,通过教师优秀文化氛围来促进教师专业发展,其效果才会持久和深刻。[①]

可以说,教师专业发展的各种途径或形式需要从不同取向中吸收合理成分,不断改进与发展才能真正对教师专业发展取得实效,保持自身的生命力。综观当代促进教师专业发展的一些传统途径,正因为不能吸收新鲜理论,所以遭到大家的抵制甚至反对,从而导致日渐式微。

然而,我国教师师徒制在发展中能根据不同地区、学校、教师等实际情况,并不盲目搞统一要求,呈现出各种取向下的运作模式共存状态,也使自身具有强大的生命力。主要体现有:首先,指导方式的教学技能训练与撰写反思、日记共存。教学技能训练是教师师徒制最为传统的带教方式,也是当前各校普遍开展的指导方式。它应用于解决初任教师教学实践技能不足的普遍问题。如黄致如老师在带教中总结和强调了"钻研教学大纲与教材""撰写教案""课堂教学指导"的带教经验。[②] 但在同时,也有学校要求徒弟教师除接受师傅的教学技能指导训练外,还明

---

① 教育部师范教育司.教师专业化的理论与实践[M].北京:人民教育出版社,2003:27-31.
② 黄致如.师徒制是培养青年教师的重要途径[J].天津教育,1994(Z1):26-27.

确要求增加反思的环节。如笔者在调查中了解到四川省西昌市某个学校要求徒弟教师在活动结束时上交听课记录本,还要上交个人成长记录本和总结。其次,指导内容的理论知识与实践知识共存。在师徒制运行中,师傅更多是传递实践知识,即怎么办的知识,但也向徒弟传授学科与教育科学理论知识。其形式主要是徒弟教师咨询,师傅教师进行专题理论知识介绍。如于漪在带教方式中就应用了专题讲座的方式。最后,总体运作的"补足"范式与"专业学习社群"范式共存。从当前各校开展的师徒制的现状来看,其主要实施对象为初任教师,主要目的是旨在迅速掌握教学各环节技能、提升教育工作能力,站稳讲台,基本完成教学任务。由此,指导内容与方式便是紧密围绕初任教师最为缺乏的实践教学技能的培训而展开的,但此举从教师发展的范式来看,正如哈格里夫斯和富兰所指出的,传统的教师专业发展范式是"作为知识与技能的教师发展",或言"补足式"专业发展。此种发展范式,教师是作为知识的"消费者"角色存在,最终会失去发展的自主权。对应于师徒制活动,其徒弟教师就作为师傅教学经验与技术的"消费者",亦成为师傅的某种副本。鉴于此,初任教师的专业发展应强调"自我理解"和"生态文化的变换",应让初任教师在实践中不断反思并培育良好教师专业社群文化,让教师在社群集体的互相学习、交流、分享中实现教师专业发展。质言之,师徒教师如果在一个封闭或不关注专业发展的社群中是难以实现成长的。[①] 为此,当前在某些学校中出现:一方面以师徒制活动为载体的教师专业群体的文化建设;另一方面,则试图将师徒制发展推向教师专业学习社群。总之,教师师徒制在各种专业发展取向指导下进行了改进与发展,且承认并尊重各校之间的现实差距,从而让各种师徒制运作方式同存,各自发挥其作用,从而切合了我国教育发展不均衡的现实客观情况,避免了发展的盲目性。

(四)充分尊重并体现了教师专业发展的教育实践性

教师专业发展的实践性是指教师在专业发展过程中应注重通过教育实践,在教育实践中提升,注重理论与实践相结合。2011年我国出台的《教师教育课程标准》中明确对教师的要求是"育人为本,实践取向,

---

① 宋萑.新教师专业发展:从师徒带教走向专业学习社群[J].外国教育研究,2012(4):77-84.

终身学习"。有研究表明：教师诸多教育能力，如教学内容处理能力、教学研究能力、运用和创新教学技术和方法的能力等，60%以上是在职后实践中提升的。[①] 以上内容可见，教师专业发展的任何途径与方式都需要重视实践性，特别是在职教师专业发展更应注意围绕教师们的实践问题，促使教师在实践中去应用解决，在解决问题过程中发展。反之，如果只片面注重理论传授，忽视实践场景的训练，那只会适得其反，不得实效。

审视教师师徒制的发展历程，其取得一定的成果，能被众人接受，其关键之一便是尊重和体现了教师专业发展的教育实践性。首先，师徒制形式是一种内嵌于教育实践的活动。从师徒制的雏形来看，是一种围绕手工实践活动而展开的技艺传授活动，其实践性可以说是师徒制的一种天然自带基因。师徒制在发展中始终秉持这一特色，不管是听课、交流，还是研讨、磨课等形式都未偏离教育实践活动性质。其次，教师师徒制始终围绕解决教育实践问题而开展。随着时代发展，师徒制也要应时而变，但不管是面对面的"一对一"指导，还是远距离的"电子导师"指导，其主要内容仍是解决徒弟教师在实践中的困惑与难题。如教学的重难点、学生课堂的注意力问题、运用小组讨论法时难以把控学生等诸多问题。最后，在指导过程中，师傅听完课对其口头指导后，仍然注意其随后的课堂教学改进情况，经过不断多次的指导使徒弟教师在实践中能正确掌握和运用。如笔者在对某中学的耿姓教师进行访谈时，他说道："以前自己带了一个徒弟，其学科知识扎实，但上课时有一个小毛病。'这个''那个'口语较多，但她自身却意识不到，因此我便多次提醒她，后来慢慢她这个习惯就消失了。"

三、我国教师师徒制发展历程的反思与展望

通过对我国教师师徒制发展历史的回顾和梳理，仔细分析其中的关键内容及影响因素，可以发现，教师师徒制的发展存有不少值得反思的问题，同时面对大量教师专业发展相关理论的支持和智能时代在线学习的挑战，教师师徒制的发展也充满期待。

[①] 陈艳燕.教师专业发展的实践性探讨[J].现代教育科学，2015（3）：47-49.

第三章 教师专业发展中的师徒制历史透视

（一）坚持以质量提升为发展目标，不断走向规范化

师徒制在其发展中取得了一定的良好效果，不仅扩大了影响，也确立了自身在教师专业发展中的重要地位和位置，这充分证明了其存在的合理性和必要性，但在发展中也存在一些如"有名无实""缺乏专业引领""运作缺乏规范"等问题，从而直接或间接影响了其开展的实效。然而，任何内容的教育改革与发展是否取得成功，其关键标准仍是作用与成效。对应师徒制，始终保持运作的高质量是其生存的保证和重要价值的体现。综观师徒制整个发展历程，其运作管理规范化不足是影响其质量提升的重要因素。由此，师徒制在发展中需要以提升质量为引领目标，促使其走向规范化。

根据师徒制当前并未建立起普遍适用制度的现实，实现运作及管理规范化，第一要务应是尝试建立地区级别的较为系统的师徒制制度。虽然当前在某些学校实现了学校层面的制度化，但只是某个学校的相关制度，它对于其他学校而言并不适合，由此，可尝试以县为单位，由县教育主管部门牵头组织构建起适合当地大部分学校的师徒制制度，从师傅的选拔与培训、师徒结对、实施对象、带教年限、签订带教协议、考核与评价等方面做出详细并可操作的规范，在管理中不断修改和完善，从而为科学管理创造出基础和前提。

（二）坚持以强化专业化建设为发展内容，不断走向专业化

首先，转变观念。对于教师师徒制的性质和意义，长时以来被人们视作对初任教师开展入职教育或培训的一种方式来认识和对待。也可以说是将师徒制视作仅是初任教师需要参与的一种入职培训活动，而与其他教师无关。此种认识在其发展的萌芽时期相关的研究文献标题可寻其踪迹。例如，"师徒帮带是教师培训的一种有效模式""谈师徒帮带在我国教师培训中的产生与发展""且说初任教师入职辅导中的'师徒制'"等。由此可见，此种认识的产生是有特殊的缘由。一方面，是政策的引导。我国1994年国家教委发布的《关于开展小学新任教师试用期培训的意见》规定，小学教师在第一年的试用期期间，必须接受相关120课时的培训。第一种为集中培训，由当地教师进修学校负责。第二种为分散培训，由教师所在学校负责。学校应为新教师安排有经验的指导教师，通过多种方式进行指导培训。另一方面，是人们对教师专业发展中

"发展"概念的认识误区。由于人们对"发展"一词的理解更多是一种"缺陷模式",即意味着只有存在问题或不足的事物或对象才需要发展。对应在教师专业发展时,也就自然会被人们认为初任教师是不合格或半合格教师,存在教育实践经验或技能的不足,由此需要"被"发展,而成熟教师是无缺陷的,不需要发展。这种认识误区也助推了把师徒制限制在初任教师的入职培训之中,并在二者之间划上了等号,而并未真正看到全体教师的专业发展现实及对师徒制方式的需求。为此,让广大教育工作者转变观念,树立师徒制新观念是面向全体教师专业发展的重要途径,是实现其专业化的重要前提。

其次,加强专业化建设。当前师徒制在运作中师傅按传统经验方式进行指导的比例仍然较重,缺乏专业化指导,突出反映在师傅个人专业化培训缺失、指导过程随意化、缺乏科学的指导计划、指导内容单一化,主要集中在学科教学的上课环节、考核评价缺乏科学标准等环节。这些问题综合反映出师徒制仍未建立起一套专业化的运作体系,从而形成仍按传统带教经验而未有专业化指导的现状。为此,需要从系统性思维出发,从师傅教师的专业培训、指导计划的专业设计、指导内容面向教师专业素养、建立科学规范的考核评价体系出发进行专业化建设。唯其如此,才能使现存的经验化指导从根本上转向科学的专业化指导。

(三)坚持以继承与创新相结合为发展原则,不断走向现代化

教师师徒制方式是教育领域对传统学徒制的借鉴与运用,在发展中合理继承传统学徒制的优秀精华是正确的选择,但随着时代的发展,师徒制也面临新的机遇与挑战,因此适时而变的创新也是需要落地落实办好的一项重要任务。由此,在未来的发展中需要把继承传统与开拓创新结合起来,让师徒制不断走向现代化。

首先,积极继承传统学徒制的精华内容,特别是更为深层、积极的内容。教育活动具有鲜明的继承性,今天的现代教育的许多教育方法与手段都是继承前人的做法,对于师徒制而言其继承性也尤为必要。如当前的师徒结对仪式中的徒弟对师傅敬茶以行拜师礼,强调了师傅的尊严及师徒结对的严肃性。另有师徒签订带教协议,以此明确双方的权利与义务等都反映出师徒制的继承性。

以上内容反映出当前教师师徒制在继承传统方面的体现,但仍有一些深入内容,如继承性仍显不足,需要有针对性地补其短板。第一,缺乏

师徒亲密私人关系的重视。古代社会中由于师徒的父子或养父子关系，或徒弟对师傅生活的依赖现状是自然产生亲密私人关系的良好条件，虽然现代社会，缺少了一些自然产生师徒亲密关系的条件，但一方面，从技能传承角度来看，师徒亲密的私人关系有利于技能的传授与学习；另一方面，从当前教师师徒制下的师徒关系来看，主要存在行政层面、专业层面、私人层面三种关系。从师徒制的目标定位是促进师徒专业发展出发，师徒二人的关系主要定位于专业层面关系，即两位教师专业人员围绕专业问题进行交流与分享的角色关系。行政层面关系则起到规范与强化的作用，私人层面的关系则起到润滑的作用。由此可见，未来师徒制在发展中，师徒双方都需要发展恰当的行政层面关系，特别是私人层面的亲密关系。[①] 为此，继承传统师徒亲密的私人关系内容与方法显得尤其重要，如师傅多关心徒弟的生活状态、情感需求等，而徒弟也应处处尊敬师傅，力所能及帮助师傅处理一些杂事等。另外，传统学徒制下师傅对劳动认真负责的态度、对产品精益求精的精品意识等都是当前师徒制需要吸收与继承的重要内容。

其次，努力开拓创新。梳理师徒制的发展过程可以发现，在运用对象、空间、指导方式等方面都有拓展与创新。但与当前社会信息化、网络化的智能时代发展的要求还有一定差距。师徒制的创新诚然要按其本质和规律展开，不能随意创新而失去自身的特殊价值，但在智能时代，师徒制应在指导方式方面多加思考，率先大胆创新，从而实现指导方式与手段的现代化，与传统"面对面""口耳相传"相互配合、相互补充，从而提升指导质量。当前网络学习十分方便，徒弟教师也在通过各大网课平台进行学习，师徒制方式如果片面地排斥现代教育工具，一方面会使自身与现代教育手段相对立；另一方面，可能会失去吸引力。为此，唯有大胆创新，让师徒带教增添现代元素，通过微信学习群，发布最新教育理论知识，及时回答徒弟提出的各种问题等。

2018年4月教育部印发了《教育信息化2.0行动计划》，指出要"将教育信息化作为教育系统性变革的内生变量，支撑引领教育现代化发展，推动教育理念更新、模式变革、体系重构"。由此，师徒制的整体运作，特别是指导手段将随着时代变化和相关政策推动，尤其是在现代信息技术的引导下，将得到逐渐发展，不断走向现代化。

---

① 胡惠闵，王建军.教师专业发展[M].上海：华东师范大学出版社，2014：220-221.

第四节　几点基本认识

一、师徒制是人类社会重要的教育形式

首先,从师徒制在当代各领域的现实存在来看,已充分证明其自身强大的生命力。尽管师徒制随着社会的发展而"潮起潮落",但始终没有"彻底消失",反而在现代社会中被众多领域借鉴运用,从而体现出其重要的价值和强大的生命力。如我国民间的文体、艺术等领域,依然需要通过采用师傅带徒弟的方式来实现其文化的传承和人才的培养。在企业、工厂等生产领域,美国有近三分之一企业开展"企业导师制",包括著名的微软、IBM 等世界著名企业。2011 年我国民营 500 强企业中名列第一的华为公司更是实行"全员师徒制",不仅新员工,且所有员工都给安排了正式导师,在业务、技术、思想上,甚至生活上进行指导与引导。在教育、卫生、商业等领域,师徒制方式得到广泛开展和实施。

其次,师徒制在不同历史时代的变化只是表面师徒关系的变化,而一成不变的是其生产实践紧密相连的"手把手""做中学"等方面的精华特质。师徒制从古至今,不断地发生变化,从最初的以父子关系为基础的学徒制转向以契约形式为基础的学徒制;从私人性质的师徒制到公共性质的师徒制;从传统师徒制瓦解到现代学徒制的建立,并在现代学校中形成教师师徒制。从整个过程来看,变化的是师徒关系性质及其相关的管理规范,但其师傅指导徒弟在实践中学习的文化传承方式没有变。

最后,未来社会高度发达的智能教学机器也始终替代不了师傅指导的特殊作用。正如教师是社会永恒的职业一样,师徒制作为一种教育形式也不可能在未来社会消失。第一,人类社会文化传承需要教育,而开展教育活动就需要师徒制教育形式。第二,未来社会会出现高度智能化的教学机器,但它只能是师徒制的一种辅助工具,即使能仿真出教育实践情境,也不能取代师傅的作用,因为它不可能替代师傅的教育机智及指导艺术,也不能代替徒弟的观察、模仿及顿悟、反思等复杂的高级思

维及复杂的社会知识、经验。

二、师徒制的有效运作及发展需要各方的大力支持

首先,师徒制的顺利开展需要国家及地方政府层面的政策或制度支持。从欧美等国师徒制来看,美国将其纳入新教师职业培训制度,从而得到各联邦政府的各项政策及经费支持与保障。另外,以弗吉尼亚州为代表专门建立的"教学导师制度"也为其高效运作提供了保障。该制度从教学导师的选择、指导、评价等方面都做了具体的规定。[①] 英国也通过立法形式规定凡 1999 年 5 月 7 日前取得教师资格证书的初任教师需要进行三个学期的入职培训,其培训主要由所在任教学校通过"教学导师制"的形式来实施,并且给初任教师减少 10% 的工作量。我国 1978 年 12 月,中华人民共和国教育部和国家计委联合发布了《关于评选特级教师的暂行规定》,其中明确规定"在思想上业务上关心和帮助新教师",将其作为一种条文加入评选特级教师的细则中。1986 年,国家教育委员会颁布了《中小学教师职务条例》,规定中学一级教师和高级教师要指导比自己低一级别的教师,以及承担培养新教师的任务。1994 年 11 月原国家教委出台了《关于开展新小学教师试用期培训的意见》,在此文件中明确要求,充分发挥老教师"传、帮、带"作用,在对小学新教师的校内分散培训中,必须安排有经验教师对新教师进行指导。这些政策的出台大力推进了师徒制的开展,但从当前情况来看,国家层面关于教师师徒制的相关政策在进入 21 世纪后,就再也没有出台相关政策文件,也使师徒制的国家层面制度化发展受到阻碍,学校师徒制也因缺少国家政策相关支持而一方面缺少经费支持,另一方面学校制定相关制度也缺少相关依据。由此可见,国家政策对于师徒制顺利高效运作及发展非常重要。

其次,离不开学校内部各参与主体的支持和配合。从美国弗吉尼亚州的情况来看,因为已经建立起较为完善的"教学导师制度",由此,作为学校按照相关要求,给初任教师们配备了三种导师,有负责一般学校事务问题的指导导师,也有负责课堂教学技能指导的培训导师,还有负责学科知识问题的高级教学导师,每所学校都有五位高级导师,每一位

---

① 谭菲.美国初任教师入职教育研究[D].重庆:西南大学,2012:83-85.

都精通数学、英语、科学、社会学和技术学中的一门,而且他们都需要在同一建筑物中工作,利用空余时间对徒弟进行观察和指导。[①]从我国的情况来看,部分学校领导十分重视此项活动,并逐渐建立起相关制度,并严格科学地进行管理,从而推动了其正常运作。同时,作为师傅教师也充分发扬奉献精神,勇于担当,认真负责履行自己职责,作为徒弟的教师也能积极主动向师傅请教学习。反之,部分学校因自身的不重视,师徒制只能流于形式,收效甚微。

最后,离不开校外各相关部门及人员的支持。从美国的导师制运作经验来看,其取得一定的实效离不开其外部各部门及人员的参与和支持。如1992年由美国州际初任教师评估与支持联合会(INATSC)从知识、意向及表现三个方面制定出初任教师10条标准,为教学导师制中导师及徒弟的表现提供了重要工具。又如其导师制最早是采用传统的师徒配对形式,但现已逐渐改为指导小组制,由导师、校长和在任教师组成指导小组共同指导初任教师。[②]从我国的情况来看,学校师徒制的开展也得到了外部人员的支持。表现最为突出的是退休教师,部分优秀教师退休后又被学校聘为师傅指导青年教师;还有据笔者了解,在重庆市教研员队伍也参与进来,负责指导中小学校中的青年教师,成为带教工作的重要一员。

三、对师徒制须做必要的调整和变革才能适应教师专业发展的新需求

通过师徒制的发展历程可以发现,尽管为实现促进教师专业发展的目标而在某些方面进行了一定的改进,如团队带教、电子导师制等的变化与补充。但总体看来,在实践中师傅经验带教仍占主导地位,行政化运作氛围过于浓厚,而专业化、规范化运作却明显缺失的问题仍悬而未决。为此,师徒制还需要在新时代、新发展理念下适时而变,不断深化改进,才能更好地完成促进教师专业发展的任务。

首先,教师专业发展的新理念对师徒制提出了变革要求。近年来,随着批判教育学、存在论教育学、关系教育学的兴起,教育理论也正从抽象、秩序与控制的现代性向多元、丰富、创生的后现代性转向,此种变

---

① 谭菲.美国初任教师入职教育研究[D].重庆:西南大学博士论文,2012:86.
② 陆曙毅,庄丽君.教师入职教育探索[J].外国中小学教育,2007(7):42.

第三章　教师专业发展中的师徒制历史透视

化为我们更新教师专业发展认识提供了新的视角。如传统教师发展观以工具理性主义为导向,把教师视作技术工匠,认为教师教育技能的提升是教学品质的重要保证,其关注的是教师教学技术的改进。然而,批判教育学者则认为教师被视作技术工匠,如同工厂里的劳工,没有话语权,只是默默地接受和执行各种教育改革要求,而这一切都源于一方面传统教育理念不支持教师的自主参与,另一方面是教师缺乏主动参与意识、安于现状。由此,当前人们越来越关注和重视教师的主动意识、自主精神在教师专业发展中的作用。另外,传统教师专业发展受"实体论"的影响,认为教师的发展就是教师素养的各组成部分的提升与发展,只重视发展的结果,而忽视发展的过程及其本身。20世纪90年代兴起的以海德格尔、伽达默尔等为代表的"存在论"哲学思想对传统"实体论"进行批判。"存在论"教育学下的教师发展观认为,"实体论"的教师发展观把教师作为对象,而教师一旦成为对象,教师就不复为成长中的教师。人们关注的只是教师的各种能力,而不是教师本身。而"存在论"认为教师发展的本质是自身的"自我超越",从而非常关注和重视教师的专业热忱和伦理精神。还有复杂性思想中的偶在论思想认为教师的发展并不是由外部因素被动反映的结果,而是多种因素互相影响下偶然发生的。所以,他们非常重视教师工作中的"关键事件"和对其主动反思的意识及行为。[①] 总之,以上对传统教师专业发展观的反思及新的教师发展理念给师徒制的组织及其运作提出了新的要求,需要师徒制根据其新的理念大胆变革,才能适应其需求。

其次,徒弟教师的变化及对徒弟教师发展新的认识也要求师徒制进行相应的变革。第一,徒弟的对象范围扩大,不只是单一的初任教师,还有成熟的青年骨干教师等,成熟的青年骨干教师与初任教师存在很大的不同,有不同的发展需求,由此,师傅传统擅长的带教经验在青年骨干教师面前就可能失效,这样就倒逼师傅在带教内容、方式等方面进行变革。第二,初任教师徒弟的基础已经发生巨大变化。正如上海市教科院顾泠沅认为,当前青年教师知识新鲜度比老教师强,跨学科能力强,现代教育技术工具运用能力强,他们和学生容易亲近,产生兄妹感情。[②]

[①] 胡惠闵,王建军.教师专业发展[M].上海:华东师范大学出版社,2014:73-93.
[②] 苏军.经典师徒制模式受挑战——年轻教师培养新思路思考(上)[J].内蒙古教育,2011(9):22.

但实践中仍有部分师傅强调给初任教师"补短板",而不是"强优势",反而抹杀了徒弟的创新性。第三,青年教师成长的差异性也给以传统带教方式为主导的师徒制运作模式提出了挑战。第四,传统师徒制反映出师傅与徒弟点对点的输出,容易导致徒弟视野受限。正如叶澜指出,师傅带徒弟的方式要变一变。

最后,教师专业发展需要师徒制对其行政化运作方式进行调整。师徒制在发展中,由自发组织发展到由学校行政组织运作,从而扩大了规模,让更多的教师参与其中,但在学校行政管理上所制定的相关制度却过多依赖传统经验,而忽视了教师专业发展的专业性特点,导致在运行中表面上完成了学校规定的任务,但实际上因为师徒缺少了更多专业性的交流,而导致不能完全实现预定目标。如我国当前师徒制的行政化运作,是由学校的组织结构所决定的。学校规定师徒双方必须是同级同科,只是任教班级不同,然后按学校的要求完成一学期听多少课时,填写一些总结表等任务,或规定徒弟教师上一次汇报课等。而专业化运作是依据实践内容而决定互动方式,在师徒配对及指导方式方面更加灵活有效,为师徒双方所看重。[①] 由此,需要学校对现存制度进行梳理,对其"废、改、立",从而让师徒制运作更加专业,促进师徒之间更多的专业性交流与学习。

[①] 胡惠闵,王建军.教师专业发展[M].上海:华东师范大学出版社,2014:218.

第四章 教师专业发展中师徒制成效的现实考察

师徒制作为当前中小学校普遍采用的促进教师专业发展的重要途径之一,它对教师专业发展的效果究竟如何及其主要影响因素有哪些?这是广大教育理论与实践工作者普遍关注的焦点,也是本书关注的重点问题之一。

对于其实施效果的审视,我国学者初始更多是从自身带教指导的实践经验出发,总结出对初任教师徒弟的积极效果。如黄致如老师通过自身带教实践认为,通过自己精心指导,让自己所带的初任教师在备课讲课方面都有显著的提高。[1] 与此同时,采用实证方式考察其成效也逐渐展开,我国20世纪90年代中期,沈莉等人较早运用质性研究方法对中、英、美三国的中小学校师徒制实施状况进行比较研究,发现在三个国家中,师徒制对新教师的教学技能和职业情感都有重要的积极影响效果。[2] 随后,有学者以问卷调查的方式对北京朝阳区中小学校师徒制开展情况进行研究发现,其对初任教师在课堂教学、班级管理、教育活动方面都取得了较大的进步。[3] 另有诸多硕士研究生在毕业论文中也对其效果进行了问卷及访谈调查研究,如彭秀丽通过问卷调查发现,初任教师在师傅指导下"绝大多数具备了基本的专业知识和职业素养",

---

[1] 黄致如.师徒帮教是培养青年教师的重要途径[J].天津教育,1994(7):26-27.
[2] 沈莉,陈小英,于漪.师徒帮带的教师培训模式——中美英青年教师职业初岗位培训比较研究[J].外国教育资料,1995(5):56-62.
[3] 邹学红,王馨,王松丽,李琼.北京市中小学初任教师专业成长中师徒结对现状调查研究——以北京市朝阳区为例[J].中国教师,2010(5):27-29.

但也存在"角色转换困难"和"课堂教学能力欠缺"的不足。[①] 马晓娟也采用问卷调查方式发现:"32.3%的徒弟初任老师认为对自己教学帮助很大,46.7%认为帮助较大,18%认为帮助不大,还有3%认为没有帮助。"[②] 还有学者利用国际经济合作与发展组织(OCED)开发并实施的TALIS项目的调查数据[③],对多个国家的师徒带教活动从人员参与、价值取向、过程与效果进行了分析发现,其效果方面,不管是作为被支持者还是作为带教者,师徒带教活动都未能显著提升其工作满意度。[④]

然而以上研究从教师专业发展与实际运行及其研究的深度情况来看主要存在以下不足。其一,从实际运行情况来看,当前师徒制实施对象不仅是初任教师,而且已经扩展到因流动新入校的成熟教师以及学校青年骨干教师等对象,但以上研究只限于初任教师,导致研究对象单一、窄化,从而使其成果缺乏代表性。其二,从教师专业发展视角来看,师徒制是促进师徒教师共同发展的方式,但以上研究更多单一地揭示徒弟的收获,却忽略了师傅教师的具体收获成效。另外,以上研究成果还单一聚焦于围绕课堂教学方面的效果,但教师专业发展并不只是课堂教学技能方面的发展,故研究结果较为片面和单一。其三,从研究深度来看,以上研究由于是早期的经验总结,难免主观化、个人化,客观化;另外,在实证调查研究中,对数据的处理更多停留在较为简单的描述统计的频率或百分比比较之上,缺乏深入的推断统计手段的运用与分析。由此可见,针对师徒制活动成效的研究,需要从全面的视角出发,应用实证量化分析手段,不仅对徒弟而且还应对师徒教师的收获展开更为深入的分析研究。

对于师徒制实施效果影响因素的研究,从已有研究文献分析发现,其实证的研究成果较为少见,更多是从运作中存在的不足或问题的成因

---

① 彭秀丽.中学初任教师"师徒结对"之问题及对策[J].湖南师范大学学报,2006(5):144-146.
② 马晓娟."师徒结对"对初任教师成长的影响研究[D].兰州:西北师范大学,2008:5.
③ TALIS项目主要是对世界各国基础教育中的教师和校长以及教育环境的大规模国际调查,目前已在2008年、2013年、2018年开展了三轮调查,参与的国家和地区从第一轮的24个、第二轮的34个到第三轮的48个,我国上海参加了第二轮与第三轮的调研。师徒带教是TALIS调查的重要内容,将它定义为学校内部的一种支持性结构,即经验丰富的教师对经验较少教师的支持。
④ 李阳杰.教师专业发展中的师徒带教:国际比较与政策建议——基于TALIS数据的分析[J].教育与经济,2020(3):67-74.

分析出发,间接地进行回答。如有学者针对农村中小学校师徒制的问题分析认为,"教师结构不合理""教师传统文化的保守性""指导模式的技术性倾向""师徒关系的依附性"是问题的主要因素。[①] 另有学者从实践经验总结出发指出,"学校事务性工作""缺少相应的选拔、监督、评估和激励机制""人为合作的教师文化""对指导教师的机械模仿"是影响其实效性的重要因素。[②] 总体来看,当前对于师徒制实施效果影响因素的研究更多是集中于经验的总结或问题的成因分析,而通过实证方式进行研究的成果还较为少见。为此,通过实证研究途径,采用量化统计分析手段对其进行研究,获取更为客观的结果是当前需要完成的一项重要任务。

本书拟将从教师专业发展视角出发,通过问卷调查对当前中小学校师徒制对师徒双方在专业发展方面的效果及影响因素展开量化分析探究,力图获取客观的结果,为推进其高效运作与效果提升提供理性参考。为此,本章主要探究问题如下。

(1)师徒制对师傅和徒弟教师的专业发展作用效果怎样?

(2)师徒制对不同性别、身份的师傅和徒弟教师专业发展作用效果是否存在显著差异?

(3)师徒制对教师专业发展作用效果主要受哪些因素影响?

第一节 师徒制有效促进徒弟教师的专业发展且徒弟间存有差异

一、师徒制有效促进徒弟教师的专业发展

(一)问卷数据统计结果显示其效果显著

表4-1列出了问卷中师徒制对徒弟教师专业发展整体和各维度作用效果的平均分和标准差。从表4-1中可见,整体效果的平均分为4.58,

---

[①] 符太胜.农村中学师徒制的冷思考:背景、特征、批判和现代化[J].内蒙古师范大学学报(教育科学版),2008(6):56-61.
[②] 孙式武."师徒帮带"制度实效性探析[J].淄博师专学报,2010(4):19-22.

即样本对这些问题的回答倾向于选择"非常符合";在专业知识、技能、态度三个维度的平均分分别为4.61、4.58、4.57,介于4.57～4.61之间,即他们对相关测量题目的回答倾向于选择"非常符合";如果将徒弟教师在师徒制下专业发展效果在整体及各维度的满分5分制转换为百分制的100分,则在整体及各维度的得分介于90～93之间,由此可见师徒制对徒弟教师专业发展整体及各维度专业发展作用效果均达优秀,从而取得了非常理想的效果。

表4-1 师徒制对徒弟教师专业发展作用效果描述统计

维度	个案数	最小值	最大值	平均值	标准差
徒弟专业知识	872	1	5	4.61	0.60
徒弟专业技能	872	1	5	4.58	0.59
徒弟专业态度	872	1	5	4.57	0.64
徒弟专业发展整体	872	1	5	4.58	0.58
有效个案数(成列)	872				

(二)师徒制体现了个体认知发展的社会性本质

苏联心理学家维果茨基开创的"社会文化—历史"活动理论指出,个体认知能力的发展并不是遗传素质的自然生长,而是在社会生活中使用物理或文化工具,在社会实践活动中与他人进行合作、交流、分享而逐渐发展起来的。而师徒制的作用原理就是徒弟教师在教育工作实践中向师傅教师学习,分享师傅教师优秀的教育经验,从而加速自身的专业发展。由此,师徒制符合了个体心理发展在社会生活中向他人学习,向富有经验的老人学习的认知发展科学路径,从而取得了良好的效果。

(三)师徒制切合教师的成人学习特点

不难发现,当前在促进教师专业发展的实践中有某些方式机械僵硬地套用儿童学习特点来展开,强调知识、技能内容的系统性和作用方式的讲授—接受式,从而导致教师缺乏学习兴趣或因为所学理论知识无实际运用环境而无法内化为自己的经验和理论,对其产生抵触负面情绪,最终收效甚微。然而,师徒制方式却非常切合教师作为成人学习的特征,从而有利于提升其实施的针对性和有效性。1968年,"成人教育之父"诺尔斯首次把成人学习与儿童学习区别开来,并提出成人学习特点的基本假设为:成人学习动机明确,主动性明显;独立性强,不易受他人影响;成人的丰富经验和个体差异影响着学习过程和指导方式;学习准备的功利性强,要求学习内容与功利性目标一致;学习倾向为工作或生活中的问题或任务;学习动力主要来自内部,如个人发展或职业角色的适应等。

首先,师徒制方式尊重了徒弟学习的个体性和独立性。师徒制虽然有师傅的指导和要求,但徒弟并未被师傅束缚,他是独立开展教学工作,并在工作中独立对师傅所提出的要求进行修正和改进。其次,师徒制师傅所传授和指导的内容能满足徒弟提高学生成绩的功利目的。如师傅传授学科考试知识点、学生容易出错的典型试题等。最后,师徒制实施方式主要是师徒互相听评课及课后指导,这样避免了机械的理论灌输,结合实践的问题而展开。由此可见,师徒制方式切合教师成人学习的特点,满足教师们的真正需求,使其作用影响更具有针对性和个性化,从而为取得实施提供了重要前提和保证。

(四)师徒制体现了莫兰复杂性理论和情境学习理论所强调的教师发展实践理念

首先,以法国埃德加·莫兰为代表的复杂性理论让教师专业发展观实现了一次根本调整与转换,该理论思想认为教师不是简单的而是复杂的,教师处于一个开放系统之中,既受外部环境的影响,又自主决定自己的发展方向,同时受到实践中偶发事件的影响。特别是复杂理论中的偶在论思想认为,事物的发展不是孤立的,不是由固定的外在因素所决定的,而是多种潜在因素显现与共生的结果。所以,对于教师的专业发展不是简单地由外部因素所造就的。教师在教育教学活动中,日常生活中面对各种错综复杂的因素随机地运转、相互碰撞。当一些关键事件突然与教师的主观世界发生碰撞和共鸣时,教师的发展便作为实有出场。因为正是这批"关键事件"或"震撼经历"引起教师经验重构与认知重构。[1] 另外,复杂性理论认为,教师是不能通过掌握外在的知识而发展其教学能力,教师的发展离不开教育实践现场这个发展中的关系,教师时刻处于教育现场所组成的无数个关系场景中。教师的教育能力是通

---

[1] 胡惠闵,王建军.教师专业发展[M].上海:华东师范大学出版社,2014:90-93.

过在关系与现场中的实践活动而不断发展其教学能力与智慧的,他们的能力是在关系中生成并逐渐显现的。也可以说,教师即便掌握了较多的学科知识和教学技能,他也未必能搞好教学工作,这是因为影响教学的因素有许多,但教师的教学能力水平是关键,而教师的教学能力只有在实践中才能不断地形成与发展。

其次,情境学习理论也强调了学习的真实情境性。情境学习理论认为,知识具有情境性和工具性。① 知识的情境性是指知识就深藏在社会实践活动之中,由此认知的学习就应向学徒学习一样,在实践活动中耳濡目染、潜移默化地掌握知识与技能,而且在实践活动中所掌握的知识更多是默会知识或隐性知识;知识的工具性是指知识就如人们所面对的工具一样,只有经常应用才能掌握它。也可以说只有给学习者提供运用所学知识的情境、机会、活动任务,才能促使学习者把外在的知识转化为个人的经验或知识。由此可见,不管是复杂性理论与情境学习理论,都强调了教师学习与发展必须紧密与自身的实践活动联系起来,将发展活动有机地嵌套在教育教学实践中,而师徒制方式不是专家的专题报告,也不是"一锅煮"的集中集体学习,它是资深教师与徒弟教师一起紧密围绕实际教学问题的学习与指导,此种方式显然与以上所提及的两种理论思想所提出的要求相一致:一是在工作现场进行学习;二是师徒围绕某个问题进行探讨,有利于激发双方对某一问题或关键事件的反思,从而更新自身的经验与认知,使其发展变化真实地发生,真正实现了专业的发展。

(五)师徒制易于激发和驱动徒弟教师专业发展的主动性

任何促进教师专业发展的途径或方式如果不能有效激发教师的参与主动性,那更多是组织者的"一厢情愿"。正如当前职前教育一个根源性问题便是从假想的角度去思考和设计教师学习与发展的内容。而此方式的提出者——著名哲学家、教育家杜威在批评传统教育时就曾提出,这种为虚妄未来做准备的学习常常是被动的、毫无生趣的,往往派不上用场。相反,师徒制中,师傅为徒弟所提供的帮助,常常是徒弟们在教学和生活中所遇到的急迫解决的问题,而不是外界强加于徒弟们的内

---

① 崔永漷,王中男.学习如何发生:情境学习理论的诠释[J].教育科学研究,2012(7):28-32.

容,所以作为徒弟一方他们会自觉努力地听从师傅的指导,而师傅由于徒弟的主动性影响也会更加努力提升自己的专业能力。由此可见,师徒制针对徒弟所需要问题而实施的方式,容易激发起徒弟的参与主动性,从而为取得良好的效果提供了重要保证。

二、不同地域及办学性质环境影响师徒制对徒弟教师的发展效果

(一)问卷数据统计结果显示其存在显著差异

从表 4-2 的问卷调查统计结果数据来看,民办学校徒弟教师整体专业发展的平均分是 4.70,而公办徒弟教师平均分是 4.57,二者均分差 0.13,通过平均数差异性 T 检验后,其 P=0.001,P<0.01。由此可见,民办学校中师徒制对徒弟教师专业发展的作用效果显著优于公办学校的教师。另外,从专业发展的三个维度来看,民办学校与公办学校徒弟教师在专业知识和专业态度方面的均差不存在显著性差异,但在专业技能方面,民办与公办学校徒弟平均分分别为 4.70 和 4.56,二者均分差值为 0.14,通过平均数差异性 T 检验后,P=0.005,P<0.01。可见,民办学校徒弟教师在专业技能发展方面显著优于公办学校的徒弟教师。

表 4-2 不同办学性质学校徒弟教师效果差异比较 T 检验

维度	组别	个案数	平均值	标准差	T 值	P 值
徒弟专业知识	公办	763	4.59	0.61	-1.676	0.056
	民办	109	4.70	0.51		
徒弟专业技能	公办	763	4.56	0.60	-2.367**	0.005
	民办	109	4.70	0.47		
徒弟专业态度	公办	763	4.56	0.64	-1.700	0.061
	民办	109	4.67	0.56		
徒弟专业发展整体	公办	763	4.57	0.59	-2.224*	0.010
	民办	109	4.70	0.48		

(注:*表示 P<0.05,**表示 P<0.01)

从表 4-3 中城乡学校的师徒制对徒弟教师专业发展数据统计效果来看,城镇学校与农村学校徒弟教师在整体与专业知识、技能及态度方面的得分分别为 4.64 与 4.44、4.66 与 4.47、4.64 与 4.44、4.63 与 4.43,

彼此的均值差为 0.2、0.19、0.2、0.2,通过平均数差异性 T 检验,此四组的 T 值所对应的概率 P 值都小于 0.01,由此,师徒制在城镇学校开展的效果要显著优于农村学校。

表 4-3　城乡徒弟教师效果差异比较 T 检验

维度	组别	个案数	平均值	标准差	T 值	P 值
徒弟专业知识	城镇学校	609	4.66	0.59	4.294**	0.000
	农村学校	263	4.47	0.61		
徒弟专业技能	城镇学校	609	4.64	0.58	4.497**	0.000
	农村学校	263	4.44	0.60		
徒弟专业态度	城镇学校	609	4.63	0.62	4.235**	0.000
	农村学校	263	4.43	0.64		
徒弟专业发展整体	城镇学校	609	4.64	0.57	4.580**	0.000
	农村学校	263	4.44	0.58		

(注:*表示 P<0.05,**表示 P<0.01)

(二)民办学校教师流动性大于公办学校

由于办学体制的原因,民办学校的教师是采用的双向选择的聘任制,另外民办学校严格的"末位淘汰"制度,使教师的流动性加大,导致每一学年都要新招一批教师,这些教师既有刚毕业的初任教师,也有从其他学校辞职后而进校的成熟教师,如何更好地让新招教师适应民办学校的教学要求和教学模式,民办学校就非常重视通过开展师徒制来实现目标,从而在其运作管理方面都具备较为成熟的经验,为取得良好效果提供了保证。反之,公办学校的教师流动性较低,虽然也采用师徒制来促进新进教师的发展,但总体来说规模较小,由此领导在繁杂的多项任务中对其重视不够。

(三)民办学校徒弟教师发展的主动性较强

由于民办学校的特殊性,教师一方面经济收入较高,但压力也普遍较大,教师们为了在学校"站得稳""立得住",都能自觉主动参与学校所开展的各项活动。反之,公办学校的教师危机意识或下岗意识较弱,由此自觉提升自身专业水平的意识稍显不足。这也是影响师徒制效果的一个重要原因。

（四）民办学校的师徒制管理较为规范和严格

笔者在调查中就发现，某一民办学校，其师徒制的实施要求师傅每一周必须听徒弟一节课，徒弟则每周听师傅三次课的要求，然后每学期都要安排检查听课记录和组织经验总结会。反之，某一所公办学校，只是期末要求师傅填一个听课情况表，更多是完成收集材料的目的。由此可见，国家对公办学校的管理体制和机制改革力度还应加大，建立起真正适合我国教育实际情况的办学体制与机制，从宏观上为师徒制的有效实施创造一个适合的大环境。

（五）资本、惯习、场域的差异引发师徒制城乡学校成效差异

对此情况的原因，有学者对农村师徒制状况进行了研究，其主要问题有：在农村学校普遍存在的"教师职称与年龄结构不合理、教师文化相对封闭和保守、师傅指导的技术性倾向、徒弟严重依赖师傅、效率至上的程序化管理"[①]等缺陷或问题制约和影响了师徒制的顺利和有效运作。

本书根据基于法国社会学家布迪厄提出实践逻辑理论，引入场域、惯习、资本等概念，来分析其产生的原因。第一，农村所处场域的特征的影响。布迪厄认为，社会是由各种大小不同的场域所构成的，它们各自有自身的特点，其特点直接影响到所处场域内部人员的思想及行为。我国长期以来教育资源城乡配置不均衡，导致城乡教育整体差距明显。近年来，随着国家加大对农村基础教育的经济投入，农村的中小学校办学条件发生了翻天覆地的变化，但由于经济、文化、地理位置的现实差异，导致农村学校的师资队伍质量偏低，由此导致师傅的带教水平及能力与城镇学校相比仍有一定的差距，这也就会影响农村师徒制开展的实效。第二，文化资本不足的影响。布迪厄认为资本有经济资本、文化资本和社会关系资本。文化资本主要指个人的知识、视野、技能等。农村教师长时在相对封闭、信息不畅的环境中，其视野、观念、技能都逐渐落后于城镇教师。由此，此种由师徒双方文化资本的不足而导致低水平的师徒互动要想实现高水平目标几乎不可能。第三，农村教师惯习的影响。布

[①] 符太胜，舒国宋，李东斌.农村中学师徒制的冷思考[J].内蒙古大学学报（教育科学版），2008（6）：56-61.

迪厄认为惯习是指个人的气质系统,它受个体生活或职业环境的影响而生成,不易转变,但可以进行一定的改进。农村学校的师傅带教方式较普遍而单一,明显地受到其自身惯习的影响。因学校各种条件的限制,农村学校在各种新教学模式或方法上较为滞后,一般是新方法在城镇学校中已经采用相当成熟后,农村学校从学习的角度才开始了解和采用,同样,一些新的带教方式已经出现,但农村学校师傅一般不了解,或者由于自身条件不具备也无法运用。如师徒共同开展教学行动研究,在农村学校普遍就较为少见,如此,农村师傅的带教更多还是采用听课指导传统方式。总之,带教方式的普遍单一也是产生城乡带教效果的原因之一。

三、徒弟教师参与师徒制学习时间与其发展效果呈"V"形趋势

(一)问卷调查相关数据统计结果显示

本次调查从徒弟跟随师傅学习时点角度设计了满半年、满1年、满1年半、满2年、满2年半、满3年、满3年以上共七个时间段。从表4-4可见,将各不同学习时点徒弟教师的专业发展效果得分进行方差分析后,在整体效果及专业知识、技能和态度方面教师存在显著性差异。从图4-1可见,跟随师傅学习时点满2年半的效果最好,在整体和专业知识、技能和态度三个维度方面的得分在各时点上都是最高且分别为:4.75、4.76、4.75、4.71,而得分最低的学习时点是满2年,其得分与之相应为:4.28、4.31、4.28、4.24。由此,跟随师傅学习满半年和满2年半的效果最好,而在满2年时却相对不够理想。

表4-4 不同学习时间徒弟教师效果单因素方差分析

维度	组别	平均值	标准差	F值	两两比较
徒弟专业知识	满半年(1)	4.70	0.56	4.599**	1>2 1>4 2<5 3>4 4<5 4<6 4<7
	满1年(2)	4.51	0.68		
	满1年半(3)	4.60	0.55		
	满2年(4)	4.34	0.74		
	满2年半(5)	4.76	0.45		
	满3年(6)	4.65	0.55		
	满3年以上(7)	4.60	0.59		

续表

维度	组别	平均值	标准差	F值	两两比较
徒弟专业技能	满半年（1）	4.67	0.55	5.732**	1>4 2>4 2<5 3>4 4<5 4<6 4<7
	满1年（2）	4.48	0.66		
	满1年半（3）	4.58	0.54		
	满2年（4）	4.28	0.74		
	满2年半（5）	4.75	0.41		
	满3年（6）	4.56	0.60		
	满3年以上（7）	4.59	0.57		
徒弟专业态度	满半年（1）	4.68	0.58	6.569**	1>2 1>4 1>6 2>4 2<5 3>4 5>4 7>4
	满1年（2）	4.46	0.75		
	满1年半（3）	4.62	0.55		
	满2年（4）	4.24	0.77		
	满2年半（5）	4.71	0.48		
	满3年（6）	4.40	0.72		
	满3年以上（7）	4.58	0.60		
徒弟专业发展整体	满半年（1）	4.67	0.54	5.946**	1>2 1>3 2>4 3>4 4<5 4<6 4<7 5>2
	满1年（2）	4.48	0.66		
	满1年半（3）	4.59	0.52		
	满2年（4）	4.28	0.73		
	满2年半（5）	4.75	0.41		
	满3年（6）	4.55	0.58		
	满3年以上（7）	4.59	0.55		

（注：*表示 $P<0.05$，**表示 $P<0.01$）

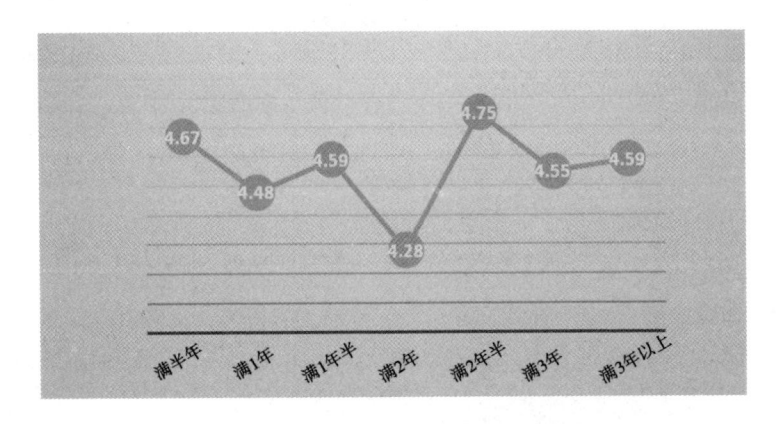

图 4-1　徒弟所处不同学习时点与师徒制效果拆线图

（二）徒弟教师在学习中会经历"兴奋""低落""酝酿""成绩突现"的过程

对此现象，本书首先从各徒弟学习时点的由小到大顺序在整体方面的得分来看，满半年为 4.67，满 1 年为 4.48，满 1 年半为 4.59，满 2 年为 4.28，满 2 年半为 4.75，满 3 年为 4.55，满 3 年半以上为 4.59，由此可以发现，徒弟学习时点与效果的关系是一种"V"字型走势（详见图 4-1），刚跟师傅的前半年其效果非常好，但随后便开始下降，至 2 年时达到最低点，并且开始拐头向上，在满 2 年半时达到最高点，随后便又开始缓慢地回落。此种学习时点与效果之间的趋势为厘清其背后的原因提供了一个有效途径和方向。由此，本书认为，徒弟刚开始跟随师父学习时，一方面有许多经验性问题在师傅指导下便"迎刃而解"了，一方面此时非常具有动力，学习非常主动，由此一开始便取得了很好的效果。但接下来，随着新鲜感的消失和学习问题的复杂化、系统化，导致效果并不明显，还处于一个酝酿的过程或阶段，所以在满 2 年时处于效果的最低点，但在学习满 2 年半时效果却突然达到了最高点。这可能是由于学习经过一段时间的酝酿，从量变到质变，徒弟就一些复杂教学技能已经完全掌握，在此过程中能力得到了质的提升，专业思想也更成熟和稳定。随后，由于师傅发现徒弟的逐渐成熟，便逐渐减少了直接的帮助，而退居幕后，让其自主探索，因此效果也有所下降，却维持在一个较高的水平之上。

如此结果，对于明确师徒制实施多长时间最为合理的问题具有一定的参考价值。当前师徒制中师傅带教合理时长在理论上并未明确,而在实践中也是各校自己设定并不统一,但师徒制普遍开展时间期限为1年的学校占绝大多数,师徒制普遍实施1年时间。如此规定,可能是部分学校主要从徒弟学习半年后便有明显的进步和提高,并基本胜任了个人教学岗位要求的经验出发认为,师徒制实施满1年后就可实现其预定目标。然而徒弟要真正完全掌握好某种复杂的专业技能则需要一个较为漫长的过程。

四、师徒制对徒弟发展效果随教龄增长而下降而在15年后趋于稳定

(一)问卷数据统计结果显示其存在显著差异

本次问卷调查中对于徒弟教师教龄选项设计了1~3年、4~6年、7~9年、10~15年、16~20年、21~30年、31年及以上共七个教龄段,从表4-5可见,对各教龄段徒弟教师在专业发展的整体和专业知识、技能及态度方面的方差分析中F值都小于0.05,由此它们的师徒制作用效果存在显著差异。

表4-5 不同教龄徒弟教师效果单因素方差分析

维度	组别	平均值	标准差	F值	两两比较
徒弟专业知识	1~3年(1)	4.71	0.52	6.324**	1>2 1>3
	4~6年(2)	4.59	0.6		1>4 1>5
	7~9年(3)	4.51	0.66		1>6 1>7
	10~15年(4)	4.31	0.74		2>4 2>5
	16~20年(5)	4.44	0.58		2>6 3>4
	21~30年(6)	4.41	0.77		
	31年及以上(7)	4.5	0.72		
徒弟专业技能	1~3年(1)	4.7	0.49	8.399**	1>2 1>3
	4~6年(2)	4.54	0.6		1>4 1>5
	7~9年(3)	4.53	0.6		1>6 1>7
	10~15年(4)	4.28	0.71		2>4 2>5
	16~20年(5)	4.31	0.6		3>4 3>5

续表

维度	组别	平均值	标准差	F 值	两两比较
	21～30 年（6）	4.38	0.76		
	31 年及以上（7）	4.38	0.87		
徒弟专业态度	1～3 年（1）	4.69	0.56	5.955**	1>2 1>3
	4～6 年（2）	4.49	0.66		1>4 1>5
	7～9 年（3）	4.5	0.63		1>6
	10～15 年（4）	4.29	0.72		
	16～20 年（5）	4.38	0.64		
	21～30 年（6）	4.43	0.75		
	31 年及以上（7）	4.46	0.96		
徒弟专业发展整体	1～3 年（1）	4.7	0.49	8.057**	1>2 1>3
	4～6 年（2）	4.54	0.59		1>4 1>5
	7～9 年（3）	4.52	0.58		1>6 1>7
	10～15 年（4）	4.29	0.71		2>4 2>5
	16～20 年（5）	4.34	0.58		3>4 3>5
	21～30 年（6）	4.4	0.74		
	31 年及以上（7）	4.41	0.85		

（注：*表示 P<0.05，**表示 P<0.01）

又从徒弟教龄与师徒制效果之间的关系拆线图 4-2 可以发现，教龄为 1～3 年的徒弟得分最高，但随着教龄的增加反而得分却呈不断下降，在 10～15 年时处于最低点，随后又随着教龄的增加而逐步提升。通过对其七种教龄段徒弟教师的整体专业发展效果进行分差分析 F 检验后，它们之间的得分存在显著性差异，特别是 1～3 年教龄的得分与其他 6 个教龄段徒弟教师的得分存在显性差异。

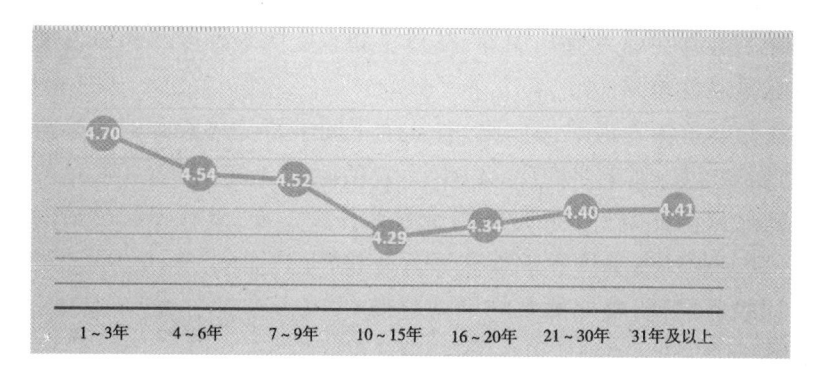

第四章 教师专业发展中师徒制成效的现实考察

图 4-2 徒弟教龄与师徒制效果关系折线图

（二）实践中师傅对指导新入职徒弟的经验非常丰富

由于师徒制长时或传统上将实施对象集中于初任教师之上，师傅教师对初任教师的指导和帮助已经具有丰富的带教经验。反观教龄10年以上的徒弟，其效果明显低于教龄在1～9年的徒弟教师，而对于成熟青年教师参与师徒制方式，对于许多学校和师傅而言还是一个较为新鲜的事物，从而作为师傅的资深教师在这方面的经验还有所不足。

（三）教龄在10～15年的中青年教师学习的不是基本教学常规，而更多是复杂的教育智慧

初任教师所学习的内容一般是最基本的教学常规和基本的教学技能，所以容易掌握。而教龄10～15年的徒弟教师所学习的是更深入和复杂的教育理念及教育智慧，所以不容易"立竿见影"。另外，初任教师缺少原有经验的干扰，而成熟青年教师已经形成了属于自己的教学习惯和风格。

五、徒弟教师学历差异影响其参与师徒制的发展效果

（一）问卷数据统计结果显示

因本次调查样本中，中专学历教师只有4人，博士研究生2人。由此，为使此次研究具有科学性，故未将中专和博士研究生学历教师共6人样本纳入统计。

表4-6比较了不同学历徒弟教师专业发展效果。从中可见，不同学

历的徒弟教师在除专业知识外,在技能和态度两个维度和整体发展效果上存在显著性差异。

在专业整体发展效果方面,有 3 个不同学历徒弟教师的效果得分从高到低依次为,硕士研究生(4.61)、大学本科(4.60)、大专(4.36),表明其整体效果都非常好;通过单因素方差分析发现,具有不同学历的徒弟教师,其专业发展整体效果存在显著性差异($F=5.89$, $P<0.01$)。经事后两两比较后发现,整体效果的平均数得分中,其最低分大专(4.36)显著低于硕士研究生(4.61)和大学本科(4.60)。

在专业知识发展效果方面,其 3 个不同学历徒弟教师的效果得分从高到低依次为,硕士研究生(4.65)、大学本科(4.61)、大专(4.50),表明其专业知识发展效果都非常良好;通过单因素方差分析发现,具有不同学历的徒弟教师,其专业知识发展效果不存在显著性差异($F=1.46$, $P<0.05$)。

在专业技能发展效果方面,其 3 个不同学历徒弟教师的效果得分从高到低依次为,硕士研究生(4.61)、大学本科(4.60)、大专(4.34),表明其专业技能发展效果都非常好;通过单因素方差分析发现,具有不同学历的徒弟教师,其专业技能发展效果存在显著性差异($F=6.90$, $P<0.01$)。经事后两两比较后发现,专业技能发展效果的平均数得分中,其最低分大专(4.34)显著低于硕士研究生(4.61)和大学本科(4.60)。

在专业态度发展效果方面,其 3 个不同学历徒弟教师的效果得分从高到低依次为,硕士研究生(4.59)、大学本科(4.59)、大专(4.34),表明其专业态度发展效果都非常好;通过单因素方差分析发现,具有不同学历的徒弟教师,其专业态度发展效果存在显著性差异($F=5.38$, $P<0.01$)。经事后两两比较后发现,专业技能发展效果的平均数得分中,其最低分大专(4.34)显著低于硕士研究生(4.59)和大学本科(4.59)。

表 4-6 不同学历徒弟教师效果单因素方差分析

维度	组别	平均值	标准差	F 值	P 值	两两比较
徒弟专业知识	大专(1)	4.50	0.57	1.46	0.233	
	大学本科(2)	4.61	0.60			
	硕士研究生(3)	4.65	0.64			

续表

徒弟专业技能	大专（1）	4.34	0.59	6.90**	0.001	1<2 1<3
	大学本科（2）	4.60	0.58			
	硕士研究生（3）	4.61	0.61			
徒弟专业态度	大专（1）	4.34	0.64	5.38**	0.005	1<2 1<3
	大学本科（2）	4.59	0.63			
	硕士研究生（3）	4.59	0.65			
徒弟专业发展整体	大专（1）	4.36	0.56	5.89**	0.003	1<2 1<3
	大学本科（2）	4.60	0.58			
	硕士研究生（3）	4.61	0.60			

（注：*表示 P<0.05，**表 P<0.01）

（二）个体学历水平差异主要反映的是认知能力的差异

从以上结果情况来看，可以发现徒弟教师的学历水平与参与师徒制的效果存在一定的联系，也就是学历越高其参与师徒制学习的效果越好。对于这一结果还是比较符合人们的基本经验和常识的。徒弟的学历越高表明不仅只是知识的多与少，而是体现出一个人的认识能力的高低。因为当前我国的各级各类考试，特别是高考它承担着对学生进行分类或分层的功能。一般而言，能考上本科的学生比考上大专的学生的学习认知能力要强一些。而考上研究生的学生又比普通本科生的认知能力要强一些。由此，此种在学习中非常重要的认知能力或智商的高与低在师徒制学习中就成为产生效果差异的重要因素。

（三）研究生的培养目标与本科及大专生相比其批判与系统思维较强

拥有较高认知能力的硕士或大学本科学历的徒弟与大专学历的教师在掌握专业知识方面更多都是依靠记忆能力和普通的逻辑思维，所以大家的得分不存在显著差异，但是在学习和掌握专业技能时，则更多的是依靠抽象逻辑思维和批判思维，而这些方面恰恰是大学本科和硕士研究生们所具有的基本素养，相较而言，大专生在这些方面却稍显不足，所以就会产生硕本学历与大专学历徒弟在专业知识方面的效果差异不显著,但专业技能和专业态度的效果存在显著差异。

六、徒弟与师傅年龄差与参加师徒制发展效果呈"n"形走势

（一）问卷调查数据统计结果显示存在显著差异

为了解师徒不同年龄差之间的效果情况,本书在调查中设计了1～5岁至31岁以上共七个师徒年龄差段,从表4-7统计结果可知,作用效果最佳的是师徒年龄差为21～25间的徒弟,相对较低的是师徒年龄差为31岁以上和1～5岁年龄差之上。经方差分析检验后呈显著差异。

表4-7 师徒不同年龄差徒弟教师效果单因素方差分析

维度	年龄差	平均值	标准差	F值	P值	两两比较
徒弟专业知识	1～5岁1	4.48	0.72	3.156**	0.005	1<3
	6～10岁2	4.6	0.57			1<4
	11～15岁3	4.61	0.58			1<5
	16～20岁4	4.72	0.51			2<5
	21～25岁5	4.74	0.52			4>7
	26～30岁6	4.67	0.64			5>7
	31岁以上7	4.47	0.7			
徒弟专业技能	1～5岁1	4.49	0.72	2.588**	0.017	1<4
	6～10岁2	4.56	0.56			1<5
	11～15岁3	4.58	0.56			2<4
	16～20岁4	4.66	0.52			2<5
	21～25岁5	4.74	0.5			3<5
	26～30岁6	4.61	0.64			4>7
	31岁以上7	4.44	0.67			5>7
徒弟专业态度	1～5岁1	4.45	0.78	3.294**	0.003	1<4
	6～10岁2	4.55	0.61			1<5
	11～15岁3	4.62	0.56			2<5
	16～20岁4	4.63	0.57			3>7

续表

维度	年龄差	平均值	标准差	F 值	P 值	两两比较
	21～25 岁 5	4.72	0.56			4>7
	26～30 岁 6	4.61	0.72			5>7
	31 岁以上 7	4.36	0.73			6>7
徒弟专业发展整体	1～5 岁 1	4.48	0.71	2.882**	0.009	1<4
	6～10 岁 2	4.56	0.55			1<5
	11～15 岁 3	4.59	0.55			2<5
	16～20 岁 4	4.66	0.51			3<5
	21～25 岁 5	4.74	0.49			4>7
	26～30 岁 6	4.62	0.65			5>7
	31 岁以上 7	4.43	0.67			

（注：* 表示 P<0.05，** 表示 P<0.01）

图 4-3 可直观地从整体效果上看到最佳的是师徒年龄差为 21～25 间的徒弟，相对较低是师徒年龄差为 31 岁以上和 1～5 岁年龄差之上。

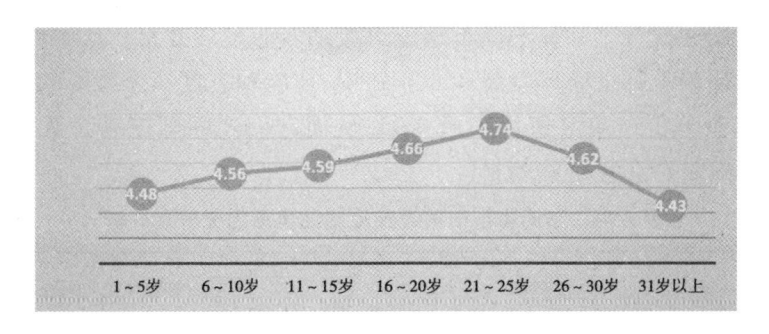

图 4-3 师徒年龄差与师徒制整体效果关系折线图

（二）师徒年龄差较小导致推动师徒之间经验传递的"势能差"缺失

师徒年龄差较小，可能有两种情况，一种师徒都是青年教师，一种师徒都是老教师。如此情况就反映出师徒在专业知识、技能、态度方面差异不够明显。而师徒制的运作从教师专业综合素养来看，应是师傅高于徒弟，这样有利于师傅丰富的经验向徒弟由高至低的传递，而二者之间专业素养都基本处于同一水平，就会导致师徒之间缺少这个非常重要的

"势能差"力量的存在,从而影响到师傅对徒弟进行指导与帮助作用的发挥。反之,师徒之间的年龄差在 20 岁左右时,往往是师傅处于知识经验及能力优势的一方,客观上自然形成了"势能差",从而有利于师傅向徒弟进行教学知识、技能等方面的传递与接受。

(三)师徒年龄差在 31 岁以上,容易导致沟通交流的障碍

师徒之间年龄差在 31 岁以上时,就一名大学专科毕业的初任教师而言,一般年龄在 22 岁,那师傅年龄就可能在 54 岁左右,或徒弟年龄最低也应是在 30 岁左右,由此,可以说师徒之间是不同的两代人。客观存在的"代沟"因素,使师傅对于年轻徒弟的思维习惯、心理需求、专业思想等不容易认同,从而在交流时可能会出现一些障碍,这也直接影响了带教的效果。总之,这一结果对于学校在安排师徒配对时提供了参考,让师徒之间的年龄差距不应过大或过小,尽量控制在 20 岁左右为好。

七、不同发展阶段徒弟教师身心特征影响其参与师徒制的发展效果

(一)问卷调查数据统计结果显示其存在显著差异

表 4-8 比较了师徒不同类型徒弟教师专业发展效果。从中可见,不同类型徒弟教师在整体发展和专业知识、技能和态度三个维度的发展效果的方差分析结果 P 值均小于 0.05,从而它们之间师徒制对其专业发展作用效果存在显著性差异。

表 4-8 不同类型徒弟教师发展效果单因素方差分析

维度	组别	平均值	标准差	F 值	P 值	两两比较
徒弟专业知识	刚入职新教师与校内优秀教师结对 1	4.67	0.55	3.554**	0.007	1>2 1>3
	校内青年骨干教师与校内优秀教师结对 2	4.51	0.64			
	校内青年骨干教师与校外优秀教师结对 3	4.45	0.63			
	校外跟岗学习教师与校外优秀教师结对 4	4.57	0.58			
	刚调入骨干教师与校内优秀教师结对 5	4.56	0.62			

续表

维度	组别	平均值	标准差	F值	P值	两两比较
徒弟专业技能	刚入职新教师与校内优秀教师结对1	4.66	0.52	8.014**	0	1>2 1>3 1>5 4>3
	校内青年骨干教师与校内优秀教师结对2	4.46	0.63			
	校内青年骨干教师与校外优秀教师结对3	4.28	0.65			
	校外跟岗学习教师与校外优秀教师结对4	4.61	0.48			
	刚调入骨干教师与校内优秀教师结对5	4.37	0.76			
徒弟专业态度	刚入职新教师与校内优秀教师结对1	4.65	0.58	6.913**	0	1>2 1>3 1>5 4>3
	校内青年骨干教师与校内优秀教师结对2	4.44	0.65			
	校内青年骨干教师与校外优秀教师结对3	4.28	0.71			
	校外跟岗学习教师与校外优秀教师结对4	4.63	0.47			
	刚调入骨干教师与校内优秀教师结对5	4.35	0.79			
徒弟专业发展整体	刚入职新教师与校内优秀教师结对1	4.66	0.52	7.474**	0	1>2 1>3 1>5 4>3
	校内青年骨干教师与校内优秀教师结对2	4.46	0.62			
	校内青年骨干教师与校外优秀教师结对3	4.31	0.62			
	校外跟岗学习教师与校外优秀教师结对4	4.61	0.49			
	刚调入骨干教师与校内优秀教师结对5	4.40	0.71			

（注：*表示 P<0.05，**表示 P<0.01）

从此次调查的结果来看，不同类型徒弟教师的整体专业发展效果都非常理想，从图4-4可直观地看出：校内初任教师与优秀教师的效果最佳,整体专业发展平均分为4.66,而青年骨干教师与校外优秀教师结对的效果稍低一些,整体专业发展平均分为4.31。但具体通过方差分析检验后,它们之间仍存有显著性的差异。

(二)同校师徒结对在时空上便于师徒共同交流互动

对于这一结果本研究认为,初任教师与本校优秀教师的结对发展效果优于其他类型徒弟教师。原因正如前面提及的,此种结对方式是我国师徒制实施最为传统的方式。师傅教师对初任教师徒弟的发展要求和容易出现的问题已经非常熟悉,并且在实践中也在不断增加新的带教方式来辅助互相听课的传统方式。最为重要的是师徒工作在同一场境,便于沟通与交流互动,所以此种师徒结对的效果优于其他类型实属正常及合理。

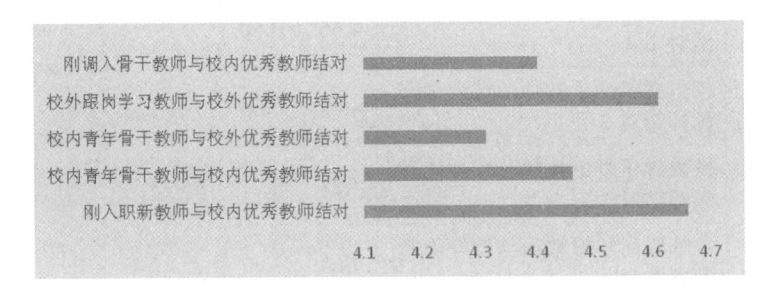

图4-4 不同师徒制类型的徒弟专业发展效果

(三)"跨校师徒结对"存在时空障碍困境,掣肘师徒交流与互动

而对于青年骨干教师与校外优秀教师结对的效果较差一些的原因,主要还是时间与空间的障碍。校外优秀教师师傅的教育教学经验丰富科学,也具备非常强的带教能力,但毕竟师徒不在一所学校,其互相听课学习了解的机会就会受到限制,另外徒弟想与师傅交流或求教时两人的时间又不好安排,虽然可通过现代网络工具进行交流,但它始终替代不了两人面对面的交流。另外,作为青年骨干教师虽然还有许多需要提高的内容,但与初任教师相比较,他们已经能独立开展教学工作并具有一定处理教学问题的能力,并且在实践中他们容易受"路径依赖"的影响,已经习惯了自己的教学行为方式。所以,他们对于自身不足的改进和掌握新的教学方法并不是那么强烈,从而导致部分主动性较弱的青年

骨干教师学习效果必然会受一定的影响。

对此,本书认为不能因为其他类型徒弟教师通过师徒制方式获取专业发展的效果比初任教师的效果稍低一些,就草率地认为师徒制只能运用在对初任教师的帮助之上。对于它们的效果差异,首先还应看到青年骨干教师通过师徒制方式所取得的效果还是非常理想的,只是与初任教师相比要弱一些,对于这种结果还要考虑到初任教师与已经具有一定教育经验与能力的青年骨干教师之间的区别,初任教师教学经过几乎是一片空白情况下的学习,其提升必然要快一些,而青年骨干教师的提升必然是对自身不足的反思和改进,需要付出更多的努力和勇气来自我革新,另外,青年骨干教师们学习与发展的内容比初任教师掌握的教学基本技能要更具复杂性。由此,师徒制在青年骨干教师的专业发展作用与初任教师一样都是非常重要的途径或方式。当然,也需要各中小学校一方面注意加强对除初任教师外的其他类型徒弟学习的精准支持;另一方面加强师徒制运作特别是对青年教师带教的经验总结与反思,不断扬长避短,更大更好地发挥出师徒制在促进全体教师专业发展中的作用。

第二节　师徒制有效促进师傅教师专业发展且师傅间存有差异

一、师徒制有效促进师傅教师专业发展

(一)问卷调查数据统计结果显示其作用效果均处优秀水平

表 4-9　师傅教师专业发展效果描述统计

维度	个案	最小值	最大值	平均值	标准差
师傅专业知识	887	1	5	4.55	0.61
师傅专业技能	887	1	5	4.61	0.57
师傅专业态度	887	1	5	4.63	0.56
师傅专业发展整体	887	1	5	4.60	0.55

从表 4-9 可见,师徒制对师傅专业整体发展作用效果总平均分为 4.60 分,而平均分为 3 分,超出平均分 1.60 分。由此,师徒制对师傅教师的专业发展效果非常理想。从各维度得分来说,专业态度 6.63 分、专业技能 4.61 分、专业知识 4.55 分,都全部超过平均分 3 分 1.55 分以上,表明其各维度的专业发展效果均处于优秀水平,效果非常理想。由此,师徒制对师傅的专业发展起到了非常重要的作用,并产生了积极的效果。

(二)教师专业发展理念促使重视师傅教师的专业发展

以上调查结果说明了师徒制并不是只对徒弟教师专业发展具有促进作用,它也能促进师傅教师的专业发展,这也是师傅制作为促进教师专业发展途径的价值所在。在教师专业发展理念还未真正深入人心之前,人们普遍只认识到师徒制对徒弟教师的作用和价值,而忽视了对师傅的作用。所以,有学者就提出,师徒制应是师徒共赢的目标。但是为什么师徒制会促进师傅的专业发展呢?随着教师们对教师专业发展理念认同和理解,使教师们的许多传统或片面认识都发生了巨大的转变。如教师专业发展的内涵和阶段理论知识,使师傅认识到自己虽然已经是优秀骨干或专家型教师,但教师专业发展是伴随职业终身的要求,社会发展的变化和不断深化的教育改革都要求各阶段教师不断学习和发展自己,提高专业水平,才能适应时代和社会的要求。总之,观念的转变为师傅主动发展提供了重要的前提。

(三)师傅的专业发展效果体现了师徒社会交换的基本规律

师徒制师傅与徒弟的互动与交流是一种社会交换活动。社会交换理论的重要代表迈克尔·布劳认为,社会交换是指行动者被期望能从他人那里获得的并且一般也确实从他人那儿获得回报所激励的一种自愿行动。[1] 人们的交往要持续下去,需要双方都能获得相应的利益。从该理论可以发现,当前教育领域中的教师师徒制,师傅带教并不是像传统师傅制那样为获得徒弟对自身的义务贡献或经济利益。但客观上他们希望徒弟的专业素养提升就是对自己的双回报。同时,徒弟从师傅那里获得支持和帮助,他也会思考怎样回报师傅,除了自身努力学习外,他

---

[1] 彼德·布劳.社会生活中的交换与权力 [M].张菲,张黎勤,译.北京:华夏出版社,1988:108.

也会发挥自己的特长帮助师傅。如某些徒弟的电脑应用和维护技术较好,他就会把师傅的电脑维护工作承担起来,甚至又可教授师傅使用电脑的知识和技能。同时,在新课改下,许多问题师傅并没有丰富的经验,而徒弟作为更年轻的一代,他们对新事物的接受能力更强,所以徒弟还可能将自己的理解和师傅进行交流,以帮助师傅对新教育理论的理解与掌握。

(四)徒弟的"震撼事件"可促进师傅教师的主动反思并产生实质性专业发展

"经验+反思=教师专业发展"的理念在我国学界与实践一线都得到较为一致的认同。加拿大学者马克斯·范梅南认为,"反思含有对行动方案进行深思熟虑、选择和做出抉择的意味。"[1] 教学反思是教师专业发展和自我成长的杠杆,是教师实践智慧形成的关键。教师的成长不是总结多少教学经验,而是要对经验进行反思,形成具有个人教育实践的知识或理论,促进教育智慧的形成。正如澳大利亚学者斯坦托姆所说的"20年的教学经验,也许只是一年工作的20次重复"。[2] 另外,复杂性理论下的偶在论思想认为事物的发展不是孤立的,不是由固定的外在影响所决定的,而是多种潜在因素共生的结果。所以,偶在论思想秉持者认为教师专业发展不是由外部因素决定的,而是由多种因素及教师主观世界的活动综合生成的。也即是当一些关键因素偶然与教师主观世界发生碰撞后,就会促成教师专业发展。由此可见,偶在论思想不仅关注教师所经历的"震撼事件",也重视教师主观的主动反思意识,认为面对同一个"震撼事件",有的教师主动反思,产生了专业发展的行为和结果,而有的教师却无动于衷,所以未能产生真正意义上的专业发展效果。由此,师傅在带教中会遇到许多自己平时想不到或意识不到的问题,这些便是没有担任师傅的教师所不能碰见的"震撼事件",如徒弟教学中的一些"亮点"或批评或鼓励学生的新手段等。正是这些"震撼事件"使师傅主动反思自己已有的经验和习惯,从中发现不足并进行改进和修正,最终实现教师经验的重建和认知的重构,从而产生了专业发展的行为和实效。

---

[1] 马克斯·范梅南.教学机智——教育智慧的意蕴[M].李树英,译.北京:教育科学出版社,2001:131.
[2] 斯坦托姆.怎样成为优秀教师[J].外国教育动态,1983(1):16-18.

（五）师徒带教是一个教学相长的过程

世界上第一部教育专著《学记》中记载，"是故学然后知不足，教然后知困。知不足，然后能自反也，知困，然后能自强也。故曰：教学相长也。"[①] 师徒制是一种广义的教学活动。师傅承担教的任务，徒弟主要负责学的任务。作为师傅一方，虽然经过学校的精心挑选，富有丰富的教学经验，但要真正指导好徒弟教师并非一件容易之事。但师傅们在带教过程中正如《学记》中的"教然后知困，知困，然后能自强也"。师傅在带教中必然会面临诸多的问题，但是师傅们却不怕困难，反而把困难和压力巧妙地转化为学习的动力，把自己尚未完全系统掌握的知识进行补充，把不擅长的技能进行训练，从而满足徒弟的需求，也提高了自身的专业素养。由此可见，师傅在指导徒弟学习的过程中不仅显性让徒弟的专业水平得以提升，而且师傅的教学能力也在指导徒弟过程中潜移默化地得以提升。

二、不同办学性质及学校环境影响师傅参与师徒制的发展效果

（一）问卷调查数据统计结果显示其存在显著差异

表 4-10　不同办学性质学校师傅教师专业发展效果差异比较 T 检验

维度	组别	个案	平均值	标准差	T	P
师傅专业知识	公办学校	777	4.53	0.62	-3.329**	0.001
	民办学校	110	4.71	0.51		
师傅专业技能	公办学校	777	4.59	0.58	-3.268**	0.001
	民办学校	110	4.75	0.46		
师傅教师专业态度	公办学校	777	4.61	0.57	-2.990**	0.003
	民办学校	110	4.75	0.46		
师傅专业发展整体	公办学校	777	4.58	0.56	-3.339**	0.001
	民办学校	110	4.74	0.45		

（注：* 表示 P<0.05，** 表示 P<0.01）

从表 4-10 可见，民办学校与公办学校师傅教师的专业发展效果整

---

① 朱彬．礼记训纂 [M]．北京：中华书局，1996：546．

体得分为4.74和4.58,专业知识维度为4.71和4.53,专业技能维度为4.75和4.59,专业态度为4.75和4.61,其两者的差距可见下图4-5。进一步通过平均数差异性T检验,二者在整体及专业知识、技能与态度三个维度的发展效果都存在显著性差异。由此可见,师徒制对民办学校师傅教师的专业发展效果优于公办学校师傅教师。

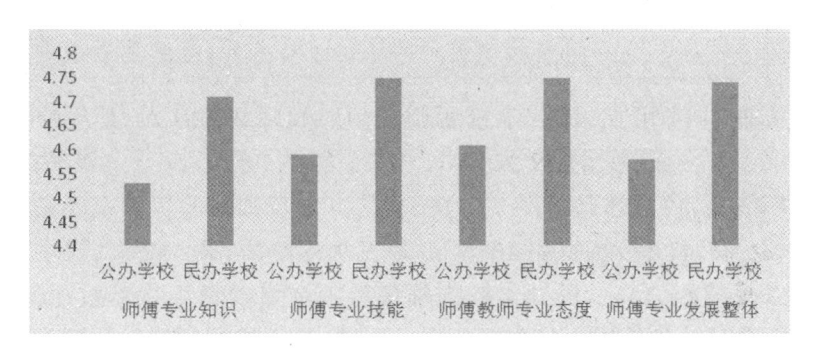

图4-5 不同办学性质学校师徒制中师傅教师的专业发展效果

(二)民办学校对于师徒制的重视程度高于公办学校

因为民办与公办学校在办学体制的差异,或者说民办学校的特殊性决定了其教师队伍的稳定性较弱,教师的流动性大,每一学年都要招聘大量教师进行补充。所以,首先民办学校在师徒制的规模上就比公办学校要大,从而也决定了学校领导的高度重视。另外,民办学校视教学质量为"生命"的工作导向比公办学校更为强烈。因为民办学校除了公共服务目标外还有一个重要的"经济营利"目标,没有教学质量就没有生源,没有生源就无从"营利",而教学的质量取决于高水平的优秀教师。所以作为促进教师专业发展的重要方式——师徒制,其活动的开展必然成为民办学校管理层的重要工作任务之一。反之,公办学校重视质量和教师的专业发展,但公办学校是政府办学的性质决定了部分学校领导对其重视不够,加之规模较小的实际情况,更强化了此种意识和态度。

(三)民办学校教师主动发展的氛围要强于公办学校

因民办学校的管理普遍比公办学校更为严苛,普遍采用教师"末位淘汰制"即教师多次所教班级学科成绩多次倒数后三位,就会被学校领导"约谈"式示警,如果仍没提高的就会被劝辞。教师人在此管理机制下,往往都能主动学习,在此氛围之下,师傅教师的自觉性也自然居于一个较高的水平,从而在师徒制中不断通过教学相长实现自身的发展。反观公办学校,由于受师傅属于国家事业单位专业技术人员编制及部分学校内部管理的机制不畅等因素影响,部分师傅安于现状,满足现有专业水平,因而其专业发展的主动性并不十分强烈。

(四)民办与公办学校师傅教师的年龄分布差异,导致两效果的差异

从表4-11可见,民办学校所调查师傅教师共110人,其年龄主要集中在26～30岁的29人和31～35岁的38人,36～40岁的18人,共85人,占全体师傅的77.2%,而公办学校师傅的年龄主要集中在36～40岁、41～45岁和46～50岁三个年龄段,共542人,占全体师傅777人的69.7%。民办学校的师傅教师主要以青年骨干教师为主,而公办学校的师傅以中年教师为主。由此,民办学校师傅教师因为以青年骨干教师为主,他们正处于教师发展阶段的黄金时期,年富力强,而且此时他们思想并不保守,努力求知,追求事业上的成功。反观公办学校的师傅以中年教师为主,他们虽然教学经验丰富,但此时也是教师发展中的职业倦怠期,部分师傅教师对外部新事物已经逐渐失去了好奇心,而且对自己的教学经验较为固执地认可,而潜意识中对新教育方法存在抑制甚至对抗的情绪,如此问题综合一起形成一种强大的阻力,无形之中限制着他们主动发展的行为。由此可见,两种不同办学性质学校师傅的年龄分布差异是导致其效果差异的原因之一。

表4-11 公办与民办学校师傅教师年龄分布

	20～25岁	26～30岁	31～35岁	36～40岁	41～45岁	46～50岁	51岁及以上	合计
公办学校	6	52	100	169	189	184	77	777
民办学校	3	29	38	18	11	7	4	110
总计	9	81	138	187	200	191	81	887

三、不同学历影响其师傅参与师徒制的发展效果

（一）问卷调查数据统计结果显示其存在显著差异

表 4-12　不同学历师傅教师专业发展效果单因素方差分析

维度	组别	个案	平均值	标准差	F 值	P 值	两两比较
师傅专业知识	大专 1	124	4.39	0.72	5.327	0.005**	1<2
	大学本科 2	691	4.58	0.59			
	硕士研究生 3	57	4.52	0.62			
师傅专业技能	大专 1	124	4.47	0.67	4.278	0.014*	1<2
	大学本科 2	691	4.63	0.56			
	硕士研究生 3	57	4.59	0.48			
师傅专业态度	大专 1	124	4.50	0.59	4.569	0.011*	1<2
	大学本科 2	691	4.66	0.55			
	硕士研究生 3	57	4.58	0.54			
师傅专业发展整体	大专 1	124	4.46	0.61	5.182	0.006**	1<2
	大学本科 2	691	4.63	0.54			
	硕士研究生 3	57	4.57	0.51			

（注：*表示 P<0.05，**表示 P<0.01）

从以上调查数据统计的结果可见，本科学历师傅的带教对专业发展整体及专业知识、技能及态度上得分为 4.63、4.58、4.63、4.66，而硕士和大专学历师傅的得分为 4.57、4.52、4.59、4.58；4.46、4.39、4.47、4.50。由此得知，比较而言本科学历师傅的效果最好，其次是硕士研究生学历，大专学历稍低一些，进一步通过检验后发出，本科学历师傅得分在整体和三个维度的得分与大专学历师傅的效果得分之间差异通过方差分析统计后，其 P 值均小于 0.05，由此可见二者效果存在显著性差异。但本科学历与硕士学历及硕士学历与大专学历师傅的效果不存在显著性差异。

从以上结果可以发现,并不是师傅的学历越高其师徒制对自身的专业发展效果就越好。但以重点本科学历师傅的效果显著优于大专学历师傅的效果来看,学历水平还是一个重要的因素。

(二)个体学历差异反映了认知能力的差异

在师傅带教中,因为本科学历师傅具备较强的认知能力,从而与大专业学历师傅相比,能更清晰和准确地发现自身的不足之处及问题产生的原因,并快速找到解决和提高的办法。反之,大专教师在准确发现问题根源和寻找解决办法方面因认知能力的限制而容易出现对问题及产生根源不能正确地判断,未快速寻找到有效的解决办法。由此,认知能力的差别是产生如此结果的重要原因之一。

(三)本科学历师傅的理论与学科知识深度要高于大专学历师傅

从学历培养的角度来看,大学本科各专业在各学科课程内容的难度和深度要大于专科专业,从而在考核方面的要求也有所不同,使本科学历教师的学科知识更为系统、理论性更强。同时,在教育理论知识学习方面,公共教育学与心理学课程的教材其内容广度和深度是不同的,理论知识性更为丰富和全面。由此,一方面本科师傅的专业知识素养的基础更加扎实,这为自身的专业发展奠定了一个良好的基础。另一方面,因为本科师傅的理论知识掌握得更为丰富,所以在带教中不只停留在一般性的教学技能之上,而是更多引导徒弟在实践中反思来形成自己的教育智慧,由此,这是两种层次的带教,从而使本科学历师傅的专业发展提高不是简单知识补充和技能的完善,更多内容是指向更为高级的教学能力的提升和教育态度的坚定。

四、不同发展阶段徒弟的身心特征影响其师傅参与师徒制的发展效果

(一)问卷调查数据统计结果显示其存在显著差异

本次调查样本中,作为其他类型师傅教师共有 34 人。为解释的方便,本次统计未将其他类型的 34 位样本纳入统计,只对作为刚入职新教师、校内骨干教师、校外跟岗学习教师、校外青年骨干教师这 4 种徒弟类型的师傅教师进行统计分析,样本数为 887-34=853 人。

第四章 教师专业发展中师徒制成效的现实考察

从表4-13可见,所带徒弟不同的四种类型师傅其专业发展效果在整体和专业知识、专业态度方面的效果差异通过方差分析检验后不存在显著差异,其P值大于0.05,而在专业技能方面其差异的P值小于0.05,由此在专业技能方面存在显著差异。随后经事后检验两两比较后发现,只在师傅所带徒弟为初任教师与所带青年骨干教师之间存在显著性差异,其他师傅效果不存在显著差异。

表4-13 不同带教对象的师傅教师专业发展效果单因素方差分析

维度	组别	个案	平均值	标准差	F值	P值	两两比较
师傅专业知识	作为刚入职新教师的师傅1	555	4.53	0.62	2.379	0.068	
	作为校内骨干教师的师傅2	257	4.63	0.58			
	作为校外跟岗学习教师的师傅3	19	4.51	0.49			
	作为校外青年骨干教师的师傅4	22	4.73	0.53			
师傅专业技能	作为刚入职新教师的师傅1	555	4.58	0.59	2.672*	0.046	1<2
	作为校内骨干教师的师傅2	257	4.68	0.52			
	作为校外跟岗学习教师的师傅3	19	4.46	0.50			
	作为校外青年骨干教师的师傅4	22	4.71	0.61			
师傅专业态度	作为刚入职新教师的师傅1	555	4.61	0.55	1.602	0.187	
	作为校内骨干教师的师傅2	257	4.68	0.54			
	作为校外跟岗学习教师的师傅3	19	4.54	0.47			
	作为校外青年骨干教师的师傅4	22	4.77	0.53			

续表

维度	组别	个案	平均值	标准差	F值	P值	两两比较
师傅专业发展整体	作为刚入职新教师的师傅1	555	4.58	0.55	2.248	0.081	
	作为校内骨干教师的师傅2	257	4.67	0.52			
	作为校外跟岗学习教师的师傅3	19	4.51	0.47			
	作为校外青年骨干教师的师傅4	22	4.74	0.54			

（注：*表示 P<0.05，**表示 P<0.01）

（二）作为青年骨干教师的师傅需要具有更优秀的带教素养

具体而言，带教青年骨干教师的内容与初任教师是不同的，初任教师更多是一种模仿—接受师傅的教学技能与方法，而青年骨干教师却需要的是教学方法的灵活运用，能独立发现问题及解决问题的能力，并形成自己个人的教育理论。内容的不同也决定了对初任教师的指导更多是要求徒弟多听自己的课堂教学，然后让其模仿实践，从中发现问题并及时指导；而带教青年骨干教师更多的是共同进行课时研究，对教育教学问题进行研究，通过科研不仅掌握基本的科研技能，而且重在培养问题意识、科学逻辑思维等。同时，徒弟把研究出的新教学方法又运用到实践中，从而也促进徒弟教育智慧的形成。由此可见，二者带教活动内容及带教方式的差异决定的所带青年骨干教师师傅的发展是更为深层次的发展，不是简单技能的增加和完善，更多表现在教育科研技能的提升。

（三）青年骨干教师的优秀特质也为师傅的发展提供了丰富的学习资源

作为青年骨干教师的师傅一般而言都是经验丰富的高级教师和学科带头人等优秀教师，但不同教师的教学风格存在差异，每一位教师都有它自身的特长。特别是青年骨干教师中就有许多具有鲜明修改个性特点的教学亮点，而这又是许多高级教师不具备的，由此青年教师的某些特质或特长就成为师傅们学习的重要资源，而且在师徒互动中又使学习更加便捷,如此许多师傅也或明或暗地向徒弟学习,从而促进了个人专业的发展。反之,作为初任教师的师傅,他们在这方面就不占优势,初任教师因教学经验的问题,自身的教学亮点还未突显,从这个视角来看,青年骨干教师徒弟自身所带的丰富资源为师傅的专业发展提供了学习的榜样,促进了自身的发展。

第三节 师徒教与学素养及关系和学校运作环境是影响师徒制成效的主要内外因素

一、多元线性回归分析结果呈现

(一)研究假设

本书依照相关理论及实践调查情况,确定以下15个师徒制实施成效影响因素的研究假设:徒弟的参与目的、对师徒制开展必要性认识、参与的态度、师傅责任心、指导能力、师徒结对方式、师徒关系质量、学校管理、学校激励措施、学校教师合作文化氛围、学校教师专业发展氛围、徒弟工作量程度、师傅指导方式、师傅指导内容、师傅指导次数共15种因素对自身专业发展成效具有显著影响。

(二)回归分析的自变量(解释变量)与因变量(反应变量)设置

为了检验以上研究假设,本书通过前面所介绍的自编《中小学校师徒制现状调查(徒弟教师卷)》中相关的题目设置来获取自变量与因变量的调查数据,然后根据数据进行多元线性回归分析,以检验假设是否成立。具体情况见下表4-14。从表中可见,问卷的第三部分第36~50题由假设自变量对应15个问题组成,而因变量由问卷第二部分16~35题徒弟教师专业发展效果的问题组成,其整体及专业知识、技能和态度三个维度的平均分通过统计已知。由此,便可进行多元线性回归分析检验其假设的正确性。

表4-14 师徒制成效影响因素回归分析的自变量与因变量设置

自变量(解释变量)	问卷题号	答案类型	因变量1	因变量2	因变量3	因变量4
1. 参与目的	第36题	类别	徒弟教师专业发展整体效果 16~35题答案平均分	徒弟教师专业知识发展效果 16~18答案平均分	徒弟教师专业技能发展效果 19~32题答案平均分	徒弟教师专业态度发展效果 33~35题答案平均分
2. 师徒制开展的必要性	第37题	类别				
3. 参与师徒制的态度	第38题	数据				
4. 师傅的责任心	第39题	数据				
5. 师傅的指导能力	第40题	数据				
6. 师徒结对方式	第41题	类别				
7. 师徒关系质量	第42题	数据				
8. 学校对师徒制管理	第43题	类别				
9. 学校对徒弟的激励措施	第44题	类别				
10. 学校教师合作文化状况	第45题	类别				
11. 学校教师专业发展愿望	第46题	数据				
12. 徒弟工作量程度	第47题	类别				
13. 师傅指导方式	第48题	类别				
14. 师傅指导内容	第49题	类别				
15. 师傅指导次数	第50题	类别				

(三)虚拟回归中类别变量的相关虚拟设置

以上确定了回归分析的自变量与反应变量,拟准备进行多元线性回归分析,但本书确定的15个自变量中有5个答案为5级计分的里克特式题型可视作连续变量,但其他10个自变量属于类别变量。而根据多元线性回归要求,其自变量和因变量必须同是连续性变量,也就是等距或比率变量,如果自变量为类别变量,在投入回归模型时应先将类别变量转化为虚拟变量,以使类别变量具备连续变量的特性,再将转化后的虚拟变量作为多元回归的预测变量之一。[①]

[①] 吴明隆.问卷统计分析实务——SPSS操作与应用[M].重庆:重庆大学出版社,2010:405.

第四章 教师专业发展中师徒制成效的现实考察

虚拟变量的转换方法为,如果类别变量有 K ≥ 3 个水平,则需要设 K-1 个虚拟变量,未经处理的水平为参照组,记为 0,被虚拟的水平记为 1,由此,虚拟变量是一种二分变量。以学历水平为例,如其水平数有三个:1 表示大专、2 表示大学本科、3 表示研究生。因为有三个水平,故需要新建两个虚拟变量。如果以研究生组为参照组,则两个虚拟变量的设置为下表 4-15 所示。

表 4-15 虚拟变量设置案例

学历水平	学历水平虚拟 1 高中与研究生对比	学历水平虚拟 2 大学本科与研究生对比
1	1	0
2	0	1
3	0	0

根据以上操作,本书对 9 个(有一个自变量只有两个水平,不需进行虚拟设置)类别自变量进行虚拟变量设置,具体设置为下表 4-16 所示。

表 4-16 虚拟变量设置情况

36 题:徒弟参与师徒制目的	参与目的虚拟 1 打好基础与完成当前任务对比	参与目的虚拟 2 完成学校安排任务与完成当前任务对比	虚拟 3	虚拟 4
1. 顺利完成当前教学任务	0	0		
2. 为将来发展打下坚实基础	1	0		
3. 完成安排学校任务	0	1		
37 题:徒弟对师徒制开展必要性	虚拟 1 没有必要与很有必要对比	虚拟 2 说不清楚与很有必要对比	虚拟 3	虚拟 4
1. 很有必要	0	0		
2. 没有必要	1	0		
3. 说不清楚	0	1		
41 题:与师傅的结对方式	虚拟 1 师傅挑选后与学校行政安排对比	虚拟 2 自发结对与学校行政安排结对对比	虚拟 3	虚拟 4

续表

1. 学校行政安排	0	0		
2. 师傅挑选后结对	1	0		
3. 自发结对	0	1		
43题：学校管理监督情况	虚拟1 期中与期末有检查与期中和期末没有检查对比	虚拟2 只有期末检查与期中和期末没有检查对比	虚拟3	虚拟4
1. 期中与期末都会检查	1	0		
2. 只有期末检查	0	1		
3. 期中和期末都没有检查	0	0		
44题：学校对徒弟激励措施	虚拟1 有荣誉和奖金与没有荣誉和奖金对比	虚拟2 有荣誉但没奖金与没有荣誉和奖金对比	虚拟3	虚拟4
1. 有荣誉和奖金	1	0		
2. 有荣誉但无奖金	0	1		
3. 没有荣誉和奖金	0	0		
45题：学校教师合作文化	虚拟1 表面合作与密切合作对比	虚拟2 难以合作与密切合作对比	虚拟3	虚拟4
1. 密切合作	0	0		
2. 表面合作	1	0		
3. 难以合作	0	1		
48题：师傅主要指导方式	虚拟1 公开课为主与日常听课为主对比	虚拟2 专题讨论为主与日常听课为主对比	虚拟3	虚拟4
1. 日常听课为主	0	0		
2. 公开课指导为主	1	0		
3. 专题讨论为主	0	1		
49题：师傅主要指导内容	虚拟1 突出教学问题为主与教学基本要求为主对比	虚拟2 未来发展要求为主与教学基本要求为主对比	虚拟3	虚拟4

续表

1.教学基本要求为主	0	0		
2.突出教学问题为主	1	0		
3.未来发展要求为主	0	1		
50题：师傅一学期指导次数	虚拟1 2次与1次对比	虚拟2 3次与1次对比	虚拟3 4次与1次对比	虚拟4 5次及以上与1次对比
1.1次	0	0	0	0
2.2次	1	0	0	0
3.3次	0	1	0	0
4.4次	0	0	1	0
5.5次及以上	0	0	0	1

（四）师徒制效果回归分析过程与结果

1.师徒制整体作用效果影响因素回归分析结果

通过虚拟变量的操作,将9个类别变量转化为20个虚拟变量,加上其他1个二分变量（不需要虚拟设置）和5个连续变量,共有26个自变量。为探讨这26种自变量与教师整体专业发展是否存在显著的说服力,在回归分析中采用强迫进入方式进行,将所有26个自变量一次性全部投入回归模型,具体结果如下。

表4-17为回归模型的模型摘要汇总表,主要是回归方程的拟合优度及自变量之间共线性显著性检验。从表中可知,15个自变量与徒弟教师整体专业发展效果的多元相关系数R为0.829,决定系数R^2为0.687,回归模型误差均方和的估计标准误为0.33,德宾-沃森检验统计量为1.974。因运用强迫进入变量法,只有一个回归模型,因该模型决定系数R^2为0.687（本书数据为大样本,故不需要使用调整后R^2）,表明其拟合优度良好,26个自变量共可解释"徒弟教师整体专业发展效果"因变量68.7%的变异量。

理想的回归分析前提之一应是各自变量与因变量高度相关,但各自变量之间却应是中度相关从而具有相对独立性,如果自变量之间的相关强度呈高相关,就易产生自变量共线性问题,从而会直接影响回归结果的科学性。德宾－沃森检验统计量可以检验模型中是否存在自我相关,即自变量独立性的检验,一般其取值应在 1.8～2.2 之间,超出此范围便说明其模型自变量存在共线问题。从表 4-17 中,此方程的德宾－沃森统计量为 1.974,表明该方程自变量不具有共线问题,可以继续进一步检验。

表 4-17 教师专业整体发展影响虚拟回归模型拟合优度检验

模型摘要 b					
模型	R	R 方	调整后 R 方	标准估算的误差	德宾－沃森
1	0.829a	0.687	0.677	0.33	1.974

表 4-18 是回归模型的方差分析摘要表,主要是反映所有自变量与因变量的线性关系显著性检验结果。表中可知,其线性关系检验的 F 值为 71.283,P 值为 0,小于 0.05 的显著水平,表示回归模型中所有自变量与因变量存在显著的线性关系,自变量确实能影响因变量。

表 4-18 教师专业整体发展影响虚拟回归模型的显著性 F 检验

模型		平方和	自由度	均方	F	显著性
1	回归	202.298	26.00	7.781	71.283**	.000b
	残差	92.233	845.00	0.109		
	总计	294.531	871.00			

(注:*表示 P<0.05,**表示 P<0.01)

表 4-19 为回归模型的回归系数及回归系数的显著性检验,包括非标准化的回归系数 B、标准化的回归系数 Beta、回归系数显著性检验 T 值及显著性概率值,共线性诊断的统计量容差及方差膨胀系数(VIF),主要反映各自变量对因变量的线性关系是否显著,也即其自变量对因变量是否存在显著影响作用。从表 5-19 的自变量线性诊断检验的容差和 VIF 数值可知,所有自变量系数的容差最小值是 0.134,从而所有容差值大于 0.1,方差膨胀因素 VIF 最大值为 7.463,从而其所有取值都小于 10,(一般而言,容差小于 0.1,VIF 值大于 10 时,表示自变量间可能有线性重合的问题)[1] 表示回归模型中所有自变量不存在严重共线性

---

[1] 吴明隆.问卷统计分析实务——SPSS 操作与应用 [M].重庆:重庆大学出版社,2010:379.

第四章 教师专业发展中师徒制成效的现实考察

问题,从而也确保了回归结果的科学性。

从表 4-19 中可见,在 26 个自变量与因变量的回归系数检验中,师傅的指导能力(Beta 为 0.25,P=0<0.01),师徒关系质量(Beta 为 0.16,P=0<0.01),学校教师专业发展愿望氛围(Beta 为 0.13,P=0<0.01),徒弟教师工作量(Beta 为 -0.06,P=0.008<0.01),公开课为主虚拟(Beta 为 0.04,P=0.043<0.05),指导 5 次及以上虚拟(Beta 为 0.07,P=0.004<0.01),徒弟参与态度(Beta 为 0.36,P=0<0.01)共 7 个因素存在显著性,同时也见,7 个因素中的 Beta 绝对值大小依次为,徒弟参与态度(Beta=0.36)>师傅的指导能力(Beta=0.25)>师徒关系质量(Beta=0.16)>学校教师专业发展愿望氛围(Beta=0.13)>指导 5 次及以上虚拟(Beta=0.07)>徒弟教师工作量(Beta 绝对值 =0.06)>公开课为主虚拟(Beta=0.04)。由此,通过回归分析发现,影响徒弟教师整体专业发展效果的主要因素根据影响作用大小依次是徒弟的参与态度、师傅的指导能力、师徒关系质量、学校教师专业发展愿望氛围、指导次数、徒弟教师工作量、指导方式,并且除徒弟教师工作量是负向显著影响外,其他 6 个因素都是正向显著影响。

表 4-19　教师专业整体发展影响虚拟回归系数解释力及显著性 t 检验

模型		未标准化系数		标准化系数	t	显著性	共线性统计	
		B	标准误差	Beta			容差	VIF
1	(常量)	0.201	0.173		1.164	0.245		
	没有必要虚拟	0.105	0.099	0.02	1.061	0.289	0.872	1.146
	说不清楚虚拟	0.107	0.061	0.04	1.741	0.082	0.677	1.477
	为发展打好基础虚拟	-0.063	0.062	-0.05	-1.022	0.307	0.134	7.448
	为完成当前教学任务虚拟	-0.026	0.063	-0.02	-0.409	0.683	0.134	7.463
	39. 您认为你师傅的指导责任心怎样?	0.06	0.041	0.05	1.464	0.144	0.314	3.187
	40. 您认为你师傅的指导能力是?	0.279	0.038	0.25	7.294**	0	0.317	3.158

续表

模型		未标准化系数		标准化系数	t	显著性	共线性统计	
		B	标准误差	Beta			容差	VIF
	师傅挑选后结对虚拟	-0.051	0.038	-0.03	-1.333	0.183	0.876	1.142
	师徒自发结对虚拟	-0.03	0.027	-0.02	-1.113	0.266	0.908	1.102
	42.您认为你和师傅的师徒关系质量是?	0.172	0.032	0.16	5.45**	0	0.424	2.357
	期中与期末都检查虚拟	-0.019	0.062	-0.01	-0.302	0.763	0.258	3.882
	只有期末都检查虚拟	-0.003	0.067	0.00	-0.045	0.964	0.293	3.419
	有荣誉和奖金虚拟	0.012	0.032	0.01	0.389	0.697	0.65	1.54
	只有荣誉但无奖金虚拟	0.01	0.029	0.01	0.357	0.722	0.748	1.338
	表面合作虚拟	-0.09	0.048	-0.05	-1.891	0.059	0.625	1.599
	难以合作虚拟	0.214	0.172	0.03	1.239	0.216	0.923	1.083
	46.您所在学校教师整体的主动专业发展愿望是	0.114	0.024	0.13	4.693**	0	0.492	2.032
	47.您作徒弟时的工作量情况是	-0.099	0.038	-0.06	-2.645**	0.008	0.846	1.182
	公开课为主虚拟	-0.056	0.028	-0.04	-2.026*	0.043	0.856	1.169
	专题讨论为主虚拟	-0.001	0.044	0.00	-0.014	0.989	0.89	1.124
	以突出教学问题为主虚拟	-0.012	0.028	-0.01	-0.438	0.661	0.886	1.129
	以未来发展为主虚拟	-0.005	0.041	0.00	-0.125	0.901	0.863	1.159

续表

模型		未标准化系数		标准化系数	t	显著性	共线性统计	
		B	标准误差	Beta			容差	VIF
	指导2次虚拟	−0.048	0.031	−0.04	−1.539	0.124	0.668	1.498
	指导3次虚拟	0.04	0.034	0.03	1.184	0.237	0.715	1.398
	指导4次虚拟	0.025	0.055	0.01	0.456	0.649	0.861	1.161
	指导5次及以上虚拟	0.102	0.035	0.07	2.904**	0.004	0.704	1.42
	38.您个人对参加"师徒结对"活动的态度是	0.347	0.028	0.36	12.231**	0	0.434	2.306
a 因变量：徒弟专业发展总体效果平均分								

（注：* 表示 P<0.05，** 表示 P<0.01）

2. 师徒制专业知识发展作用效果影响因素回归分析结果

表4-20为徒弟教师专业知识发展影响回归模型的模型摘要汇总表，主要是回归方程的拟合优度及自变量之间共线性显著性检验。从表中可知，26个自变量与徒弟教师整体专业发展效果的多元相关系数R为0.785，决定系数R^2为0.617，回归模型误差均方和的估计标准误为0.38，德宾-沃森检验统计量为1.984。因运用强迫进入变量法，只有一个回归模型，因该模型决定系数R^2为0.617（本书数据为大样本，故不需要使用调整后R^2），表明其拟合优度良好，26个自变量共可解释"徒弟教师整体专业发展效果"因变量61.7%的变异量。从表4-20中，还可见此方程的德宾-沃森统计量为1.984，表明该方程自变量不具有严重共线问题，可以继续进一步检验。

表4-20　徒弟教师专业知识发展影响虚拟回归模型拟合优度检验

模型摘要 b					
模型	R	R方	调整后R方	标准估算的误差	德宾-沃森
1	0.785a	0.617	0.605	0.38	1.984

表 4-21 是回归模型的方差分析摘要表,主要是反映所有自变量与因变量的线性关系显著性检验结果。表中可知,其线性关系检验的 F 值为 52.345,P 值为 0,小于 0.01 的显著水平,表示回归模型中所有自变量与因变量存在显著的线性关系,自变量确实能影响因变量。

表 4-21 徒弟教师专业知识发展影响虚拟回归模型的显著性 F 检验

模型		平方和	自由度	均方	F	显著性
1	回归	194.414	26.00	7.477	52.345**	0.000b
	残差	120.707	845.00	0.143		
	总计	315.121	871.00			

(注:* 表示 P<0.05,** 表示 P<0.01)

表 4-22 为回归模型的回归系数及回归系数的显著性检验,包括非标准化的回归系数 B、标准化的回归系数 Beta、回归系数显著性检验 T 值及显著性概率值,共线性诊断的统计量容差及方差膨胀系数(VIF),主要反映各自变量对因变量的线性关系是否显著,也即其自变量对因变量是否存在显著影响。

从表 4-22 中可见,在 26 个自变量与因变量的回归系数检验中,师傅的指导责任心(Beta 为 0.08,P=0.037<0.05)、师傅的指导能力(Beta 为 0.251,P=0<0.01)、师徒关系质量(Beta 为 0.13,P=0<0.01)、只有荣誉但无奖金(Beta 为 0.06,P=0.013<0.05)学校教师专业发展愿望氛围(Beta 为 0.14,P=0<0.01)、徒弟教师工作量(Beta 为 -0.05,P=0.024<0.05),指导 3 次虚拟(Beta 为 0.06,P=0.029<0.05),指导 5 次及以上虚拟(Beta 为 0.09,P=0.001<0.01)、徒弟参与态度(Beta 为 0.30,P=0<0.01)共 9 个因素回归系数存在显著性。从表 4-22 的自变量线性诊断检验的容差和 VIF 数值可知,所有自变量系数的容差最小值是 0.134,从而所有容差值都大于 0.1,方差膨胀因素 VIF 最大值为 7.463,从而其所有取值都小于 10,(一般而言,容差小于 0.1,VIF 值大于 10 时,表示自变量间可能有线性重合的问题)① 表示回归模型中所有自变量不存在严重共线性问题,从而也确保了回归结果的科学性。

同时可见,以上 9 个显著因素中的 Beta 绝对值大小依次为,徒弟参

---

① 吴明隆.问卷统计分析实务——SPSS 操作与应用[M].重庆:重庆大学出版社,2010:379.

与态度(Beta=0.30)>师傅的指导能力(Beta=0.251)>学校教师专业发展愿望氛围(Beta=0.14)>师徒关系质量(Beta=0.13)>师傅的指导责任心(Beta=0.08)>指导5次及以上虚拟(Beta=0.07)>指导3次虚拟(Beta为0.06)和只有荣誉但无奖金(Beta为0.06)>徒弟教师工作量(Beta绝对值=0.05)。由此,通过回归分析发现,影响徒弟教师专业知识发展效果的主要因素根据影响作用大小依次是徒弟的参与态度、师傅的指导能力、学校教师专业发展愿望氛围、师徒关系质量、指导次数、徒弟教师工作量、奖励措施,并且除徒弟教师工作量是负向显著影响外,其他因素都是正向显著影响。

表4-22 教师专业知识发展影响虚拟回归系数解释力及显著性t检验

模型		系数 a						
		未标准化系数		标准化系数	t	显著性	共线性统计	
		B	标准误差	Beta			容差	VIF
1	(常量)	0.209	0.198		1.057	0.291		
	没有必要虚拟	0.193	0.113	0.04	1.705	0.089	0.872	1.146
	说不清楚虚拟	0.027	0.07	0.01	0.381	0.703	0.677	1.477
	为发展打好基础虚拟	-0.028	0.071	-0.02	-0.402	0.687	0.134	7.448
	为完成当前教学任务虚拟	-0.013	0.072	-0.01	-0.18	0.857	0.134	7.463
	39.您认为你师傅的指导责任心怎样?	0.098	0.047	0.08	2.088*	0.037	0.314	3.187

续表

模型		未标准化系数	标准化系数		t	显著性	共线性统计	
	系数 a							
	40.您认为你师傅的指导能力是	0.29	0.044	0.251	6.629**	0	0.317	3.158
	师傅挑选后结对虚拟	0.009	0.044	0.01	0.203	0.84	0.876	1.142
	师徒自发结对虚拟	0.002	0.031	0.00	0.054	0.957	0.908	1.102
	42.您认为你和师傅的师徒关系质量是?	0.143	0.036	0.13	3.949**	0	0.424	2.357
	期中与期末都检查虚拟	−0.046	0.071	−0.03	−0.651	0.515	0.258	3.882
	只有期末都检查虚拟	−0.004	0.077	0.00	−0.052	0.958	0.293	3.419
	有荣誉和奖金虚拟	0.039	0.036	0.03	1.077	0.282	0.65	1.54
	只有荣誉但无奖金虚拟	0.081	0.033	0.06	2.49*	0.013	0.748	1.338
	表面合作虚拟	−0.025	0.055	−0.01	−0.464	0.643	0.625	1.599
	难以合作虚拟	0.153	0.197	0.02	0.774	0.439	0.923	1.083

续表

模型		系数a						
		未标准化系数		标准化系数	t	显著性	共线性统计	
	46.您所在学校教师整体的主动专业发展愿望是	0.124	0.028	0.14	4.478**	0	0.492	2.032
	47.您作徒弟时的工作量情况是	-0.097	0.043	-0.05	-2.263**	0.024	0.846	1.182
	公开课为主虚拟	-0.03	0.032	-0.02	-0.938	0.348	0.856	1.169
	专题讨论为主虚拟	0.028	0.05	0.01	0.559	0.577	0.89	1.124
	以突出教学问题为主虚拟	-0.001	0.032	0.00	-0.029	0.977	0.886	1.129
	以未来发展为主虚拟	-0.04	0.046	-0.02	-0.857	0.392	0.863	1.159
	指导2次虚拟	-0.052	0.036	-0.04	-1.45	0.147	0.668	1.498
	指导3次虚拟	0.085	0.039	0.06	2.186*	0.029	0.715	1.398
	指导4次虚拟	0.082	0.063	0.03	1.302	0.193	0.861	1.161
	指导5次及以上虚拟	0.139	0.04	0.09	3.446**	0.001	0.704	1.42

续表

模型		未标准化系数		标准化系数	t	显著性	共线性统计	
	38.您个人对参加"师徒结对"活动的态度是	0.305	0.032	0.30	9.385**	0	0.434	2.306

系数a

a 因变量：徒弟专业知识效果平均分

（注：*表示 P<0.05，**表示 P<0.01）

3. 师徒制对徒弟专业技能发展作用效果影响因素回归分析结果

表4-23为徒弟教师专业技能发展影响回归模型的模型摘要汇总表，主要是回归方程的拟合优度及自变量之间共线性显著性检验。从表中可知，26个自变量与徒弟教师整体专业发展效果的多元相关系数 R 为 0.815，决定系数 R^2 为 0.665，回归模型误差均方和的估计标准误为 0.35，德宾-沃森检验统计量为 1.986。因运用强迫进入变量法，只有一个回归模型，因该模型决定系数 R^2 为 0.655（本书数据为大样本，故不需要使用调整后 R^2），表明其拟合优度良好，26个自变量共可解释"徒弟教师专业技能发展效果"因变量65.5%的变异量。从表4-23中，还可见此方程的德宾-沃森统计量为1.986，表明该方程自变量不具有严重共线问题，可以继续进一步检验。

表 4-23　徒弟教师专业技能发展影响虚拟回归模型拟合优度检验

模型	R	R 方	调整后 R 方	标准估算的误差	德宾-沃森
1	0.815a	0.665	0.655	0.35	1.986

模型摘要 b

表4-24是回归模型的方差分析摘要表，主要是反映所有自变量与因变量的线性关系显著性检验结果。表中可知，其线性关系检验的 F 值为 64.468，P 值为 0，小于 0.01 的显著水平，表示回归模型中所有自变量与因变量存在显著的线性关系，自变量确实能影响因变量。

表 4-24　徒弟教师专业技能发展影响虚拟回归模型的显著性 F 检验

模型		平方和	自由度	均方	F	显著性
1	回归	202.604	26.00	7.792	64.486**	0.000b
	残差	102.11	845.00	0.121		
	总计	304.714	871.00			

（注：* 表示 P<0.05，** 表示 P<0.01）

表 4-25 为回归模型的回归系数及回归系数的显著性检验，包括非标准化的回归系数 B、标准化的回归系数 Beta、回归系数显著性检验 T 值及显著性概率值，共线性诊断的统计量容差及方差膨胀系数（VIF），主要反映各自变量对因变量的线性关系是否显著，也即其自变量对因变量是否存在显著影响作用。

从表 4-25 中可见，在 26 个自变量与因变量的回归系数检验中，师傅的指导能力（Beta 为 0.244，P=0<0.01），师徒关系质量（Beta 为 0.107，P=0<0.01），表面合作虚拟（Beta 为 -0.05，P=0.049<0.05）学校教师专业发展愿望氛围（Beta 为 0.13，P=0<0.01），徒弟教师工作量（Beta 为 -0.05，P=0.022<0.05），公开课为主指导虚拟（Beta 为 -0.048，P=0.025<0.05），指导 5 次及以上虚拟（Beta 为 0.069，P=0.004<0.01），徒弟参与态度（Beta 为 0.324，P=0<0.01）共 8 个因素回归系数存在显著性。从表中的自变量线性诊断检验的容差和 VIF 数值可知，所有自变量系数的容差最小值是 0.134，从而所有容差值都大于 0.1，方差膨胀因素 VIF 最大值为 7.463，从而其所有取值都小于 10,（一般而言，容差小于 0.1，VIF 值大于 10 时，表示自变量间可能有线性重合的问题）[1] 表示回归模型中所有自变量不存在严重共线性问题，从而也确保了回归结果的科学性。

同时也可见，以上 8 个显著因素中的 Beta 绝对值大小依次为，徒弟参与态度（Beta=0.324）>师傅的指导能力（Beta=0.244）>学校教师专业发展愿望氛围（Beta=0.13）>师徒关系质量（Beta=0.107）>指导 5 次及以上虚拟（Beta=0.069）>徒弟教师工作量（Beta 绝对值 =0.05）>表面合作虚拟（Beta 绝对值 =0.05）>公开课为主指导虚拟（Beta 绝对值为 0.048）。由此，通过回归分析发现，影响徒弟教师专业技能发展效果

---

[1] 吴明隆.问卷统计分析实务——SPSS 操作与应用 [M].重庆：重庆大学出版社，2010：379.

的主要因素根据影响作用大小依次是徒弟的参与态度、师傅的指导能力、学校教师专业发展愿望氛围、师徒关系质量、指导次数、徒弟教师工作量、教师合作文化状况,师傅指导方式,并且除徒弟教师工作量是和公开课为主指导虚拟和表面合作虚拟因素为负向显著影响外,其他因素都是正向显著影响。

表4-25 徒弟教师专业技能发展因素虚拟回归系数解释力及显著性t检验

系数a							
模型		未标准化系数	标准化系数	t	显著性	共线性统计	
		B	标准误差	Beta			容差	VIF
1	（常量）	0.218	0.18		1.196	0.232		
	没有必要虚拟	0.072	0.10	0.015	0.696	0.487	0.872	1.146
	说不清楚虚拟	0.099	0.07	0.037	1.534	0.125	0.677	1.477
	为发展打好基础虚拟	-0.054	0.07	-0.045	-0.832	0.405	0.134	7.448
	为完成当前教学任务虚拟	-0.015	0.07	-0.013	-0.231	0.817	0.134	7.463
	39.您认为你师傅的指导责任心怎样？	0.07	0.04	0.058	1.636	0.102	0.314	3.187
	40.您认为你师傅的指导能力是	0.278	0.04	0.244	6.888**	0	0.317	3.158
	师傅挑选后结对虚拟	-0.056	0.04	-0.029	-1.38	0.168	0.876	1.142
	师徒自发结对虚拟	-0.041	0.03	-0.03	-1.458	0.145	0.908	1.102
	42.您认为你和师傅的师徒关系质量是？	0.181	0.03	0.167	5.46**	0	0.424	2.357
	期中与期末都检查虚拟	-0.013	0.07	-0.008	-0.206	0.837	0.258	3.882
	只有期末都检查虚拟	-0.002	0.07	-0.001	-0.027	0.979	0.293	3.419
	有荣誉和奖金虚拟	0.014	0.03	0.011	0.429	0.668	0.65	1.54

续表

<table>
<tr><th colspan="7">系数a</th></tr>
<tr><th rowspan="2">模型</th><th>未标准化系数</th><th>标准化系数</th><th rowspan="2">t</th><th rowspan="2">显著性</th><th colspan="2">共线性统计</th></tr>
<tr><th>B　　标准误差</th><th>Beta</th><th>容差</th><th>VIF</th></tr>
<tr><td>只有荣誉但无奖金虚拟</td><td>−0.001　　0.03</td><td>0</td><td>−0.018</td><td>0.986</td><td>0.748</td><td>1.338</td></tr>
<tr><td>表面合作虚拟</td><td>−0.099　　0.05</td><td>−0.05</td><td>−1.974*</td><td>0.049</td><td>0.625</td><td>1.599</td></tr>
<tr><td>难以合作虚拟</td><td>0.222　　0.18</td><td>0.025</td><td>1.224</td><td>0.221</td><td>0.923</td><td>1.083</td></tr>
<tr><td>46.您所在学校教师整体的主动专业发展愿望是</td><td>0.117　　0.03</td><td>0.13</td><td>4.576**</td><td>0</td><td>0.492</td><td>2.032</td></tr>
<tr><td>47.您作徒弟时的工作量情况是</td><td>−0.091　　0.04</td><td>−0.05</td><td>−2.302*</td><td>0.022</td><td>0.846</td><td>1.182</td></tr>
<tr><td>公开课为主虚拟</td><td>−0.065　　0.03</td><td>−0.048</td><td>−2.242*</td><td>0.025</td><td>0.856</td><td>1.169</td></tr>
<tr><td>专题讨论为主虚拟</td><td>−0.011　　0.05</td><td>−0.005</td><td>−0.231</td><td>0.817</td><td>0.89</td><td>1.124</td></tr>
<tr><td>以突出教学问题为主虚拟</td><td>−0.017　　0.03</td><td>−0.012</td><td>−0.58</td><td>0.562</td><td>0.886</td><td>1.129</td></tr>
<tr><td>以未来发展为主虚拟</td><td>−0.012　　0.04</td><td>−0.006</td><td>−0.279</td><td>0.78</td><td>0.863</td><td>1.159</td></tr>
<tr><td>指导2次虚拟</td><td>−0.055　　0.03</td><td>−0.041</td><td>−1.673</td><td>0.095</td><td>0.668</td><td>1.498</td></tr>
<tr><td>指导3次虚拟</td><td>0.04　　0.04</td><td>0.026</td><td>1.123</td><td>0.262</td><td>0.715</td><td>1.398</td></tr>
<tr><td>指导4次虚拟</td><td>0.027　　0.06</td><td>0.01</td><td>0.459</td><td>0.646</td><td>0.861</td><td>1.161</td></tr>
<tr><td>指导5次及以上虚拟</td><td>0.108　　0.04</td><td>0.069</td><td>2.918**</td><td>0.004</td><td>0.704</td><td>1.42</td></tr>
<tr><td>38.您个人对参加"师徒结对"活动的态度是</td><td>0.32　　0.03</td><td>0.324</td><td>10.704**</td><td>0</td><td>0.434</td><td>2.306</td></tr>
<tr><td colspan="7">a 因变量：徒弟专业技能效果平均分</td></tr>
</table>

（注：*表示 P<0.05，**表示 P<0.01）

4. 师徒制徒弟对专业态度发展作用效果影响因素回归分析结果

表 4-26 为徒弟教师专业态度发展影响回归模型的模型摘要汇总表,主要是回归方程的拟合优度及自变量之间共线性显著性检验。从表中可知,26 个自变量与徒弟教师专业态度发展效果的多元相关系数 R 为 0.790,决定系数 R^2 为 0.624,回归模型误差均方和的估计标准误为 0.395,德宾-沃森检验统计量为 1.942。因运用强迫进入变量法,只有一个回归模型,因该模型决定系数 R^2 为 0.624(本书数据为大样本,故不需要使用调整后 R^2),表明其拟合优度良好,26 个自变量共可解释"徒弟教师专业技能发展效果"因变量 62.4% 的变异量。从表 4-26 中,还可见此方程的德宾-沃森统计量为 1.942,表明该方程自变量不具有严重共线性问题,可以继续进一步检验。

表 4-26 徒弟教师专业态度发展影响虚拟回归模型拟合优度检验

模型摘要 b					
模型	R	R 方	调整后 R 方	标准估算的误差	德宾-沃森
1	0.790a	0.624	0.613	0.395	1.942

表 4-27 是回归模型的方差分析摘要表,主要是反映所有自变量与因变量的线性关系显著性检验结果。表中可知,其线性关系检验的 F 值为 54.044,P 值为 0,小于 0.01 的显著水平,表示回归模型中所有自变量与因变量存在显著的线性关系,自变量确实能影响因变量。

表 4-27 徒弟教师专业态度发展影响虚拟回归模型的显著性 F 检验

	ANOVAa					
模型		平方和	自由度	均方	F	显著性
1	回归	219.785	26.00	8.453	54.044**	0.000b
	残差	132.17	845.00	0.156		
	总计	351.955	871.00			

(注:*表示 P<0.05,**表示 P<0.01)

表 4-28 为回归模型的回归系数及回归系数的显著性检验,包括非标准化的回归系数 B、标准化的回归系数 Beta、回归系数显著性检验 T 值及显著性概率值,共线性诊断的统计量容差及方差膨胀系数(VIF),主要反映各自变量对因变量的线性关系是否显著,也即其自变量对因变

量是否存在显著影响。

从表 4-28 中可见,在 26 个自变量与因变量的回归系数检验中,师徒制必要性认识说不清楚虚拟(Beta 为 0.078,P=0.002<0.01),师傅的指导能力(Beta 为 0.226,P=0<0.01),师徒关系质量(Beta 为 0.135,P=0<0.01),表面合作虚拟(Beta 为 -0.053,P=0.047<0.05),学校教师专业发展愿望氛围(Beta 为 0.093,P=0.002<0.01),徒弟教师工作量(Beta 为 -0.072,P=0.002<0.01),徒弟参与态度(Beta 为 0.488,P=0<0.01),共 7 个因素回归系数存在显著性。从表中的自变量线性诊断检验的容差和 VIF 数值可知,所有自变量系数的容差最小值是 0.134,所有容差值都大于 0.1,方差膨胀因素 VIF 最大值为 7.463,从而其所有取值都小于 10,(一般而言,容差小于 0.1,VIF 值大于 10 时,表示自变量间可能有线性重合的问题)[①]表示回归模型中所有自变量不存在严重共线性问题,从而也确保了回归结果的科学性。

同时也可见,以上 7 个显著因素中的 Beta 绝对值大小依次为,徒弟参与态度(Beta=0.488)>师傅的指导能力(Beta=0.226)>师徒关系质量(Beta=0.135)>学校教师专业发展愿望氛围(Beta=0.093)>师徒制必要性认识说不清楚虚拟(Beta=0.078)>徒弟教师工作量(Beta 绝对值=0.072)>表面合作虚拟(Beta 绝对值为 0.053)。由此,通过回归分析发现,影响徒弟教师专业态度发展效果的 7 个主要因素根据影响作用大小依次是徒弟的参与态度、师傅的指导能力、师徒关系质量、学校教师专业发展愿望氛围、师徒制必要性认识、徒弟教师工作量、教师合作文化状况,并且除徒弟教师工作量、师徒制必要性认识虚拟和表面合作虚拟因素为负向显著影响外,其他因素都是正向显著影响。

表 4-28 徒弟教师专业态度虚拟回归系数解释力及显著性 t 检验

系数 a							
模型		未标准化系数		标准化系数	t	显著性	共线性统计	
		B	标准误差	Beta			容差	VIF
1	(常量)	0.117	0.21		0.562	0.574		

[①] 吴明隆. 问卷统计分析实务——SPSS 操作与应用 [M]. 重庆:重庆大学出版社,2010:379.

续表

模型		未标准化系数		标准化系数	t	显著性	共线性统计	
		B	标准误差	Beta			容差	VIF
	没有必要虚拟	0.169	0.12	0.032	1.426	0.154	0.872	1.146
	说不清楚虚拟	0.224	0.07	0.078	3.041**	0.002	0.677	1.477
	为发展打好基础虚拟	−0.14	0.07	−0.109	−1.894	0.059	0.134	7.448
	为完成当前教学任务虚拟	−0.087	0.08	−0.067	−1.158	0.247	0.134	7.463
	39.您认为你师傅的指导责任心怎样？	−0.027	0.05	−0.021	−0.553	0.581	0.314	3.187
	40.您认为你师傅的指导能力是	0.277	0.05	0.226	6.032**	0	0.317	3.158
	师傅挑选后结对虚拟	−0.09	0.05	−0.044	−1.955	0.051	0.876	1.142
	师徒自发结对虚拟	−0.009	0.03	−0.006	−0.27	0.787	0.908	1.102
	42.您认为你和师傅的师徒关系质量是？	0.158	0.04	0.135	4.178**	0	0.424	2.357
	期中与期末都检查虚拟	−0.016	0.07	−0.009	−0.213	0.832	0.258	3.882
	只有期末都检查虚拟	−0.007	0.08	−0.004	−0.092	0.926	0.293	3.419
	有荣誉和奖金虚拟	−0.024	0.04	−0.016	−0.623	0.533	0.65	1.54
	只有荣誉但无奖金虚拟	−0.011	0.03	−0.008	−0.323	0.747	0.748	1.338

第四章 教师专业发展中师徒制成效的现实考察

续表

<table>
<tr><td colspan="8" align="center">系数 a</td></tr>
<tr><td rowspan="2">模型</td><td rowspan="2"></td><td>未标准化系数</td><td></td><td>标准化系数</td><td rowspan="2">t</td><td rowspan="2">显著性</td><td colspan="2">共线性统计</td></tr>
<tr><td>B</td><td>标准误差</td><td>Beta</td><td>容差</td><td>VIF</td></tr>
<tr><td></td><td>表面合作虚拟</td><td>−0.114</td><td>0.06</td><td>−0.053</td><td>−1.99*</td><td>0.047</td><td>0.625</td><td>1.599</td></tr>
<tr><td></td><td>难以合作虚拟</td><td>0.235</td><td>0.21</td><td>0.025</td><td>1.139</td><td>0.255</td><td>0.923</td><td>1.083</td></tr>
<tr><td></td><td>46.您所在学校教师整体的主动专业发展愿望是</td><td>0.089</td><td>0.03</td><td>0.093</td><td>3.083**</td><td>0.002</td><td>0.492</td><td>2.032</td></tr>
<tr><td></td><td>47.您作徒弟时的工作量情况是</td><td>−0.14</td><td>0.05</td><td>−0.072</td><td>−3.124**</td><td>0.002</td><td>0.846</td><td>1.182</td></tr>
<tr><td></td><td>公开课为主虚拟</td><td>−0.039</td><td>0.03</td><td>−0.027</td><td>−1.193</td><td>0.233</td><td>0.856</td><td>1.169</td></tr>
<tr><td></td><td>专题讨论为主虚拟</td><td>0.018</td><td>0.05</td><td>0.008</td><td>0.336</td><td>0.737</td><td>0.89</td><td>1.124</td></tr>
<tr><td></td><td>以突出教学问题为主虚拟</td><td>−0.001</td><td>0.03</td><td>−0.001</td><td>−0.034</td><td>0.973</td><td>0.886</td><td>1.129</td></tr>
<tr><td></td><td>以未来发展为主虚拟</td><td>0.062</td><td>0.05</td><td>0.029</td><td>1.268</td><td>0.205</td><td>0.863</td><td>1.159</td></tr>
<tr><td></td><td>指导2次虚拟</td><td>−0.012</td><td>0.04</td><td>−0.008</td><td>−0.321</td><td>0.748</td><td>0.668</td><td>1.498</td></tr>
<tr><td></td><td>指导3次虚拟</td><td>−0.004</td><td>0.04</td><td>−0.002</td><td>−0.098</td><td>0.922</td><td>0.715</td><td>1.398</td></tr>
<tr><td></td><td>指导4次虚拟</td><td>−0.039</td><td>0.07</td><td>−0.013</td><td>−0.591</td><td>0.555</td><td>0.861</td><td>1.161</td></tr>
<tr><td></td><td>指导5次及以上虚拟</td><td>0.038</td><td>0.04</td><td>0.023</td><td>0.914</td><td>0.361</td><td>0.704</td><td>1.42</td></tr>
</table>

续表

系数 a							
模型		未标准化系数		标准化系数	t	显著性	共线性统计
		B	标准误差	Beta			容差	VIF
	38.您个人对参加"师徒结对"活动的态度是	0.518	0.03	0.488	15.241**	0	0.434	2.306
a 因变量：徒弟专业态度效果平均分								

（注：* 表示 P<0.05，** 表示 P<0.01）

通过以上结果可见，在整体效果方面发现有徒弟参与意愿、师傅指导能力、师徒关系质量、学校教师主动发展愿望、徒弟教学工作量、师傅以公开课指导方式为主、师傅指导次数共七个因素与师徒制效果存在显著性影响。而在专业知识发展效果方面，其具有显著性影响的除和整体发展效果相同的七个因素外，还增加了一个优秀徒弟被授予优秀学员但无奖金比没有任何荣誉和奖金的显著影响因素；在专业技能方面，除和整体方面相同的七个因素外，另增加了一个教师表面合作与密切合作相比的负向显著影响因素；在专业态度方面，显著影响因素与整体效果方面的七个因素相比较，增加了教师表面合作相比密切合作的负向显著影响，但却没有师傅以公开课指导为主与日常师徒相互听课为主的负向显著影响因素。总体来看，以上具有显著性影响的七个或八个因素都分别从属于更高层次的五个维度之中，徒弟的参与意愿属于徒弟的认识观念维度，师傅的指导能力属于师傅的带教素养维度，师徒关系质量属于师徒关系维度，学校教师专业发展愿望、徒弟工作量和教师合作文化属于学校运作环境维度，而师傅以公开课为主的指导方式、指导的次数则属于师徒带教实践维度。由此，师徒制成效的主要影响因素为徒弟的认识观念、师傅的带教素养、师徒关系、学校运作环境、师傅指导实践方面。

此研究结果，与我国学者夏正江教授所提出的影响师徒制有效运作的师徒带教的概念与目标、带教者的角色定位与职责、带教导师的识别与选拔、带教关系的建立与维持、带教的主要内容领域与范围、带教的主要策略、带教导师的培训与激励。[①] 七个因素存在某些相同或一致的方面,但也有本书较为细腻的方面。

二、师徒制影响因素体现了事物发展的内外因基本原理

内因与外因是表明事物运动发展动力关系的哲学范畴。内因是事物发展变化的内部原因及矛盾,外因是事物发展变化的外部原因及矛盾。对于二者的关系,毛泽东在《矛盾论》中根据唯物辩证法对形而上学的宇宙观进行批判的同时提出了唯物辩证法的宇宙观,并对事物的内部与外部二者关系进行了阐述。"事物发展的根本原因,不是在事物的外部而是在事物的内部,在于事物内部的矛盾性。任何事物内部都有这种矛盾性,因此引起了事物的运动和发展。事物内部的这种矛盾性是事物发展的根本原因,一事物和他事物的互相联系和互相影响则是事物发展的第二位的原因。"[②]"外因是变化的条件,内因是变化的根据,外因通过内因而起作用。"[③] 由此可见,事物的发展是依靠其内外作用相互作用和影响下而行进的,既有内部根本性原因,也有外部矛盾的推动。虽然内部原因是事物变化的根本,决定着事物发展的性质和方向。但也离不开外部事物的作用,外部事物是事物发展变化的条件,能够加速或阻滞事物的发展,甚至有时会起到决定性作用。

就师徒制主要影响因素而言,徒弟的参与意愿、师傅的指导能力、师徒关系属于内部因素,学校教师专业发展愿望、徒弟工作量和教师合作文化属于外部因素。它们之间的相互运动促使师徒制正常运作。只有徒弟的参与意愿和师傅优秀的指导素养和良好的师徒关系并不能取得实效,还需要学校良好工作环境氛围的支持,才能让师傅制提升活动效率。

---

① 夏正江. 师徒制有效运作的关键要素解析[J]. 外国中小学教育. 2018(2): 54-62.
② 毛泽东. 毛泽东选集(第一卷)[M]. 北京:人民出版社,1991:301.
③ 同上,第302页.

三、师徒制影响因素体现了人作为活动主体并发挥主导作用的关键属性

首先,师徒制从运作过程来看,主要是师徒二人之间的交流与互动,因为师傅相对于徒弟而言处于知识、经验的优势,所以师傅必然在活动中处于核心地位,并发挥主导作用。由此,师傅的主导作用发挥质量就会直接影响到效果的质量。而师傅的主导作用就主要体现在与徒弟的关系处理、带教的内容与方式是否科学合理,是否遵循了师徒制的运作规律等。而这一切又都指向师傅的带教素养。其次,师徒制是一项双边活动,离不开徒弟的积极参与,如果没有徒弟的主动参与,纵然再优秀的师傅也会无能为力。由此可见,影响其效果的重要因素是以围绕师徒双方的特质内容也就非常合理。最后,学校良好运作环境是师徒制顺利开展的重要基础和条件。从现在师徒制开展的实践情况来看,领导重视、相关制度完善,管理科学的学校其师徒制能顺利、有序、高效地运行,反之,部分学校却未能给其运行提供良好的支持或缺乏良好的氛围,其运行较为艰难,甚至有的学校完全是"流于形式"。由此可见,学校的相关制度、教师的合作文化、严格科学的管理等运作环境必然会影响到师徒制的正常运作。

第四节 对师徒制成效影响最大的四因素分析

一、多元线性虚拟回归分析结果呈现

通过回归分析,不仅能发现主要影响因素,而且还能明确其各因素的影响程度。把对徒弟整体专业发展的主要七个影响因素的标准化 B 系数进行比较后发现,各因素 Beta 系数从大到小依次为,徒弟参与意愿 0.36,师傅指导能力 0.25,师徒关系质量 0.16,学校教师主动发展愿望 0.13,师傅指导次数 0.07,师傅以公开课为主指导方式 -0.04,徒弟工作量 -0.06。由此可见,Beta 系数数值排名靠前并在 0.1 以上的是徒弟参

与意愿、师傅带教能力、师徒关系和学校教师专业发展意愿四个因素，也可以说它们四个因素是对师徒制效果影响作用最大的四个因素。对于师徒制成效的影响因素中具体哪个因素的影响作用程度及它们的大小顺序，应是一个较为复杂的问题，因为各影响因素并不是独立作用，而是多种因素相互影响和作用的结果，然而，本书通过回归分析方法揭示出各因素的 Beta 系数，从其数值大小确定其影响程度也为我们开展好实践运作提供了重要的工作方向，而且其结果也与相关理论和实践情况较为一致。

二、徒弟的参与意愿是师徒制取得实效的重要前提

师徒制的实质是师傅对徒弟的帮助与指导，是一种广义的教学双边活动。正如学校教学活动一样，不只是教师一方，而且还有学生一方，教学要想取得实效，教师与学生必须都积极主动地投入，任何一方不积极或主动都不会取得实效。对于师徒制而言，徒弟如果不愿意参与其活动，而被动参加，纵然外部条件如何优越，其结果往往会收效甚微。

三、师傅指导能力是师徒制取得实效的关键

实践中，学校在师傅选择和任命的工作上都是非常认真仔细，都是尽量安排教学经验丰富、善于沟通，具有奉献精神和职责感的优秀教师，从而可以看出师傅的重要性。只有师傅具备优秀的带教能力，才能准确地发现徒弟的优点和不足，科学制订带教方案，通过各种形式的活动促进徒弟的发展，从而保证其取得良好的效果。反之，则可能是"徒有虚名"，带教如同"盲人骑瞎马"，乱指导一通，而未能取得实效，也会受到徒弟的质疑和不信任，"信其师才能信其道"，在徒弟都不信任师傅的情况下，想让徒弟获得成长与发展是不可能实现的。

四、师徒关系是师徒制取得实效的"润滑剂"

师徒关系是师傅与徒弟之间的一种心理关系，主要指师徒之间心理上的认同、相容或对立、对抗等。良好师徒关系下师傅能千方百计地带好徒弟，徒弟也能尊重、服从师傅的指导与安排，师徒双方在一种积极、

健康的情绪中共同进步与发展。同时,它是消除师徒之间某些误会或矛盾的"润滑剂",调节着师徒之间的情绪与行为。总之,师徒关系是影响师徒制实效的重要因素,那种在于表面的师徒行政关系或专业关系都只能维持师徒简单的互动,而带有私人属性的师徒关系才能促进师徒更深层次地互动学习,也才能真正取得实效。

五、学校教师的主动发展意愿是师徒制取得实效的最佳"土壤"

师徒制的运作不可能是在封闭的环境中开展,其必然受到社会、学校等环境的影响。学校教师主动发展意愿虽然不是师徒主体因素,但它却像一只无形的手在影响着师徒的心理和行动。从前面民办学校徒弟的发展优于公办学校徒弟的结果及原因分析,已经提及民办学校中的教师由于特殊的管理体制,部分教师都在主动地参与各种专业发展活动,因此对于师徒双方都是积极的正能量,反之,公办学校教师的主动发展愿望要稍弱一些,故而徒弟的发展效果便低于民办学校。另外,从学校教师专业发展氛围的影响机制来看其影响力是非常巨大的。一是学校教师的主导舆论。人的社会本质属性决定了其心理和行为要受到所处环境主导舆论的影响和支配。当学校大部分教师都积极主动地参与专业发展活动,互帮互学,其主导舆论必然是对积极的发展行为大力颂扬,而对不积极者持批评意见。反之,学校大部教师对专业发展"无动于衷",其主导舆论必然是对积极者讽刺、挖苦。二是教师的榜样示范和带动作用。在大部分教师都在主动寻求发展的学校,它给师徒提供的是随时随地可见的教师发展行为,师徒在此环境下都会潜移默化地受其影响,在他们的带动下,与其他教师一起努力学习。由此可见,学校教师专业发展氛围对于师徒制效果而言是非常重要的因素之一。

第五章 教师师徒制运作机制模型的构建

尽管当前我国师徒制的开展对于参与的师徒双方专业发展都取得了一定的成效,但综观其实施过程却仍能发现存在如"普遍缺乏明确规范、制度""师徒工作量大,交流机会较少""指导内容随意""管理缺失"等诸多现实问题①,故仍有较大的提升空间。然而,当前人们对如何提升其实效,更多是停留在根据自身实践经验或简单调查而提出一些较为笼统的建议,或者仅从简单思维出发,就某一问题进行分析和建议,而未能将问题嵌入整个系统进行思考,其结果只能是不断陷入"头痛医头""脚痛医脚"的泥藻,从而导致一方面既不能真正有效解决实际问题,另一方面也不能真正为实践一线提供科学理性的指导。

本书认为,师徒制问题解决失效的主要原因是一方面只看到问题的表面现象,未能找准其本质根源——运作机制的矛盾和冲突;另一方面是将当前师徒制的存有问题人为分割开来独立进行考量和解决,从而导致反复出现"按下葫芦又起了瓢"的困扰。进一步审视当前师徒制运作实践发现,当前师徒制存在如以上所提及的"师徒工作量未能适当降低"等问题都共同指向于当前师徒制的运作机制问题。同时,在域外西方发达国家的师徒制项目已经"制度化"或"体系化"。②由此,整体解决师徒制问题还需要从运作机制入手,从复杂性思维出发,将主要问题全盘聚焦于师徒制的整体运作机制方面进行系统考量、设计与实施,唯其如此,才是其问题解决的根本之道。

为此,本章将从提升教师师徒制作用目标出发,认真梳理对我国教

---

① 邹学红,等.北京市中小学初任教师专业成长中"师徒结对"现状调查研究[J].中国教师,2010(3):27-29.
② 黄广芳.教师教育视阈中的国外师徒制研究[J].黑龙江高教研究,2012(7):105.

师师徒制有效运作的主要因素及条件,尝试构建出一种适应我国当前教育改革背景及提升教师师徒制实效的运作机制模型,从而为全面提升教师师徒制作用提供科学的运作理论依据。

第一节 教师师徒制运作机制的内涵与结构

一、教师师徒制运作机制的内涵

科学认识和理解教师师徒制运作机制的科学含义离不开对"机制"一词的正确理解。机制一词源自希腊文 Mechane,意指机器的构造及运作或工作原理。[①] 随后,在机械学和生物学中率先引入此概念。在机械学中,机制的含义是指机械运转过程中的各个零件之间相互联系的关系及运转方式。而在生物学中,其机制的含义是指机体内各个部分、器官之间相互联系、作用和调节的方式。因此,有学者将"机制"这一概念定义为,机制是指事物内部各组成部分之间相互连接、配合、渗透、制约的方式,在一定条件下,相互自动作用、自动调节的功能和过程。[②] 以上各学科对于机制的认识或其定义主要包括以下主要内容:第一,事物内部具有相互联系或影响的主要组成部分与结构;第二,按一定方式进行活动或运动;第三,活动或运动性质取决于事物各组成要素的关系及相互作用方式。

基于以上分析,对机制的内涵可做如下三种理解。第一,机制是一种联系或作用方式,即表明事物的各组成部分是如何联系及相互作用的。第二,机制是一种自动活动过程,即表明事物在一定条件下自动进行活动。第三,机制是一种机理或原理,即表明事物运动的基本规律。

本书根据教师师徒制的特殊性质认为,教师师徒制运作机制的内涵与上面关于"机制"内涵的第一种理解更为相近,由此,将教师师徒制运作机制定义为:教师师徒制中影响师徒制活动的各要素之间的相互联

[①] 中国社会科学院语言研究所词典编辑室. 现代汉语词典[M]. 北京:商务印书馆,2000:582.
[②] 韩颂喜. 市场机制概论[M]. 济南:山东大学出版社,1997:22-24.

第五章　教师师徒制运作机制模型的构建

系或作用的制约关系及其功能,它存在于师徒制的形成与有效运作的全过程。对其内涵可从以下方面进行理解。

首先,教师师徒制运作机制的本质是其影响要素之间的相互联系与作用。从静态角度来看,主要是其影响要素或由相互联系的要素构成的各个系统。从动态角度来看,主要是其影响要素或系统之间的影响或运动。

其次,教师师徒制的主要影响要素或系统的缺失或功能异化,都将直接影响其有效的运行。

最后,其影响要素或系统之间的联系或制约程度或性质不同,就会形成了正向和反向功能或作用。也可以说,良好的运作机制能促进师徒制的良好运作并取得实效,反之会严重制约其顺利运行及收效甚微。

二、教师师徒制运作机制的基本结构

如欲了解教师师徒制运作机制的基本结构,从教师师徒制运作机制的内涵可知,需要明确教师师徒制运作主要存在哪些重要影响要素。从师徒制的实质来看,它属于一种教育现象,而教师现象或活动的主要结构为三个方面:教育者、受教育者、教育媒体。而把师徒制作为一种教学活动系统来看,其主要结构为教学目标、教学内容、教学方法、教学评价、教学环境五个要素。针对教师师徒制运作主要影响要素的探究,有学者认为,师徒带教的概念与目标、带教者的角色定位与职责、导师的识别选拔、带教关系的建立与维持、带教内容的范围与维持、带教的主要策略、带教导师的培训与激励是师徒制有效运作的关键要素。[1] 还有学者认为,学校教师合作文化要素对于师徒制有效运作较为重要。[2] 另有学者从师徒制运作的程序或环节出发认为,师徒制运作主要由师傅的任命与培训、师徒关系的建立、带教计划的制订、带教内容与方式的确立、带教活动的评价要素组成。[3]

通过对以上内容分析和归纳的基础,可将教师师徒制运作的主要影

---

[1] 夏正江.师徒制有效运作的关键要素解析[J].外国中小学教育,2018(2):54-62.
[2] 赵昌木.创建合作教师文化:师徒教师教育模式的运作与实施[J].教师教育研究,2004(4):48-49.
[3] 胡惠闵,王建军.教师专业发展[M].上海:华东师范大学出版社,2014:210-220.

响要素归纳为主体性要素、客体性要素和辅助性要素。主体性要素是指教师师徒制的直接参与者,主要包括师傅教师、徒弟教师、学校领导及相关管理人员。客体性要素主要指与师徒制活动有关的各种信息。主要包括国家教师专业标准、师徒带教协议、国家及学校出台的相关政策等。辅助性要素是指师徒制活动顺利开展的时空氛围和物质设备保障,包括必要的空间、时间、经费和设备等,它是确保师徒制顺利开展的必要基础性条件。

然而,仔细分析其三个要素后发现存在两个方面的问题。一方面是从每一种要素与师徒制的实际运作情况来看,显得较为静态化,并不能显示出各要素之间的复杂影响情况及态势。另一方面是各要素之中的具体内容与其他要素之间的内容并不是独立存在,而相互紧密联系在一起的相关内容。由此,笔者根据教师师徒制的特殊性认为,首先,教师师徒制的根本或关键是师徒之间的互动学习,然而其活动并不是漫无目的的行动,必然是为实现一定的目标;其次,教师师徒制在还未实现全面制度化的条件下,学校的支持与保障措施就显得更为必要与迫切;最后,师徒制的各种影响要素并不是单一或独立地对师徒制运作施加影响,而是某些相互紧密联系的要素结合在一起,形成一个相对独立的系统并与其他系统共同作用,使其运作。

鉴于以上的分析,影响教师师徒制正常运作的是由具有紧密联系或相关的要素构成的目标、互动、支持三个系统。具体每一系统中包括哪些要素或内容?为什么需要具备这些要素呢?它们之间又如何进行联系呢?笔者认为,这些问题的回答需要借助教师专业发展及相关理论成果来进行分析。

第二节 基于师徒制功能的目标系统

教师师徒制运作的目标是指通过师徒制活动的开展而预期实现的结果,主要体现在希望各参与主体发生积极的变化或改变方面。教师师徒制作为一种教育现象,其实践的开展及运作并不是漫无目的的,它的

第五章　教师师徒制运作机制模型的构建

运作总是要达到或实现一定的目标,尽管可能这些目标中有些是显见的,有些则是隐性的。但它对师徒制运作具有重要的意义,因为它是师徒制运作的出发点和最终归宿。它的存在决定了师徒制运作的内容、途径与方法,而且还是其质量与效率评价的重要依据。由此可见,师徒制的运作目标是其活动结构要素中一项重要的内容,对师徒制的有效运作直接产生重要的影响。

究竟教师师徒制运作的目标有哪些? 则需要从师徒制的特殊本质和目标的内涵、主要参与主体、其发挥的最大功能与作用等因素全盘考量,既不能将其局限于某一对象之上,也不能任意扩大其范围。

首先,从教师师徒制的本质来看,它是一种由成熟者作为师傅促进徒弟(相对不成熟者)教师专业发展的方式,故而确定徒弟教师的成长理应是其重要目标。

其次,从教师师徒制主要参与主体来看,学校作为师徒制的发起和组织者,它组织开展师徒制必然是要维护正常教学水平,提升学校竞争力。这也体现了师徒制为什么能迅速得以开展和学校层面制度化的动因。但随着教师专业发展理论的发展,人们已经认识到师徒制运作实施理应是师徒互动的过程,师傅也会受到相应影响,从而使师傅教师的发展目标也应受到关注。

最后,以上尽管确定了师傅运作的三个主体目标,但每一主体之下的具体目标内容又有所不同。如徒弟教师目标和师傅教师的目标虽然都是专业发展,但两者所处阶段不同,存在不同的需求,故具有差异性。而且,师徒制除专业促进功能外,还有众多的衍生或附带功能,这些内容一来不能忽视,二来其三者之间的内容也有所不同。由此,更增加了目标的复杂性和层次性。

基于以上分析,笔者认为教师师徒制的运作目标并不是一种水平之上的简单几项内容,而是一个由不同参与主体目标及其他们所属的二级目标构成的一个相对独立的目标系统。在这个系统中它们相互影响、相互促进,甚至相互制约。具体参与三方主体的目标如下。

一、徒弟教师的发展目标

通过师徒制让徒弟教师在成熟教师指导或帮助下获得成长是师徒制最为直接和显性的目标。然而,师徒制对徒弟教师的作用或功能不仅只局限于专业的发展,其专业发展之外还有一些重要的附属功能,这些功能在师徒制运作目标中也应纳入其中。对这一现象,美国学者克莱姆从职业领域中新手角度将师徒制功能总结为两个方面:一是职业发展,主要指为新手或徒弟提供辅导和保护,提高了新手的可见度;二是心理支持,主要指向提升徒弟的自信、自我同一性和自我效能感。[1] 随后,默茨认为此种总结存在一定的不足,专业发展只关注徒弟的当前发展,而忽视了徒弟的未来及长远的发展,由此他认为师徒制的功能还应增加职业晋升这一方面的内容,从而将师徒制功能确定为心理支持、专业发展、职业晋升三大方面。[2]

另外,从美国教师师徒制的发展历史过程来看,其最早开展的教师师徒制主要是以促进徒弟教师的心理适应能力为目标,随后在教育改革的新形势下才以教师专业能力提升为主要目标。如冈瑟认为,美国的教师师徒制出现于20世纪60至70年代,当时的师徒制"直觉性"关注两个方面:一是给徒弟教师提供支持和鼓励,帮助他们顺利度过痛苦的入职初期生存阶段;二是帮助徒弟教师熟悉并适应学校生活及规则。但是因为没有明确要求指导目标指向高效的教学,所以师傅对徒弟的指导主要依靠自身的经验。利特尔也把师徒制分为社会支持型和专业支持型两种类型,并认为社会支持型师徒制关注的是对徒弟教师心理和情感上的帮助及支持;而专业型师徒制关注的则是提升徒弟教师的知识、改进其教学实践。利特尔还进一步指出,企业师徒制更强调徒弟或新人的职业发展。而教师师徒制则更关注的是对徒弟专业的心理支持,而不是专业发展。[3]

以上两位学者的阐述可见,美国教育领域的师徒制源于20世纪60年代,但当时师徒关系较为松散,指导目标更关注给徒弟教师社会性心理支持,帮助他们顺利渡过"生存期",尽快适应教育实践工作。随后,在20世纪90年代,教育改革的目标明确指向了学生学业成绩的提升,对教师的培养和质量评估也越发重视"学生的学业成绩",并把它作为

---

[1] Kram, K. Mentoring at work developmental relationships in organizational life[M]. Glenview, Ⅲ: scott Foresman, 1985: 215.
[2] Mertz, N. T. Whats a Mentor, Anyway?[J]. Educational Administration Quarterly, 2004, 40(4): 541-560.
[3] Little. J. W. The Mentor Phenomenon and the social Organization of Teaching[J].Review of Research in Education, 1990(16): 297-351.

评估师徒制项目的重要指标之一。[①] 由此,相应的这一时期的师徒制工作或关注重点不再是对徒弟教师的心理支持,而是更关注徒弟教师的专业能力提升。

笔者根据以上两位学者认识,将徒弟教师发展目标确定为以下心理支持、专业适应、专业晋升三个维度。

(一)心理支持维度

1.维护教育热情

教育热情是指教育工作者对教育工作所具有的非常喜爱或浓厚兴趣的内心体验。它是教育工作者做好教育工作的重要动力来源。从已有研究文献发现,人们普遍关注青年教师的困难及心理困惑,却忽视了青年教师的心理特征的积极方面,特别对教育充满着满腔激情。青年教师和其他职业新人一样在入职初期都普遍怀着一种美好的职业期望,对自己从事的职业满怀希望和热情,工作都较为积极主动,充满活力。如有学者认为青年教师的心理发展主要经历教育热情和职业适应困惑两个阶段。[②] 然而,在现实中部分青年教师随着教龄的增长,教育热情却逐渐减弱,甚至难寻踪迹。其原因虽然有教师所处复杂环境的影响,但入职初期缺少相应的引导和持续激励也是重要因素。另外,作为徒弟时的教育热情也是他们努力学习、提升专业能力的重要基础。由此,师徒制运作应有意识地把维护徒弟教师们所具有的强烈、单纯的教育热情作为心理支持的重要目标。

2.促进职业角色与学校文化适应

青年教师的心理困扰一直是国内外学者普遍关注的问题。从教师职业特点来看,青年教师与其他阶段教师相比遇到的困难相对较多。一方面初任教师需要尽快实现从"学生"向"教师"角色的转变;另一方面是青年教师需要尽快适应学校及当地文化环境。20世纪80年代,学者Veerman通过对世界各国的83份实证研究总结出初任教师面临的

---

① 谢赛.美国教师教育问题问责制的两次转型[J].清华大学教育研究,2011(2):89-93.
② 张晓芹.初任教师的心理发展及其培养策略[J].中国校外教育,2015(20):58.

如学生课堂纪律维护、学生学习动机的激发、处理不同文化和不利背景学生等24个问题。① 我国王小棉老师则通过对广东等地的青年教师问卷调查发现,其主要问题为处理与家长及校外关系问题、处理教学过程中学生方面的问题、处理师生关系问题。② 由此可见,青年教师在入职阶段角色适应与学校文化适应问题是其心理困扰的重要因素,作为承担帮助任务的师徒制理应把帮助徒弟尽快适应教师角色和学校制度及人际关系氛围作为重要目标。

3. 提升自我效能感、建立职业自信

自我效能感是班杜拉在社会学习理论中提出的概念,其主要是指个人对是否能完成某项任务的主观判断。如果个体的自我效能感强,那他在面临任务时较为自信、积极和主动,反之则缺乏自信,畏难情绪突出,行动迟缓。所以,青年教师在工作之初具备良好自信和自我效能感不仅有助于当前的工作任务的顺利完成,而且还影响到今后工作及其职业生涯的动力强度。根据相关调查显示,当前中小学青年教师的个人生存压力主要来自工作负荷、职业期望和考试压力三个方面。③ 这些压力在日常工作中就让其处于紧张、焦虑的负面情绪状态之下,当遭遇某个事件的挫折后,就容易产生缺乏工作自信,降低自我效能感,甚至出现职业选择正确性怀疑。为此,师徒制让青年教师徒弟提升自我效能感、树立职业自信显得十分必要。

(二)专业适应维度

专业适应目标主要关注徒弟教师当前所处位置的专业发展需要,它是为徒弟今后专业进一步发展打好基础的重要前提,也是开展师徒制活动的重要动因。通过师徒制活动让徒弟教师的专业适应目标从教师专业发展素养结构及教育实践考量,主要有以下几个方面。

---

① Veerman, S. Perceived problems of beginning teachers[J]. Review of Educational Research, 1984(54): 143-178.
② 王小棉. 新教师入职初期所遇困难的研究——兼析传统师范教育的缺陷[J]. 上海教育科研, 1999(4): 34-36.
③ 朱博. 新入职中小学教师职业压力、心理资本与工作投入的关系研究[D]. 合肥:安徽师范大学, 2016: 14.

1. 具备独立开展教学基本环节的各项知识与技能

教学工作是学校工作的根本任务,大量的实践表明,徒弟教师的困惑和压力也主要来自教学,如教学重点、难点的把握与突破、组织教学、评价学生作业等,究其原因主要有,部分青年徒弟教师不仅缺乏基本的专业知识,如学生心理特征、学科教材教法知识,还缺乏基本的教学能力(教学设计、教学组织、语言表达等)。由此,师徒制促进徒弟教师专业发展的首要目标就旨在掌握教学各环节的基本知识与技能,从而能够独立圆满完成教学任务,适应学校教学工作的环境与基本要求。教学工作基本环节是指备课、上课、课外作业的布置与评改、课外辅导、学生学业成绩的考核与评定五个方面。这五个方面的技能中虽然上课是中心环节,但其他方面都是上课的准备或延续或补充,需要系统化地学习才能得以实现。

2. 初步形成教学经验总结与反思的习惯

徒弟教师的适应性专业发展目标不能仅局限于基本教学知识与技能的掌握,还需要具备良好的专业能力。然而,教育专业能力的提高除了自身的先天条件外,更多是需要在教育实践中锻炼或者练习而成,但是在实践锻炼中要坚持正确的方向或路径,想教育专业能力提升则离不开科学的学习方法。1989年波斯纳(Posner)提出了"经验+反思=成长"的教师发展公式,表明了教师的专业成长需要持续地反思自己的教学经验,没有经过反思的经验是狭隘的经验,至多只能是肤浅的知识。[①] 由此可见,教师在经验中学习、在反思中成长是促进教师能力提升的重要方法。首先,教师的教育实践经验是先进教育理论形成的重要条件。高质量的教学需要先进与科学的教育理论作为指导,但任何先进的教育理论只有与具体的教育情境和教师的个人经验结合起来,才能发挥出其实效。也可以说,教师的经验是先进教育理论转化为实际教育能力的重要基础,教师在经验总结中既能看到优点,也能发现不足,这样就能找到理论与实践的结合点和理论对问题解决的价值,从而顺利接受新的先进理论,提升教育能力。其次,教学反思能提升需要应对复杂多变的教育

---

① 傅建明.教师专业发展——途径与方法[M].上海:华东师范大学出版社,2007:125.

问题。教学反思是教师以自身的教育教学活动为对象,对自身的教学设计、实施及结果进行审视和分析的过程。教师的反思习惯与能力的形成有利于面对复杂多变的教育现象,因为反思的过程就是一种教育工作批判的过程,是引导教师打破传统思维并形成创新精神的过程。由此,教师教学反思的习惯与能力是教师专业素养的重要内容。最后,部分徒弟教师还缺乏教学总结与反思的习惯与能力。一方面,徒弟教师只是盲目地向外获取知识与技能。另一方面,部分徒弟教师认为教学总结与反思浪费时间或加重自身工作负担,对学校安排的此项任务采取应付态度,致使此方法并未取得实效。为此,让徒弟教师初步形成教学总结与反思的习惯是师徒制对徒弟教师的重要目标之一。

3. 引导徒弟教师提高自身专业素养的使命感

提高自身专业素养的使命感是指教师能把提升自身专业素养与国家提高教师队伍整体专业化水平,实现高质量发展,真正完成立德树人根本任务,培养德、智、体等方面全面发展的社会主义事业建设者与接班人的历史任务联系起来,视自身的专业发展是当代国家赋予自身的重大职责。教师只有具有了这种使命感,才能更加自觉自为地努力学习,克服各种困难与阻碍,放弃个人更多的利益追求,让专业发展的任务持续教师的整个职业生涯。教师具有此种使命感不是自然而生,需要多方正确引导,特别是青年时期的科学的教育观、人生观、价值观内容是重要的基石和根源。然而,在当前教师集体中,特别是部分青年教师的生活是多元化的,自己既可以努力学习与发展成为专家型教师,也可选择做一名平常普通的教师,这是自己的自由,别人无权干涉,并未自觉把自身的专业发展与国家前途命运联系起来。由此,师徒制引导青年徒弟教师自觉生成专业发展的使命感是其重要的目标之一。

(三)专业晋升维度

徒弟教师的专业晋升目标与适应目标相比更关注将来更高层次发展的基础要素,也可以说适应目标是一种近景性目标,而专业晋升目标是一种远景性目标或为实现远景性目标需要具备的基础素养。本书根据当前徒弟教师以青年教师为主的实际情况,主要考虑为实现远景性目标打下坚实基础为出发点,认为专业晋升的目标不是在于知识与技能数量上的增加,而应具备像专家型教师一样对复杂教育问题的敏锐觉察力和问题解决的有效办法等核心素养,由此提出以下三点专业晋升目标。

1. 具有强烈的问题意识

教师的问题意识是指教师在教育工作中能够有意识地寻找并发现隐藏在教育现象内部的矛盾或冲突的一种思维习惯。问题意识是作为专家型教师共有的专业素养,因为作为专家型教师需要具备教育科学研究的能力,而发现问题是科学研究的首要环节。如果教师缺乏问题意识或对教育问题缺乏敏感性,那要真正发展成为一名专家型教师就至少缺乏某种重要的条件。也可以说,教师如果缺乏强烈的问题意识,那可能他的职业终身只能是做一名辛勤的"教书匠",却不易发展成为一名优秀的专家型教师。由此,师徒制活动中师傅应有意识地把培养徒弟教师形成初步问题意识作为一个重要的专业晋升目标。

2. 养成经验概括与抽象的思维习惯,初步形成个人教育观点或理论

专家型教师与普通教师相比较有一个重要的区别在于普通教师缺乏属于自己的个人教育观点或理论,而专家型教师在这一方面却较为突出。形成此种差异的主要原因有二:一是中小学教师普遍存在认为教育理论是高校教师或教育学家的职责,与自己无关;二是缺乏教育理论的重要来源对教育实践经验的高度概括与抽象的思维习惯。由此,普通教师要发展成为专家型教师就需要在转变观念的同时在教育实践中养成对自身成功经验进行概括与抽象的思维习惯,从而总结出个人的教育观点或理论。鉴于此,师徒制中师徒应有意识地引导徒弟对实践中点滴成功经验进行概括与抽象,大胆地表达自己的教育主张或观点来作为其专业晋升的重要目标。

3. 初步形成专业自主精神

教师专业自主精神是指在某种科学教育理念影响下,不受外在影响,能独立进行思考并形成符合自我特长与个性的教学理念与风格的理想追求。当前我国教育中小学校同质化、教学模式统一化问题充分暴露或反映出教师缺乏自主、独立的教育精神。从更深更远的视角来看,21世纪初的"钱学森之问"的问题根源之一也正是教师普遍缺乏自主、独立的精神,导致学生缺乏独立批判精神与能力。教师具备独立、自主

精神存在许多条件,但在入职初的青年时期是关键时期,由此,在刚入职时有意识地塑造自己这一方面的特质就显得尤其重要和迫切。然而,青年教师的独立精神在入职时更多因为学校的教学常规或标准化的教学模式以及封闭式地向师傅或优秀教师学习而导致独立精神的逐渐缺失。为此,我国有学者就提出师徒制中应避免师徒教学风格一致性的问题[1],其初衷也是为了让徒弟教师具有独立教育精神、具有自身的教育风格。1990年"美国教师教育工作者协会"举办年会专题讨论师徒制中师徒的角色与准备问题。会后总结并形成了大家公认的、师徒制有效运作的十条基本原理,其中第四条就明确提出,"带教应有助于学徒走向独立、自主"[2]。由此可见,培养徒弟教师的独立性、自主性,是一位国际学者普遍公认的师徒制运作目标。

表 5-1 徒弟教师的目标结构

目标维度	主要内容	主要依据
心理支持目标	维护教育激情 促进角色适应 提升自我效能感	教师发展阶段理论 国外的相关经验
专业适应目标	1. 具备独立开展教学各环节工作的基本知识与技能 2. 初步形成教学总结与反思习惯 3. 引导树立自觉提高专业素养的使命感	2012年教育部出台的《小学教师专业标准(试行)》《中学教师专业标准(试行)》
职业晋升目标	1. 具备强烈的问题意识 2. 养成经验概括与抽象的思维习惯,初步形成个人教育观点或理论 3. 养成专业自主精神	专家型教师的重要特征

综上所述,教师师徒制中徒弟教师的预期目标内容与结构如表 5-1 所示,主要由心理支持、专业发展和专业晋升目标所构成,但需要注意的是其三者的内容并不是截然分开的独立存在,它们之间是相互促进、相互渗透的关系,在实践中也不能人为地单独进行引导与训练,而应系统性、整体性地安排相关互动内容来使三方面目标得以全面实现。

---

[1] 张博伟,吕立杰.教师培养师徒制教学风格一致性问题研究[J].黑龙江高教研究,2013(3):92-94.
[2] Theresa M. Bey & C. Thomas Holmes, Mentoring: Contemporary Principles and Issues[M]. New York: Association of Teacher Educators, 1992: 5.

二、师傅教师的发展目标

在教师专业发展理念的影响下,师徒制不仅只是促进徒弟教师的专业发展,也能促进师傅教师的专业发展,对这一理念人们已经达成了共识,但师傅教师在师徒制中的专业发展目标如何确定仍是一个需要研究的问题。笔者拟从国内外学者就师徒制中对师傅的作用功能认识为依据,结合教师发展阶段理论中对成熟教师状况及师徒制实践运作情况,来确定师徒制中师傅教师的专业发展目标。

国内学者关于师徒制对师傅教师的作用主要集中在师傅提高了工作责任意识和主动性、扩展了知识结构和提高了教学反思能力[①],国外学者在师徒制功能研究中也给予了师傅教师相应的关注。如麦克吉姆(J. McKimm)等人认为,师徒制对师傅教师的帮助主要是:增强了他们的学习意识;提高了他们应对挑战与反思的能力;提高了他们组织、领导和人际交往的能力;提升了他们在组织中的地位,获得了更多晋升的机会;提升了教育职业的满意度。[②]霍布森等人在对大量师傅教师的自述内容研究后发现,师徒制活动让师傅教师在与徒弟和其他参与教师互动学习中,提高了对教学实践自我反思与批判性反思的能力;获得了"新的观点"和"新的视角";提升了人际交往能力、合作能力;有助于其克服自己工作中的孤独感。[③]由此从国内外学者的研究成果来看,其关键词更多集中在心理及专业发展内容方面。另外,考虑到师傅教师已经经历或度过了职业初期的适应阶段,所以笔者不再对专业发展目标像徒弟教师一样进行适应目标和晋升目标的划分,而只是设计一项专业发展目标,此目标更多将师傅专业素养现时不足与未来发展的要求相结合进行设计。有鉴于此,笔者将师徒制运作中的师傅目标确定为心理支持、专业发展两个方面。

---

① 胡伊淇. 师徒结对"师傅专业成长的新途径[J]. 幼儿教育, 2008(12): 38.
② McKimm. J., Jollie, C. & Hatter. M. Mentoring: Theory and practice [DB/OL], 2007-3.
③ Hobson, A. J., Ashby, P., Malderez, A., Tomlinson P. D. Mentoring beginning teachers: What we know and what we don't[J]. Teaching and Teacher Education, 2009(25): 207-216.

（一）师傅教师的心理支持目标

师徒制中的师傅教师因为具有成熟或优秀的教育经验,一般而言其年龄在 35～45 岁,教龄以 10～25 年者居多,据笔者前期的调查显示:他们都经历了教育发展的适应期和快速发展期,而进入了相对停滞和退缩时期。[①] 有调查显示,36～45 岁年龄和 9～24 年教龄段的教师教学技能自我评价最高,随后随着年龄和教龄的增加而有所减弱。[②] 由此可见,众多教师在这一时期其教学技能已经达到一定水平,出现了难以继续提高甚至退缩的"高原现象"。处于此阶段的教师在心理方面出现了相应的适应性困惑,主要表现在专业角色模糊、出现职业倦怠感、经常抱怨等问题。由此,师徒制对师傅教师的心理支持目标需要从以下方面来设计和确定。

1. 正确认识自我,明晰专业角色

正确认识自我,明晰专业角色的目标是指师傅教师通过与徒弟的交往与互动,促进其全面地了解自己,从而使自己由模糊、单一的专业角色恢复到清晰、全面的专业角色状态。如上所述,由于部分师傅处于职业发展的停滞阶段,其承担的多种角色能力开始出现下降,如果长时发展下去,就会导致角色模糊甚至放弃部分角色责任。另外,主要的原因是这一时期教师缺乏清晰的自我意识,有研究表明:当教师的自我意识低时,对严格的角色要求,能够服从其规范,而对较松散的角色规范则缺乏约束力。[③] 而师徒制的特点决定了师傅与徒弟互动交往中不仅促进其了解自己的优点与不足,而且扩展了自己的角色,提升了自尊感及自我意识水平。由此,提升师傅教师的自我意识,恢复清晰的角色职责是师徒制运作的一个重要目标。

2. 提升职业满意度,克服职业倦怠

提升职业满意度,克服职业倦怠的目标是指通过师徒制有意识地运作,让师傅教师提升职业满意度和幸福感,从而有效地克服职业中倦怠

[①] 赵昌木.教师专业发展[M].济南:山东人民出版社,2011:59-83.
[②] 丁钢.中国中小学教师专业发展状况调查与政策分析报告[M].上海:华东师范大学出版社,2010:136.
[③] 吴康宁.课堂教学社会学[M].南京:南京师范大学出版社,1999:79-80.

期,更加努力地参与学习与工作。为何设立此项目标内容,首先,职业满意度降低和职业倦怠是师傅教师们普遍存在的心理困扰,需要对其帮助克服。有相关调查表明:我国 36～45 岁教师的社会地位、社会尊重满意度最低,55 岁以上教师的同事关系、与学生关系满意度最低,小学、初中、高中教师工作满意度随学段升高而降低。[①] 同时,我国许多师傅教师由于承担着重要教学任务,工作压力大,加之其他外在因素,"厌教"情绪严重,普遍出现职业倦怠感消极情绪。其次,从师徒制运作的实践影响来看,它给予了师傅教师新的任务,提供了新的刺激任务,调动了潜力。最后,徒弟的成功促进了职业满意度和消除职业倦怠。

3. 消除孤独感,助力自身社会化更新

社会化是指个体从出生后的自然人经过社会学习与实践成为适应社会生活、蜕变为社会人的过程。部分师傅教师因处于职业停滞或退缩阶段,出现了许多与社会环境不协调的态度与行为,严重地影响其正常的判断和工作。由此,消除孤独感,助力其社会化更新目标是指通过师徒制的运作让师傅克服职业孤独,让其自身的行为与社会要求一致,实现社会化更新。首先,教师工作从总体来看是一种集体劳动,但实践上是由教师单独或独立进行教学工作,长此以往,教师会容易产生一种职业孤独感,并且在行为上喜欢独立独行、沉默少语。甚至一些教师还习惯抱怨,消极抵抗改革,时常无故批评指责学生、领导和表现优秀的青年教师。这些行为表现已经充分表明其社会化问题,所以需要进行新的社会化。其次,国内外师徒制运作实践表明,师徒制对于消除教师职业孤独感,实现社会化更新具有重要的作用。具体而言,师傅承担了带教任务,客观上促进了与徒弟的交流与互动,从而直接避免了孤独,另外与徒弟相处能增强与人交往的能力,理解了徒弟教师们的困难,认识到教育改革的必要性等。总之,师徒互动为实现其社会化更新提供了重要的机遇或载体。由此,师徒制运作需要将此作为有意识的目标之一。

由此可见,师傅教师客观存在的职业倦怠与满意度问题等与师徒制的运作是紧密联系或相关的,为此,有意识地把解决师傅心理常见困扰,提升师傅心理素养水平作为一项重要目标,不仅是师徒制运作的应

[①] 丁钢.中国中小学教师专业发展状况调查与政策分析报告[M].上海:华东师范大学出版社,2010:220-225.

有之义,也是提升师徒制运作实施的价值。

(二)师傅教师的专业发展目标

1. 实现专业理想的重构

师傅教师的专业理想重构目标是指通过师徒制的运作让师傅教师们普遍放弃的专业理想重新建立起来。确立此目标的原因主要是:第一,部分师傅教师的专业理想较为淡薄甚至丢失。大量实践表明:部分教师工作多年之后,由于职业倦怠以及相对"清贫"的生活现状,从而对自身师范毕业时树立的专业理想、信念产生怀疑,常常会对自己问道:"我就在此度过余生吗?"或"我当初教师职业并自愿为此付出一生的理想是不是'太傻'或'意气用事'?在此种心态下逐渐放弃当时的职业理想和信念,而过上"吃老本"的职业生活。第二,师徒制的运作对师傅教师的此种问题解决具有针对性和有效性。实践表明,师傅在指导徒弟时,看到了青年徒弟努力学习提升自己的精神和行为也会受到刺激或影响,从而进一步强化自身对教育重要性及价值的认识,恢复或重构青年时期对教育职业的理想。由此,师徒制运作应有意识地加强对师傅教师专业理想的强化或恢复工作,并作为重要目标之一。

2. 促进实现教育隐性知识的显性化

促进实现师傅教师隐性知识的显性化目标是指通过师徒制的运作,特别是师徒互动,有意识地将师傅多年积累的隐性知识用语言或行业清晰地外显出来。人们在对知识及知识转移的研究中发现知识的性质影响着知识转移的效果,所以逐渐开始关注隐性知识。波兰尼认为,人类的知识有两种:通常被描述为知识的,即以书面文字、图表和数学公式加以表述的,只是一种类型的知识,而未被表述的知识,像我们在做某事的行动中所拥有的知识,是另一种知识。如果我们将前一种知识称为"显性知识"的话,那么我们就可将后一种知识称为"隐性知识"。[1] 心理学家斯滕伯格认为隐性知识是以行动为导向的程序性知识。[2] 随后有学者认为隐性知识的传递需要将其外显化是实现有效传递和转移的重

---

[1] Micheal Polany. Study of man[M]. chicago: the university of press, 1958: 91-92.
[2] 石瑞. 教师隐性知识的生成与表达研究[D]. 开封:河南大学,2014:4.

要条件。

确立此项目标主要因为,首先,师傅教师个人隐性知识的外显,不仅有利于师傅个人教育理论的形成,而且有利于老教师优秀教育经验的传承。其次,师徒制运作中师傅为了能指导徒弟,必然会对自己的成功实践经验也即隐性知识通过形象的语言和丰富的肢体运作等方式外显化,才能让徒弟更好地在接受和理解的基础上进行有效的模仿。也可以说,师徒制让师傅自己也说不清楚的实践经验得以了外显化。由此,师徒制的运作需要关注这项特殊的功能,让其成为重要的目标。

3. 促进个人教育智慧的生成

教育智慧是指教师具体在教育情境中,基于教育教学工作基本规律、创造性驾驭以及灵活机智应对各种问题的综合能力。将其确定为师徒制运作对师傅教师有意识地促进目标是因为,首先,它是成熟教师必备与可持续发展的关键素养。大量实践表明,教师只具备强烈的教育动机和普通的专业知识是不能有效完成教育任务的,还需要具备良好的教育实践智慧素养。其次,师徒制方式能有效促进师傅教师实践智慧的生成及丰富。一般而言,教师个体教育智慧的养成主要来源于以下几点。第一,对教育理论及实践知识的系统掌握。知识虽然不同于智慧,但"知而达智,智达高远",就充分表明了知识与智慧的关系。第二,教学反思。加拿大学者马克斯·范梅南(Max van Manen)认为,"反思含有对行动方案通过深思熟虑来选择和做出抉择的意味"。[1] 教师通过教学反思对教学实践进行重新审视,认识自己的不足,质疑自己教学行为的合理性,从而在个体经验之上生成实践智慧。第三,与周围人员的合作。教师通过与人合作建立起和谐的关系,然后就能实现主体间的交流与互动,才能提升对教育的理解和新的认识,也能集中更多人的智慧力量,生成教育"大智慧"。从以上三种途径来看,师徒制对师傅的教育智慧生成都能起到相应的促进或支持作用。师傅为更好地指导徒弟必须努力学习现代教育理论与实践知识;同时,为了向徒弟提供教学改进的有效建议也需要不断对自己的教学进行反思。另外,在与徒弟的互动合作中徒弟的一些新思路和新方法也会给自己带来更多的思考,进而促使

---

[1] 马克斯·范梅南. 教学机智——教育智慧的意蕴[M]. 李树英,译. 北京:教育科学出版社,2001:131.

自己提升处理问题的能力。由此,师徒制运作对师傅的促进目标需要把提升其教育实践智慧作为一项重要内容。师傅教师的目标结构可详见下表5-2。

表5-2 师傅教师的目标结构

目标类别	主要内容	主要依据
心理支持目标	1. 正确认识自我 2. 克服职业倦怠 3. 促进社会化更新	教师发展阶段理论 教育实践对教师的心理要求 国内外师徒制实践
专业发展目标	1. 促进专业理想的恢复与重构 2. 促进实现教育隐性知识的显性化 3. 促进个人教育智慧的生成	教师发展阶段理论 教育实践要求对成熟教师的专业要求 国内外师徒制实践

三、学校组织的发展目标

传统师徒制的运作更多是基于徒弟教师的成长或师傅教师的专业发展,但随着中小学规模的扩大,大量新教师进入以及部分青年骨干教师的流动,促使学校加强了对师徒制的重视及组织工作,从而使师徒制运作的学校目标外显化。另外,对于师徒制对学校的作用,人们在认识上更多把这看作是师徒制的延伸或扩展,但从学校的现实需要来看,师傅教师向徒弟所传授的内容更多是学校所要求或提倡的教学模式与方法,是学校所认可的能提升学校竞争力的方面。由此可见,师徒制在学校层面制度化下学校的利益诉求内容也更为浓厚和突出。为此,师徒制的运行也需要有意识地确立学校目标,以便更好地设计指导的内容并制定相应的策略。如何确立师徒制运作对学校的发展目标,前人对其认识成果为我们提供了具体的方向。如学者麦克吉姆认为师徒制对学校的作用有:拓展了组织机构实现自己近期目标的机会、策略或能力,组建了相互信任的工作团体,创建了合作性的组织文化等。[①] 霍布森则认为师徒制活动降低了教师的离职率,促进了学校的教育改革等。[②] 我国著

---

① McKimm. J., Jollie, C. And Hatter. M. Mentoring: Theory and practice [DB/OL].2007-3.
② Hobson, A. J., Ashby, P., Malderez, A., Tomlinson P. D. Mentoring beginning teachers: What we know and what we don't[J].Teaching and Teacher Education, 2009(25): 207-216.

第五章 教师师徒制运作机制模型的构建

名学者陈桂生也认为,师徒制有利于学校优秀文化的传承。[①] 由此可见,师徒制的运作对学校的稳定与发展具有重要的影响,笔者以前人的理论认识为指导并根据当前学校的现实需要出发,将师徒制运作的学校发展目标由近及远确定为以下三个方面。

(一)近景目标:维持正常的教学运转和保证教学质量

维持学校正常教学运转和保证教学质量作为师徒制运作的近景目标是当前诸多中小学校面临的迫切需求。教学是学校的根本任务,学校必须以教学工作为主是学校运作的基本规律。然而,学校教学工作的正常运行需要一定数量和合格的师资队伍。从笔者对一些中小学的初期来看,一些学校因发展需要或正常的人员补充而公开招聘和录用了一批急需的教师,这些新录用教师虽然经过了一定的考核程序,但长期以来由于我国职前师范教育师范生教育经验缺乏的"短板"在工作之初便突显出来,无法保证教学质量。由此,学校充分调动和利用学校教育资源,发挥老教师帮带作用,组织师徒制活动,力求让新教师尽快适应工作环境,能独立地承担并圆满完成相应的教学任务。据笔者对某学校负责人问及"你们学校是否开展了师徒制活动的问题"时,他回答说道:"我校开展师徒结对活动已经多年了,刚入校的青年教师如果没有师傅的引领和帮助,根本上不了课。"

(二)中期目标:形成积极的教师专业发展氛围

通过师徒制的运作,让学校形成一种积极的教师专业发展氛围,作为学校中期发展目标,也是学校破解教师专业发展主动性不足顽疾的必然选择。

教师专业发展的重要性及必要性对于每一位教师而言已经有了深刻的认识和理解。但从实践的情境来看,众多教师的专业发展动力或主动性并不十分强烈。究其原因,除了教师当前工作任务重、压力大的客观因素和主观因素外,关键是学校缺乏一种集体发展的愿望和行动,综合起来分析,也就是缺少一种氛围。没有了氛围的影响,教师就缺少一种模仿的对象,缺少一种潜移默化的行动自觉,也就是一种巨大的吸引力量。这也是当前众多学校领导在大会或小会上吼破嗓子,却收效甚微

[①] 陈桂生.且说初任教师入职辅导中的"师徒制"[J].湖南师范大学教育科学学报,2006(5):38-40.

的主要原因之一。作为学校管理者也发现了问题的"病灶",也通过各种显性与隐性的办法来营造此种氛围。师徒制的运作实践已经充分表明,它不仅从结果上促进了师徒的专业发展,而且还在形式上体现出了一种教师之间的合作性发展、竞争性发展。另从外显形式来看,师徒制首先表现的是徒弟积极地向师傅学习的专业发展行为,与此同时,也带动了师傅教师群体的专业学习行动,随着师徒制规模的扩大,师徒群体也随之增大,其专业学习与发展的行为必将成为学校教师集体的一种良好氛围,成为既影响自身又影响其他教师的重要力量。

(三)远景目标:提升学校核心竞争力,实现学校可持续发展

学校作为专门的育人机构,其长远的目标便是实现学校可持续发展,由此,师徒制的远景目标的定位也应与它一致。因为大量实践表明,学校的可持续发展依靠的关键不是外在的学校设施、设备甚至充足的经济力量,而是高素质的教师队伍。笔者所在家乡的一所省级示范中学,二十年前教学质量在当地甚至全省都具影响力,但近年来,随着优秀教师大量被省城中学"掐尖"而流失,与此同时,青年教师又短时承接不上,教学质量与水平严重下滑,导致学校核心竞争力缺失,所以目前虽然头顶曾经拥有的辉煌,但处处应对众多学子和家长的冷眼,导致优秀生源的大量流失。从整个过程来看,也可以说学校没有好教师,就没有好生源,没有好生源,其教学质量就很难大面积提升,没有好质量也就失去了同行的核心竞争力,没有竞争力就更吸引不了优质生源和优秀教师,如此反复,该学校不仅没有大步向前发展,反而变得普通和一般。由此可见,高素质的优秀教师队伍是学校的核心竞争力提升和可持续发展的根本所在。而师徒制的本质是促进教师专业发展的重要途径,把它的运作目标与学校的发展远景作为战略目标是情理之中的理性选择。

四、目标系统内部之间的关系

师徒制运作的目标系统内部主要由徒弟专业发展目标、师傅专业发展目标、学校发展目标三个方面或领域组成,但它们既然组合构成了一个相对稳定的目标系统,便已表明它们三者之间存在密切的联系或者关系。具体可见图5-1,此图呈现了它们三者之间的紧密关系。

从图5-1可见,教师师徒制运作的目标系统由徒弟教师专业发展、

第五章 教师师徒制运作机制模型的构建

师傅教师专业发展和学校发展三个分目标组成,而三个分目标之间的双箭头则表明它们之间互相作用、相互联系的紧密关系。首先,从三个分目标的关系来看,徒弟与师傅教师的目标互相作用和影响,徒弟教师目标与师傅目标的实现又促成了学校目标的实现,学校目标的实现又为师徒专业发展目标提供了良好的外部环境。其次,各分目标下的具体内容也是相互影响和作用的。如徒弟教师对教学环节基本技能的掌握离不开师傅专业理想的重构及教育隐性知识显性化的努力;而徒弟与师傅的教学反思习惯目标的养成又离不开学校教师集体主动专业发展的氛围,而学校近景或远景目标的实现又离不开徒弟的主动专业发展的意识和师傅个人教育智慧的生成。

		学校发展目标		
	近景:维持教学秩序与质量保证	中期:形成积极的专业发展氛围	远景:实现可持续发展	
	⇅		⇅	
	徒弟专业发展目标		师傅专业发展目标	
心理支持	1. 维护教育热情	⇔	1. 正确认识自我	心理支持
	2. 职业角色与文化适应		2. 克服职业倦怠	
	3. 自我效能感		3. 促进社会化更新	
专业适应	1. 教学各环节基本技能		1. 专业理想的恢复与重构	专业发展
	2. 教学总结与反思的习惯		2. 实现教育隐性知识的显性化	
	3. 自觉提高专业素养的使命感		3. 个人教育智慧的生成	
专业晋升	1. 强烈的问题意识			
	2. 概括与抽象的思维习惯			
	3. 专业自主精神			

图 5-1 教师师徒制运作的目标系统结构

第三节　基于 PDCA 循环理念的师徒互动系统

师徒互动是指在教师师徒制运作中,在师傅教师的主导下,师傅与徒弟构建和谐的师徒关系,一起通过平等对话、交流、合作手段或方式对某些教育问题进行深入探讨,从而引导徒弟迅速实现专业适应与发展的过程,整个过程师傅也获得相应的成长与发展。它是教师师徒制运作的主体和核心,师徒制中诸多外部因素都应围绕师徒互动实践整个过程而服务或运转。

一、师徒互动运作的意义

(一)师徒互动是对教师师徒制特殊性的遵循,有利于师徒制的顺利运行

从师徒制的产生及主要特点来看,师徒制中师傅拥有成熟的职业技能,而徒弟则是一张"白纸",如此巨大的差距,导致师傅具有绝对的权威,徒弟只能被动地学习接受,更多是"听而不疑、疑而不问"。现代学徒制主要是一种职业学校与企业深度合作的育人模式。虽然现代学制的学徒拥有"双师傅",但一方面自己本质上仍然是学生身份,虽然有在企业工作实训的机会,但在企业或工厂工作实习时,仍然只是担任师傅的助手,其身份决定了还未能独立承担某项工作任务。由此可见,现代学徒制中师傅带徒弟也是以师傅的命令、要求为主要手段。进一步从社会政府或企业管理部门中的师徒制来看,其徒弟也多是从刚毕业和大学生中录用产生,基本上也无实际工作经验,也可以说还缺乏与师傅平等交流的"资本"。同时,政府与企业管理部门中师徒往往是行政上下级关系,也限制了徒弟与师傅平等交流、对话等互动的条件。

然而,教师师徒制是师徒制在教育领域的运用,其师傅与徒弟的身份及外部环境与其他社会部门都存在一定的差异,具有自身的特殊性。其领域的特殊性造就了师徒互动方式成为教师师徒制正常运作的必然

选择。第一,师傅教师与徒弟教师虽然是师徒关系,但实质是同事关系,没有职位高低之分,只有学识高低和工作经验多与少之分。虽然存在一些师傅是学校教研组长或教务主任,但他们都主要是负责教学的组织与教学研究工作的教师,与徒弟的关系并不是严格意义上的行政上下级关系。第二,徒弟教师虽然缺乏经验,但他却是被学校任命或安排独立承担某个班级某个学科的教学工作,具有教学自主的权力并承担相应责任。第三,徒弟教师已经接受了系统的师范教育或获得了教师资格证书,具有一定的教育理论与技能基础。由此可见,在教师师徒制中,一方面徒弟不是师傅的教学助手,师傅不能对徒弟进行命令或要求,而更多是指导性的意见或建议,由徒弟自由选择。另一方面,徒弟也拥有一定的与师傅对话或交流的"资本"。总之,教师职业的特殊性决定了教师师徒制的师傅指导方式不是传统的命令方式,而是平等的对话、交流等互动方式。

(二)师徒互动是实现师徒教师专业发展目标的理性选择

师徒制在教育领域的运用,其理念与目标随着时代的变换也在逐渐发生变化。当前把师徒制作为促进师徒教师专业发展的重要途径,也是从原来让初任教师个体知能的获得目标转向经过较长时间的酝酿,并在教师专业发展理念逐渐被大家认同接受后才得以确定的。

在将师徒制运作目标视作对初任教师入职培训模式及增强其教育知能获得的理念下,人们普遍认为师徒制是师傅对徒弟实施"传、帮、带",引领和指导他们走上专业化道路"[①]。传、帮、带"意指师傅对初任教师徒弟在教学上传、思想上帮、辅导学生方面上带。由此可见,此种师傅带教的特点是:注重徒弟教师的教学胜任力提升,但师傅是徒弟的权威及领导者,注重单向传递接受、忽视徒弟的主体性,从而导致徒弟学习的主动性和创造性缺失,也就使师徒制的作用受到限制。然而,教师专业发展理念及目标下,人们对师徒制的内涵进行重新认识,认为师徒制是一种"以师徒双方的自我发展为动力,以师徒自愿的双向选择为结对原则,以师徒民主的对话、交流、合作为理念,以多样化的活动方式为载体,达到促进师徒双方共同发展的教师专业发展途径"[②]。鉴于此,师徒

---

① 冯家传.优化"师徒结对"的实施研究[J].中小学教师培训,2006(11):14-16.
② 廖青.基于教师专业发展的"师徒结对"研究[D].重庆:西南大学,2010:17.

制要实现师徒双方专业发展的目标,需要的是师徒双方的平等对话,而不是单向的指导;需要的是徒弟教师的主动参与,而不是被动接受师傅的指导。所以,教师专业发展理念下的师傅带教方式已不能继续凭经验及权威单向地对徒弟施加影响,而应是师徒就围绕某一问题进行深入的交流、对话,合作开展对问题解决的探究的互动方式。

(三)师徒互动运作方式是师徒制最终取得成效的重要保证

师徒互动的带教方式不仅是教师专业发展理念的要求,也是师徒制取得良好效果的重要保证。首先,师徒互动保证了师徒专业发展的实现。传统的"经验传递"或"问题发现与改进建议"体现出师傅对徒弟的单向指导,为徒弟的成长或教学胜任力提升提供了机会,但此种方式更多是实现徒弟的成长;而师徒互动方式是师徒双向互动,师傅在与徒弟的交流合作互动中保证了自身的专业发展得以更好实现。其次,师傅单向经验传递方式,更多关注徒弟的职业适应技能方面。而对于未来发展重要的分析问题和解决问题的能力却属"空白"。而师徒互动是一种师徒的双向学习与交流,围绕某一问题进行探究,有利于师徒双方发展性能力的提升。最后,师徒互动有利于师徒和谐人际关系的形成。和谐师徒关系是师徒正常开展学习交流的前提和保证。传统由上而下的经验与技能传授,师傅居于高处,致使徒弟感到与师傅的距离,从而阻碍了师徒的正常交流与了解,也很难形成和谐、民主、开放的师徒关系。而师徒互动的带教方式与过程,师徒基于平等的交流、对话,在专业学习之外也能互相关心对方的生活、心理,从而易于形成同事友谊。总之,师徒互动方式的带教模式也在实践中表明,它符合教师师徒制的主要特点,能够为师徒制取得良好效果提供重要的支持。

二、基于"戴明环"PDCA 循环理念的师徒互动方式

以上内容所述可见,师徒互动是师徒制实现师徒专业发展的重要载体和必然的选择,但它具体由哪些基本要素构成及他们的关系如何?笔者根据当前中小学师徒制师傅带教的实践及借鉴美国质量管理专家戴明所设计的"戴明环"动态管理模型来构建师徒互动系统。

第五章　教师师徒制运作机制模型的构建

（一）戴明的 PDCA 质量管理模式理论

"戴明环"是管理学中的一个通用模型，它是全面质量管理所遵循的科学家程序，20 世纪 80 年代被引入我国，并对我国的各行业与教育领域的活动运行及管理产生重要影响。

"戴明环"又被称作"PDCA 循环"。PDCA 最初是由美国质量统计控制之父休哈特（Walter A. Shewhart）于 1930 年的 PDS（Plan DO See）演变而来。20 世纪 50 年代，美国质量管理专家戴明（Edwards Deming）将其改进成为 PDCA 模式，故而又称为"戴明环"或"PDCA 循环"。[①]

"戴明环"运作程序从静态来看，如图 5-2 所示，主要由"PDCA"四个阶段构成。P（Plan）指计划，包括方针和目标的确定以及活动计划的制定；D（Do）指执行，执行就是具体运作，实现计划中的内容；C（Check）指检查，就是要总结执行计划的结果，分清哪些对了，哪些错了，明确效果，找出问题；A（Act）指行动（或处理），即对总结检查的结果进行处理，成功的经验加以肯定，并予以标准化，或制订作业指导书，便于以后工作时遵循；对于失败的教训也要总结，以免重现；对于没有解决的问题，应进入下一个 PDCA 循环中去解决。整个过程就如一个滚动的封闭圆环。

图 5-2　"戴明环"PDCA 基本运行过程

[①] 胡惠闵，王建军.教师专业发展[M].上海：华东师范大学出版社，2014：246-248.

"戴明环"运作从动态来看,并不是在一个水平线上运行,而是像爬楼梯一样,不断向上递进上升的过程。其主要特点有:第一,周而复始。PDCA 四个过程并不是由 P 到 A 循环运行一次就结束,而是周而复始地循环进行。一次循环结束,只是解决了某活动的部分问题,仍有问题还未解决,或者又出现新的问题,从而又进入下一次 PDCA 循环,如此类推。第二,大环套小环、小环保大环、推动大循环。PDCA 循环作为质量管理的基本方法,不仅适用于整个工程项目,也适用于整个企业和企业内的科室、工段、班组以及个人。通过循环把企业上下或工程项目的各项工作有机地联系起来,彼此协同,互相促进。第三,不断前进与提升。PDCA 一个循环运转结束,生产的质量就会提高一步,然后再制订下一个循环,再运转、不断前进,不断提高。第四,渐进式上升。PDCA 循环不是在同一水平上循环,每循环一次,就解决一部分问题,取得一部分成果。每通过一次 PDCA 循环,都要进行总结,提出新目标,再进行第二次 PDCA 循环,使品质治理的车轮滚滚向前。PDCA 每循环一次,品质水平和治理水平均有提高。

总之,"戴明环"质量管理运作的 PDCA 不断循环递增的管理理念,让各行业的产品生产或活动运行打破了传统"原地踏步"按计划完成任务的运作模式,从而提升了活动的效能。其指导思想在于:通过发现问题、解决问题来实现活动目标。充分体现出严密的过程控制的科学管理思想。

(二)"戴明环"式师徒互动系统结构

师徒互动作为师徒制运作的核心,其运作的方式是否科学合理直接影响到师徒制作用的有效发挥。由此,随着时代的发展与进步,对教师专业素养要求越来越高的背景下,认真梳理和反思传统师徒互动的运作方式,借鉴先进科学的理念与方法显得尤其重要。通过对"戴明环"运作理念的审视,其 PDCA 的运作方式、理念与师徒互动具有许多共同或相通的内容。由此,借鉴其运作方式并结合师徒互动的实际特点来设计师徒互动运作方式是合理也是可行的。为此,笔者将师徒互动基本结构根据 PDCA 的四阶段内容也对应设计为以下四个方面。

1.Plan:确定互动问题,制订计划

按"戴明环"理念,此计划阶段是整个活动运作第一循环的开端,其

第五章 教师师徒制运作机制模型的构建

主要任务是确定行动方针、目标、管理项目、活动的详细方案。从师徒制及师徒互动的实际出发,笔者认为一方面师徒互动需要围绕某个徒弟客观存在的主要问题、困难或障碍展开,否则计划虽然全面却缺乏针对性和活动性;另一方面,"PDCA循环"运作的核心指导思想是"发现问题和解决问题"。由此,为突出本运作方式的特点和重要功能,本阶段计划的设计与制订应围绕徒弟的专业适应或发展问题来考量。在此过程中师傅应充分发挥主导作用,在了解徒弟实际问题的基础上结合学校要求与教师专业发展标准来确定互动问题或指导内容,并在征求徒弟意见的基础上制订出详细并切实可行的运作方案。确定问题内容需要注意遵行:首先,现实性与前瞻性。现实性是指问题内容主要体现出国家课程改革中的重点、难点和热点问题,以及徒弟客观存在并迫切需要改进的问题。前瞻性是指互动问题是新知识、新方法、新技能等。其次,适应性与生成性。适应性是指师徒互动的问题内容要充分关注徒弟当前存在的突出问题。而生成性是指互动内容具有迁移价值,有利于师徒在教学中创造性应用。最后,融合性与差异性。融合性是指具有普遍性的问题,是中小学各学科共同地面对并需要掌握的方法。差异性是指根据不同徒弟情况进行安排。如徒弟是初任教师,那重点应放在教学组织、教学重难点把握与突破、教学节奏等方面;而如果是青年骨干教师,则更关注更新教育理念与方法、教育经验的总结与反思;总之,师生互动运作的计划阶段就是确定需要解决的问题,并制订详细的行动方案。在制订行动方案时需要注意师徒的能力水平、学校条件及师徒双方的工作时间等情况。

2.Do:传统与创新方式相结合实施计划

此阶段的主要任务是执行计划,完成相应任务。此阶段是师徒互动中两个最为活跃的主体——师傅和徒弟,最为直接进行交流、讨论的阶段,所以其互动质量与水平将决定师徒制运作的效率与效果。如何才能做好此阶段的工作,关键在以下几方面。

首先,师傅发挥主导作用,调动徒弟的主动性与积极性。徒弟学习的主动性并不是自然产生的,而是需要师傅通过发挥主导作用,也就是要能根据徒弟基础、个性特点及互动问题的性质及目标,来选择恰当的指导方法或手段。唯有如此,才能调动徒弟的学习主动性与积极性,徒弟的学习主动性与积极性提升后,也就促进了师傅主导作用的正确发挥。

其次,传统与创新互动方式结合起来灵活运用。教师师徒制在运作及发展过程中总结出许多师徒互动的方式,如我国著名的语文特级教师于漪老师,在带教了30多名中青年教师的过程中总结出了说课、评课、徒弟互评、专题讲座、随时讨论等互动方式。有学者研究表明,我国当前师徒互动方式主要有资料提供、相互观课、集体备课、办公室讨论、教案撰写与评阅等。[①] 这种互动方式应该说符合师徒制的重要特点,注意调动徒弟的主动性,注意指导问题的个别性和系统性等,至今仍然是众多师徒常用或主要互动方式。然而,随着信息化时代的影响,师徒都已习惯通过互联网的学习软件进行学习,由此,师徒互动应加大线上互动的时间或次数,充分发挥线上学习互动的优势,从而实现传统与创新的结合,丰富了师徒互动方式,有利于提升互动成效。

再次,注意避免互动方式的单一化。从笔者对当前师徒互动方式的问卷调查发现,师傅与徒弟的互动主要是以听课、评课方式为主,其他方式较为少用。如此现象,不仅会直接影响徒弟的学习兴趣与主动性,还会制约师徒发展性知识与能力的提高。由此,师徒互动中师傅应以高度责任感来科学确定并运用多种恰当的方式来进行互动,避免方式单一和克服一用到底的问题。

最后,师徒互动应把促进师徒的德、智、心发展任务三者有机结合起来。因为一方面师徒制运作的目标系统已经明确师徒制的运作目标不仅是专业能力的发展,而且是一个德、智、心三方面和谐发展的多维目标。另一方面,如果将师徒互动视作一种广义的教学活动,根据教学是学生掌握知识技能与能力发展相统一的过程和教学具有教育性的两条基本规律,这两条规律的内涵与要求已经明确指出,师徒互动应将师徒的德、智、心三方面素养提升有机结合起来设计与运作。由此,师徒互动应围绕专业知识、技能的传授同时有机渗透思想与心理教育的内容,使师徒在专业技能互动学习的过程中同时受到思想及心理方面的积极影响,从而使这三个方面的素养得到发展,而不是也不能将这三个方面的任务单独进行。

总之,师徒互动执行阶段是具体落实工作任务的关键阶段,它会面临多种困难和不确定性,这些都需要师傅丰富的经验以及灵活运用指导

---

① 胡惠闵,王建军.教师专业发展[M].上海:华东师范大学出版社,2014:218.

第五章 教师师徒制运作机制模型的构建

方式的能力,也需要徒弟的主动参与,积极行动,唯有师徒相向而行,共同努力,扎实工作,才能为圆满完成本阶段任务提供保证。反之,如果在此处,师徒只是"煞有介事"地走形式,那无疑将无法顺利完成相关任务,也会对之后的再循环工作提出更多的困难障碍,那将是人、财、物的严重浪费。

3. Check:全面检查评价阶段

此阶段的任务是根据计划要求,检查各项工作的执行情况及实施效果,及时发现经验与问题。它是科学衡量师徒互动效果的重要环节,它主要需要完成两个任务:一是确定此项师徒互动的问题是否已经取得实效,明确是否还需要进行下一次循环;二是明确此项师徒互动中有哪些成功的经验和存在的问题。为此,为完成好这两项工作任务,则需要做好全面总结与评价工作。

笔者从当前师徒互动的评价工作调查来看,还存在诸多不足。主要存在:无总结评价环节、有总结无评价、评价主体单一、缺乏科学的评价工具等诸多问题。为此,要做好此项工作则需要明确评价主体和具有科学完整的评价工具等相关工作。

首先,明确检查与评价主体。师徒互动主要是由师傅与徒弟的互动学习而进行,同时实施的效果主要是徒弟和师傅。由此,检查与评价的主体应首先以师徒为主。然而,单独由师傅与徒弟来进行检查和总结会容易出现"只缘身在此山中,不识庐山真面目"的视角偏差,从而导致不能发现真实存在的问题。由此,还需要通过其他主体的介入,才能更为客观地认识其面貌。具体可邀请同事、教研组长、校外教研员、高校教师以及学生家长、学生共同参与总结评价工作,充分发挥各自特长和视角,从而使总结评价更为全面和客观。

其次,编制和运用全程化的评价工具。评价工作难,但教育评价更难,这是因为教育评价的对象是人的知识与精神,它看不见,摸不着。由此,只能借助相对客观的评价工具或相关材料来进行综合评价。

再次,评价工具的编制应注意形成性与总结性评价的完整性。也就是不能只有总结性评价而无形成性评价工具。由此,笔者尝试设计了两个以"如何提升学生课堂注意力"为主题的形成性评价表和总结性评价表,一个是徒弟对互动过程及效果的评价表5-3;一个是总结性现场表现评价表5-4,以供参考。

表 5-3 是以"提高学生课堂学习注意力技能训练"为主题的过程评价表,可作为形成性评价的一个重要依据,其中 12345 分别代表:1 为非常不满意、2 为较不满意、3 为说不清楚、4 为比较满意、5 为非常满意。因为此表使用李克特式五级答案,从而可以进行量化统计分析,便于对效果的评价。

表 5-3 徒弟对"提高学生课堂注意力技能训练"互动过程评价表

指导时间	指导内容	自我效果评价
年 月 日	通过听课发现学生注意力不够集中的问题	1 2 3 4 5
年 月 日	直接向我介绍了一些他的成功技巧	1 2 3 4 5
年 月 日	指导我克服只顾讲授,不注意观察学生注意力的问题	1 2 3 4 5
年 月 日	……	1 2 3 4 5

表 5-4,以"教师课堂教学语言能力提升训练"为主题的师徒互动总结性现场评价表。具体评价主体让师傅、教研组长、资深教师、校外专家及学生对徒弟的教学语言进行出场打分,也可让徒弟进行自我评价与打分。最后,以所有参与主体的分数进行统计,这样较为清晰地判断和评价师徒互动的效果。

表 5-4 "教师课堂教学语言能力提升训练"互动效果现场评价表

语言表现	姿态和声调	条理与逻辑性	评分
语法和发音正确 用词生动、恰当 主要概念解释清楚	声调控制很好 能够引发学生兴趣 音量和语速适中 能很好与学生眼神接触	条理与逻辑清晰 内容与主题一致 能清晰表达出中心内容	5 分
语法和发音正确 用词生动、易懂 主要概念没有解释清楚	声调基本能够控制 音量和语速适中 基本保持与学生眼神接触	条理与逻辑较为清晰 内容与主题一致 基本能清晰表达出中心内容	4 分或 3 分
发生了语法和发音错误 词义不明 学生只能试着自己理解	声调失真 音量较低和语速较快 非语言运作与内容或情绪不协调	缺乏基本逻辑顺序 所讲内容与主题不协调 不能层次分明表达出中心内容	2 分或 1 分

最后,评价应动静结合。"动"是指评价可以采用现场评价,如听课

或师徒现场汇报等。"静"是指可查阅师徒互动记录、小结、总结、科研论文等。

4.Action：对总结情况处理阶段

此阶段为总结处理阶段，主要任务是对上面评价的结果进行分类处理，如通过此次师徒互动循环其效果显著，达到预期目标，那就可决定不再进行下一轮的互动循环。如果发现此次师徒效果不佳，那首先分析存在的主要问题，然后分析问题产生的原因，为下一轮的循环互动提供扎实的依据。

在此阶段作为师徒互动循环的最后一个环节或步骤，其表面的任务主要是对评价结果进行处理，决定是否进行下一次的循环。但其实此环节是师徒互动、总结互动成功经验与创新的关键。

首先，如果评价取得良好或显著效果，那必然会总结或反思其成功的经验有哪些？具体的要素有哪些？它们是如何组合和搭配才取得良好效果的？对这些经验进行进一步概括和抽象后，也可能成为某种理论，有利于提升师徒互动的理性自觉，或者成为师徒某个项目互动的专业标准，有利于行动的规范化和专业化，促使师徒制逐渐走向专业化。

其次，有利于师徒互动方式的创新。在此阶段对于效果还不够明显的问题或项目，需要找寻问题，根据问题寻找原因，并根据原因提出一些建议。在整个过程中，都伴随着师徒对问题的分析、思考。特别是提出问题解决的设想或假设的过程更体现出创新意识，因为之前的方式已经证明效果不佳，那只有探寻新的方式或方法来进行解决。由此可见，此阶段有利于师徒互动产生创新方式的"火花"或"原始模型"。

三、教师师徒制师徒互动系统模型

以上基于"PDCA"循环的理念，设计出了师徒互动各环节的内容及基本运作轨迹，为更直观地认识和理解师徒互动系统的内容，笔者将其内容进一步整理，建构了教师师徒制互动系统模型。详见图5-3。其特点主要有以下三个方面。

第一，PDCA循环是师徒互动的基本方式或过程。从图5-3可见，师徒围绕某一问题进行互动学习是教师师徒制最基本的互动方式。其互动过程主要体现为：第一步，P：计划。确定互动问题及制订互动方案。第二步,D:执行。根据方案通过各种形式开展师徒互动实践。第三步,C:检查评价。对互动效果进行过程检查和终结性评价,为下一步行动提供处理依据。第四步,A:处理。根据评价结果进行分类处理。此四个步骤集合在一个相对封闭环形圈中,在师傅主导与徒弟主动学习相互作用下产生出强烈的推动力量,此力量推动着圈环滚动,从而完成四个步骤的任务。

第二,不同水平或层次的师徒深入、持续循环互动促进目标的实现。从围绕某个问题整体运作方式来看,如果这个问题在初次循环中取得了良好效果,那就可不进入下一次循环;而如果初次循环互动效果不佳,那么在第四阶段处理时,对其影响效果的因素进行分析,并提出解决问题的创新性互动方式,准备进入下一次互动循环。需要注意的是,通过图 5-3 可见,初次循环中的 P 的内容与第二次循环互动的内容是不同的。其表明第二次循环的问题或项目并不是另外的问题,而是初次循环仍未达标或实现的内容。由此可见,此师徒互动系统中的后一次循环并不是与初次循环无关的其他任务,而是比初次循环还更为深入、难度更大、水平更高层面的循环互动,是一种递进式的循环。因为第二次的互动问题相较初次循环的问题是初次循环中遗留下不易解决的内容,它更加复杂,需要以新的理念和新的方式来进行解决,从而决定了后继循环在问题深度、互动方式的深度和高度,也体现出较前次互动更高的水平和层次性。总之,随着不同水平或层次的循环互动,最终实现对某一问题的互动目标。此种互动过程是围绕某一互动问题或项目而进行的基本运作方式,当某一阶段的所有师徒互动问题或项目通过此种方式运作结束后,又可进入下一个阶段的互动,如此运作可不断使师徒互动的问题或内容向更加深入、持续地开展下去。

师徒互动整个过程的推力主要来自师徒互动的内部相互作用和外部目标实现的外部牵引力。

首先,第一个独立的师徒互动循环过程中由师傅的主导作用发挥与徒弟主动性的相互作用提供了循环的内部动力。

其次,为目标的最终实现,其外在目标又会产生出一种强大的向上吸引力牵动着不同水平的循环互动。

最后,当某个循环开始运作时,其自身循环内部的力量不仅为推动自身的循环提供内部力量,而且在力量惯性的作用下又与目标牵引外力汇合形成一种更加强大的合力,从而推动整个互动循环的实现。

第五章 教师师徒制运作机制模型的构建

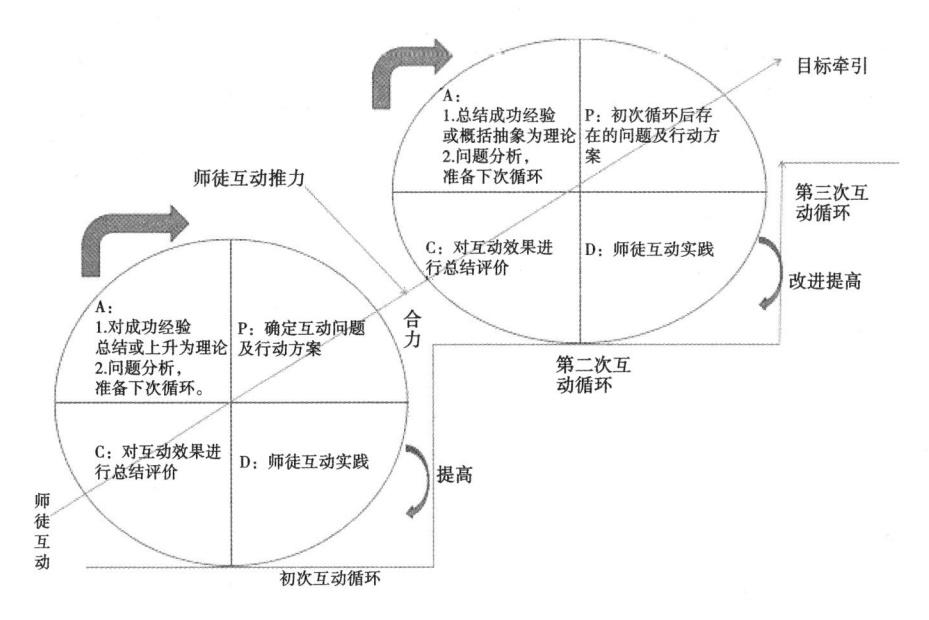

图 5-3 教师师徒制师徒互动系统

第四节 基于拓展性学习"活动系统模型"的支持系统

教师师徒制顺利、有效的运作离不开各方面力量的支持,只有各支持力量或要素相互配合、相互作用、共同着力,才能为其有效运作提供强力支撑和保障。也可以说,离开了全面支持的师徒制运作必然会困难重重、举步维艰,最终结果也不能取得实效,实现其预定目标。但如何确定师徒制的运作支持系统的要素并非易事。由此,需要以一种较为适切的相关理论为视角,从而能较为理性地揭示出师徒互动的重要支持要素,并为本书构建师徒运作支持系统提供正确、合理的依据。

当代建构主义学习理论表明,个体的学习并不仅是发生在个体头脑之中的内部心理活动,而且还是学习者与其所处的社会、文化、物理环境之间的外部互动或相互影响的过程。由此,作为教师专业发展的师徒互动学习也并不仅是师徒个人头脑之中的内部感知与思维等心理活动,而且还是师徒互动与外部社会、学校等物理实体空间和精神文化等环境相互作用的过程。但其后者,师徒制活动与外部环境是如何互动的呢?恩格斯托姆以"社会—文化"认知心理学为基础,提出了拓展性学习理论及其系统活动模型,其模型较为全面和理性地揭示了主体学习与外部环境的互动机制,也为明确师徒制的主要支持要素提供了重要的依据。

一、恩格斯托姆的拓展学习理论及活动模型

(一)拓展性学习理论主要观点

拓展性学习是1987年由芬兰心理学家恩格斯托姆(Y. Engestrom)在继承苏联心理学家维果茨基、节昂列夫等人的"文化—历史发展"活动理论基础之上而提出的一种新型学习理论。近年来,在欧美等国逐渐受到人们的普遍关注和重视,并将其引入和运用到各学习与工作场所。其理论主要观点有两个方面。

第一,集体创新学习是拓展学习的核心内容。围绕着如何跨越学习中的"最近发展区"的问题,不同心理学派与个人存在不同的认识。"最近发展区"的提出者维果茨基认为,它是个体现有认知水平与潜在认知水平之间的距离。跨越此距离需要个体在他人的帮助下完成。人类学家莱夫和温格则突破个体学习局限,提出"实践共同体"概念,并认为"最近发展区"是个体现有能力与集体实践能力之间的差距,需要个体从实践共同体的边缘出发,通过不断参与其活动,从而逐渐到达中心位置。整个过程就是实现"最近发展区"的跨越。而恩格斯托姆则认为,"最近发展区"是集体现有的实践能力与未来实践能力的差距。并认为,知识与能力具有强烈的分布性,所以未来工作场景中,诸多问题的解决需要通过集体的智慧来完成。所以,一次拓展性学习的过程便是集体跨越"最近发展区"的重要旅程。[1]

第二,概念的演化与发展是拓展性学习的重要特征。"文化—历史"活动理论认为任何学习活动系统都是在不断变化和发展的。其主要原因是各系统内部存在诸多矛盾,表现为不同个体、不同层次和不同活动系统对活动客体或对象的不同认知。而这些认知则是在实践中形成的,表现了概念的形成、演化与发展。对于活动系统来说,正是活动客体或对象的变化推动着活动系统的发展。由此,恩格斯托姆认为,拓展性学

---

[1] 吴刚,洪建中,李茂荣.拓展性学习中的概念形成——基于"文化—历史"活动理论的视角[J].现代远程教育研究,2014(5):34-45.

习就是通过集体的学习活动,将一个简单的概念拓展成为一个新的概念、新的实践模式或新的制度。[①] 在新的概念指导下会形成一种新的实践活动,并成为解决现实中的矛盾或问题的一种方案。

与传统学习相比,它不仅仅是一种学习模式的转变,更表现为学习思想、观念及认识论的转变。因为它与传统学习理论相比较具有以下鲜明特点。第一,它强调的学习主体不是个体而是集体。第二,它所提出的学习内容是未知和变化的,而不是传统学习的已知内容。第三,它强调的学习方式主要是不同主体间知识的水平互动与融合,而不是传统的垂直传递。第四,它所强调的学习结果并不是行为主义心理学所需要的行为改变或认知主义学习心理学所强调的认知能力的发展,而是需要产生新的概念或新的实践行为以解决现实的问题或矛盾。[②] 总体来看,拓展性学习理论的主要创新性贡献在于强调了学习方式的"集体参与"。行为主义学习心理强调的是机械练习与训练,认知主义学习心理学强调通过个体的内化和外化活动,而建构主义心理学则强调实践活动的参与。然而在建构主义心理学中主要强调的是个体与组织的互动,但恩格斯托姆则走得更远,更为关注社会环境对学习的影响。

(二)活动系统模型

恩格斯托姆提出的拓展性学习理论强调学习的集体性与社会性,关注社会真实情境对学习活动的影响,其理论基础或思想主要源于维果茨基等人的"文化—历史"活动理论。由此,他在对早期"文化—历史"活动理论前两模型改进和补充的基础上构建出更为完整和符合拓展学习理念的第三代学习活动模型(详见图5-6)。第一代"文化—历史"活动理论活动系统模型(详见图5-4)由维果茨基所创建,其模型强调了个体为实现改造客体并发展高级心理机能过程中的工具作为中介的重要性。第二代"文化—历史"活动理论活动系统模型(详见图5-5)主要是由列昂节夫在考虑社会文化复杂性的基础上扩大了学习的层级,增加了共同体、规则及社会分工三个要素,更为关注个体与共同体之间的关系。[③] 恩格斯托姆在审视前两代模型后认为,前两代学习活动模型并未

---

① 吴刚,洪建中,李茂荣.拓展性学习中的概念形成——基于"文化—历史"活动理论的视角[J].现代远程教育研究,2014(5):34-45.
② 同上.
③ 李晓辉.维果茨基和列昂节夫心理学理论的比较研究[J].大理大学学报,2018(1):102-106.

将活动放入社会发展的整体脉络中去思考,脱离了真实的社会现实。为此,他引入了共享目标要素,把不同活动系统联系了起来,从而使其不再是单一和封闭的,而是多元和开放的活动系统,也更能反映其社会对学习活动的影响作用。

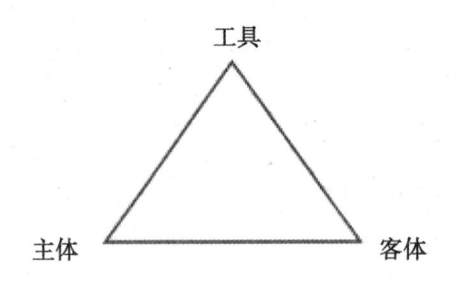

图 5-4 维果茨基"文化—历史"理论活动模型

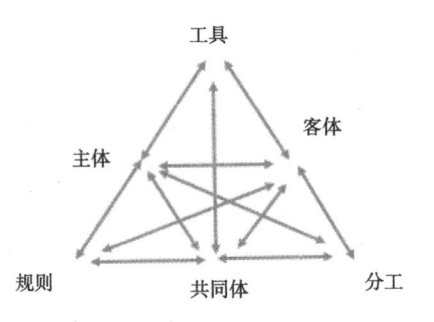

图 5-5 列昂节夫"文化—历史"理论活动模型

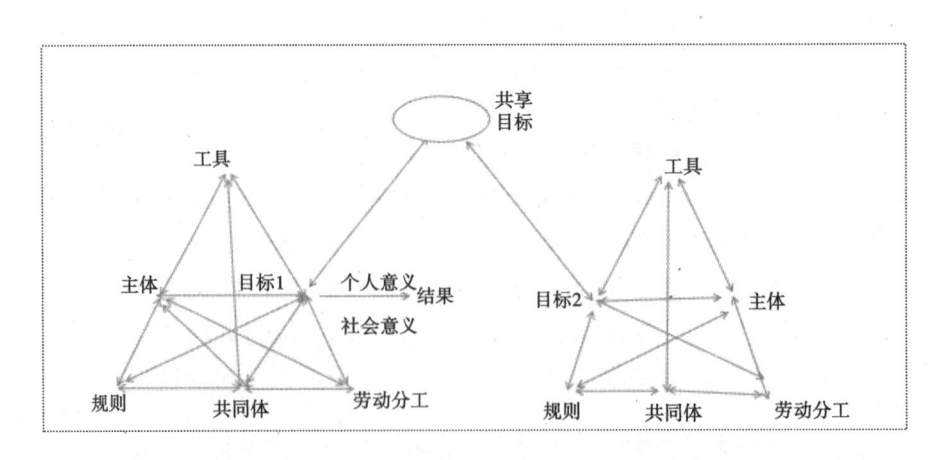

图 5-6 拓展性学习基本分析单元的活动系统模型

拓展学习理论认为,由于不同活动体系之间越来越相互联系、相互

第五章 教师师徒制运作机制模型的构建

影响,为准确认识其活动情况,从而将活动的基本分析单元扩大为两个或更多的活动体系,并享有共同的活动客体(图5-6)。相比较前两代活动理论模型,它更关注多个活动系统之间的联系和影响,从而突破了只关注和研究个体和共同体互动的局限。

从图5-5可见,其展示了活动的一个最基本分析单元,由两个活动系统构成的活动体系,其网络体系由多个要素所构成,各要素的具体意义如下。

(1)主体。拓展学习活动系统中主体是指面临困境或问题,而需要通过学习改变自身观念或行为以解决具体问题。

(2)目标。拓展学习活动系统中目标是指需要及时解决的问题,并在工具的使用和帮助下转化为结果。恩格斯托姆认为拓展学习是客体不断增加和扩大的过程。因为随着主体成员的增加,每个成员都存有自身的活动客体或目标,所以就使活动的客体扩大。但客体的扩大,也带来各自目标的矛盾和冲突,由此需要构建出第三个目标,即两个或多个活动系统共享的活动客体,也就是活动的对象、目标。由此,活动的目标就存有两层意义:一层面是一般目标或社会性目标,是指个体所在系统长期承担的任务;另一层面是个人目标,是指主体在特定时间、特定行动中所确定的目标。而且,只有社会目标被赋予个人意义时才能发挥作用。

(3)工具。在活动系统中主体通过使用工具来实现目标。根据"文化—历史"活动理论,工具有物理和精神属性,主要是由物理工具和文化符号构成。

(4)共同体。活动系统中的共同体是指由一群共享同一个一般目标的多个个体或多个小群体构成。它与主体的关系是主体是共同体中的组成部分,是渴望发生自我变化的一部分成员。

(5)规则。规则是指在活动系统中显明或潜在的规章、规范、习惯和标准,它们限制和规范着"主体"的活动。

(6)劳动分工。劳动分工是指学习主体各自承担部分行动任务,最后共同完成相关活动任务。

总之,拓展学习理论所构建的基本单元分析活动模型,为人们清晰地揭示了其活动体系或网络的基本运作情况,体现出其学习活动是主体为实现共同的目标,通过工具并在共同体、相关规则和劳动分工的影响下发生的。

综合以上内容可以发现,恩格斯托姆认为,拓展学习是主体在"工具""规则""共同体""劳动分工"等外部环境支持下发生和逐步实现目标的过程。

二、基于拓展学习活动系统模型的师徒制支持系统

拓展学习理论不仅丰富了学习理论,而且它提供了旨在解决实际工作问题的运作目标的运作思路,有利于广泛运用于实践各工作领域,通过对其认识,笔者认为它的理论思想及运作系统与师徒制专业发展活动现象有显著的切适性,从师徒制实践运作中也可发现,其正常运作离不开适合的活动或评价工具、相关配套的保障政策制度、学校共同体成员的帮助与支持等。由此,笔者将主要依据拓展学习活动系统模型中的主要影响要素——"工具""规则""共同体""劳动分工",以其为框架及结合当前我国中小学教师师徒制实践的现状来构建师徒制运作的支持系统。

(一)工具维度

拓展学习理论继承了维果茨基"文化—历史"活动理论,认为"工具"是主体实现目标的中介力量,主要是由物质性的"刀斧或计算器、电脑"等或具有文化或心理属性的"符号"(如语言、文字、各种带有文化特色的交流方式等)构成。师徒制中师徒为实现共同专业发展目标也需要以合适的"工具"为中介,才能取得实效。由此,从物质与文化的"工具"角度出发,教师师徒制运作中"工具"维度的支持要素主要为以下三个方面。

1.现代智慧校园

师徒制运作不仅需要传统的纸、笔和相关物质工具,也需要与当前信息时代相适应的物质交流工具,而且某些传统工具也融入了现代信息技术工具之中。为此,需要一个具有现代信息技术功能的智慧校园来提供与满足其师徒互动需要的工具。智慧校园是学校信息化进程中,在以往数字校园基础上发展而来的校园新形态。一方面以学校为中心,提供满足学校不同需求的快捷、友好、个性化的服务;另一方面促使基于新兴信息技术的信息化服务理念深入人心,构建资源共享、智能服务的智

慧校园环境,支撑信息化与校园各类工作的深度融合。[①]

首先,智慧校园强大信息平台功能为师徒互动提供丰富的工具或资料。智慧校园在教室、教学研究室都有现代教育设备与平台,师徒在交流中能及时获取所需要的工具或资料。其次,智慧校园能提供更为方便的师徒学习途径或互动方式、扩大了互动的时间和空间。如师徒根据需要可不同时观课,根据自身工作情况,可现场观课,或师傅在外可通过远程直播或录像了解掌握徒弟教学情况。最后,智慧校园能为师徒学习和掌握现代教育技术提供方便,从而有利于师徒学习和掌握现代教育技术理念下的新教育模式。随着教育与技术的发展,当前某些现代教育模式不断涌出,如"云课堂""翻转课堂"等,这些内容对于师徒来说往往还较为陌生,但智慧校园丰富的各种设备、相关学习软件为其提供了便利。

2. 和谐民主的师徒关系

师徒互动的工具不仅需要物理属性也需要文化属性的语言、文字等社会文化或心理属性的工具。在师徒互动中不同性质的交流方式就体现出其社会文化或心理的意蕴。例如,人际互动中是以权威或命令的方式还是以民主、平等的交流方式就具有鲜明的文化或心理属性。所以,师徒之间的交流方式也是一种文化或心理性质的"工具"。如何才能保证师徒互动中的交流方式等文化"工具"得以正确、恰当和常态化地使用起来,就需要一种和谐民主的师徒关系作为重要的支持和保障。

师徒关系是师徒之间通过相互学习、指导而产生的一种支持、相容或对抗心理关系。良好的师徒关系是师徒互动顺利开展的前提和保证,也必将为师徒互动提供合适的文化"工具"创造出良好的基础和氛围。首先,和谐民主的师徒关系特征能为师徒使用合理交流方式和其他心理"工具"的合理性和有效性提供有力保障。和谐民主的师徒关系鲜明特征是相互尊重、平等互助、心理相容、教学相长,具有如此特征的师徒关系,必然会出现师傅以平等、讨论的方式与徒弟交流,徒弟也在尊重师傅的前提下敢于提出自己的不同意见,彼此相互学习促进,从而保证交流方式的合理运用。其次,和谐的师徒关系自身就是一种心理"工具",

---

[①] 和学新,鹿星南.智慧时代的学校教学形态探讨[J].课程·教材·教法,2021(2):46.

它通过师徒之间积极的情感、满意的自我认同、高度的相互信任促使学习任务的顺利完成。

3. 形成性评价为主导的评价体系

师徒制活动作为一种教育形式,离不开评价环节的参与,因为评价环节在教育活动中具有激励、诊断、反馈、评定等重要功能或作用。从拓展学习理论来看,评价是主体需要借助的重要"工具"之一,也就是主体需要借助科学的评价工具来实现解决问题的目标。

当前师徒制实践表明,其实施和运作需要以形成性评价为主导的相对完备的评价体系来支持。首先,实践中师徒制运作在评价环节存在诸多问题,主要反映在片面注重终结性评价、评价流于形式等。[①]由此,需要进一步完善评价体系,保证运作效果。其次,以形成性评价为主导的评价体系符合师徒制的根本目标和基本规律。师徒制的目标是促进师徒专业发展而不是进行优秀教师选拔或资格认定,由此,应是轻结果而重过程评价,在过程评价中及时反馈问题,而有针对性地调节和改进。最后,以形成性评价为主导的评价体系在实践中表明能发挥其应有的作用。如上海市实验小学早在21世纪初便在师徒制活动中开展了以形成性评价为主导的评价体系。活动开展前,分别向师徒发放《带教教师手册》和《被带教教师手册》,手册上不仅设置了带教学习过程记录,还设置了定期小结、总结和考核栏目。考核一学期举行一次,分为考查与考评两种形式,考查主要采用定量办法,主要考查师徒常规任务的完成情况;考评以定性方式,先由师徒相互评价,然后由所在教研组提出评价意见,最后由学校分管校长做出结论。[②]由此可见,上海市实验小学的以形成性评价为主导的评价体系既是过程与结果评价结合,又能突出过程评价,达到及时总结反馈问题的任务,从而真正成为实现促进师徒发展目标的工具,而不只是用来奖惩或评优或选拔的单一或片面的工具。

(二)规则维度

拓展学习理论认为社会规则是主体学习实现目标的重要因素。规则主要指显性隐性的规章、规范、习俗、标准等,它规定或限制着主体的

[①] 胡惠闵,王建军.教师专业发展[M].上海:华东师范大学出版社,2014:218.
[②] 同上,第219页.

第五章 教师师徒制运作机制模型的构建

活动方式或行动方向。规范、科学、完整的规则能促进活动的顺利进行并取得实效,反之则会严重掣肘着正常运行。由此,笔者认为师徒制运作需要相对完备的规则系统对其支持。规则从以上内涵可知存有显性和隐性之分;另外,规则从层次上可分为宏观与微观规则。鉴于此,从宏观上看,国家出台相关政策从管理体制、运作规范、经费支持等方面做出安排或指导;国家教育发展与改革计划、教师专业发展标准、课程标准等都是师徒制运作的宏观规则支持或保障。从微观上看,师徒制所在学校层面能促进师徒互动正常运作、提升师傅指导素质等规范化、专业化制度就可或必须成为其支持规则。从隐性规则来看,宏观上主要是师徒制所在社区的社会风气、风俗习惯、思想观念等;而微观上的隐性规则则主要是学校教师的合作文化氛围。以下结合实践情况,重点阐述当前学校层面迫切需要完善的支持规则。

1. 科学系统的师傅选拔与培训制度

教师师徒制内涵就已表明,是一种师傅"手把手"向徒弟传授经验来共同成长的发展方式或途径。由此可见,师傅在活动中起主导作用,也可以说师傅的专业态度与专业指导能力基本决定了效果或质量的走向。

首先,师傅的选拔与培训制度是当前师徒制实践补"短板"的需要。从当前实践表明,师傅的选拔、任命工作普遍不够规范和专业,师傅培训更为缺失。主要表现为师傅教师的确定主要由学校行政选择教龄长、教学经验丰富、教学效果好的中年教师担任并安排同级同科的徒弟。大量实践证明,师傅指导徒弟和教学工作虽然有许多相似之处,但是拥有丰富扎实系统经验的教师不一定能胜任教学工作,同理,拥有丰富教学经验的教师也不一定能胜任师傅工作,由此,需要建立和完善师傅选拔制度,把适合带教的优秀教师选拔出来并通过科学的结对方式与徒弟结对。为增强师傅的带教胜任力,也需要加强对师傅的相关培训工作,但许多学校在此方面的工作却并不到位或缺失。所以,在笔者前面的师傅问卷调查中,887名调查对象中有594名,占调查总体的66.9%的师傅教师选择要求学校建立师傅培训制度。其次,完善、规范的师傅选拔、任命与培训制度能提升师傅带教能力,促进师徒互动的和谐开展。通过规范和程序选拔出合适、优秀的师傅教师仅是取得师徒制实效的前提,师傅的任命或师徒科学配对才是真正的关键。如果师徒配对的制度完善,必然会促进师徒双方的积极性,专业知识、技能的交流,情感相容,反之则会给师徒互动带来更多的阻碍。随着社会的发展,现代科学技术在教育中的广泛运用、新的教育理论与模式层出不穷,面对复杂的变换,师傅教师也会感到有所漠然,由此,师傅需要通过学校制度的规范培训制度,有计划、有组织地进行专业或带教技能的培训,才能更好结合自身学习,不断提升自身素养,真正承担起学校所安排的重要任务。

2. 保证师徒充足互动时间的相关制度

尽管师徒制的开展具有重要的作用与价值,但客观上却无形增加了师徒教师的工作任务和时间,在实践中也反映出由于师徒缺乏充足的时间而导致师徒互动流于形式的问题或困难。由此,给师徒教师提供充足的互动时间是其顺利运作的重要保障和条件。从师徒制的活动性质来看,它是一种与教师教育实践紧密结合在一起的活动方式,从而决定了师徒需要投入大量的时间,特别是工作时间。表面上看,师徒在工作的同时就完成了师徒互动的指导与学习,但实践中却存在诸多矛盾与冲突。一方面,是师徒都承担着繁重的教学任务;另一方面,某些作为徒弟的青年教师还承担着学校较为繁杂的事务性工作和师傅承担校内外其他临时性工作任务。笔者在调查时,某学校的师傅张姓教师在被问及"什么因素影响指导效果?"时,他说道:"自己开学刚带了一位新教师徒弟,但自己因为近期太忙了,一是自己每天都有课,有时准备去听一下徒弟的课,但忽然接通知到区上去做优质课录制,没办法,都要半期了,我还只是听过徒弟一次课,也没有深入地交流过,真没办法。"另外,在笔者的问卷调查中,关于如何提升师徒制效果的9项内容选项中选择三项的问题回答中,有265名师傅认为需要适当减少工作量,占调查总体887人的29.8%,可见有近1/3的被调查教师认为需要适当减少其工作量。由此,学校制定并认真执行一系列充分保证师徒互动学习时间的相关政策显得十分迫切和重要。学校可在制定各种规章制度时把其相关内容明确、具体地纳入其中。其政策内容应包括:第一,适当减少或降低师徒教师的基本教学工作量,具体课时可根据学校自身情况而定;第二,参与师徒制的徒弟青年教师不能安排学校事务性工作;第三,教研组活动每月必须安排一次师徒交流为主题的活动内容。其政策措施所带来的师资不足的矛盾,学校依托地方教育行政部门与当地高校合作,通过开展"顶岗实习"活动,选择优秀大学生承担教学和行政辅助工作来加以解决。

3.合作共享的教师文化

教师文化是指学校教师群体共同享有的价值观、信念、行为、态度的意义系统。[①] 教师师徒制的运作除了需要显性的有针对性的规范或制度来指导或约束其行动,也需要隐性地对师徒运作具有重要影响的学校教师集体的行为方式、舆论、思维习惯等教师文化的支持。因为教师文化以某种潜在的规则形式,或明或暗地在引导着教师们的思想和行为,并成为一种强大的力量支配或控制着教师的行动。也可以说,师徒在活动中不可避免地会以此种隐性或潜在的规则行动,积极的教师文化会促进顺利开展,反之则成为一种强大的阻碍力量,使其步履维艰。由此,从师徒制运作的特点来看,它需要的是合作分享的教师文化氛围来作为师徒互动的良好环境。

首先,自私与功利的教师文化会成为师徒制运作的巨大阻碍。不同学校的教师因受各种因素的影响会自然产生出一种具有本校特色的教师文化,这种文化从性质上看,既可能是积极的也可能是消极的。如在自私与功利的教师文化背景下,师傅容易把带教工作视为一种学校强加于自身的额外任务,并在过程中片面地认为"教会徒弟、饿死师傅",从而在活动中缺乏主动性,也不愿把自己的"绝活"传授给徒弟,只是随便应付学校制度所要求的"规定动作"。由此可见,消极的教师文化会成为师徒制取得实效的重要阻碍。

其次,合作与分享的教师文化有助于师徒互动的动作。第一,合作分享的教师文化作为一种隐性力量,潜移默化地影响着学校中的每一位成员,在此合作分享文化长期的影响下,人们已经把真心与他人合作和分享自身的教育经验当作一种自觉和习惯,由此,师徒互动中师傅能真心实意地与徒弟交流并自觉把自己的教育专长奉献出来与徒弟和他人分享。第二,合作与分享文化中的精髓并不在于愿意与人合作和分享,而更多的是善于与人合作与分享。在合作与分享教师文化中,不同教师一方面愿意与人合作与分享,而且还注意合作对象能自由表达自己的意见,甚至是批评的意见。此种境界更有利于师徒互动,特别是徒弟自由发表自己的意见。第三,合作与分享的教师文化能促进师徒和谐关系的

---

① 赵昌木.教师专业发展[M].济南:山东人民出版社,2011:112.

形成。合作与分享文化本身就体现出一种积极的人际关系表现,同时它又积极地影响人们的人际交往,师徒双方在此文化氛围下轻松自由地交流、讨论、互助互爱,从而增进了了解,容易理解和包容对方,没有更多的私心杂念,容易形成良好和谐的人际关系。

(三)共同体维度

拓展学习理论认为,影响活动开展的"共同体"是指由共享一般目标的多个个体或群体构成的集体组织。而"共同体"对活动主体的影响主要体现在主体是"共同体"中渴望发生改变的部分成员,但他的改变必须发生在与他们共同具有共享目标的其他人员的合作之中。由此可见,师徒制从共同体维度来看,师徒制的支持要素主要是指向师徒制活动共同目标也就是社会性目标的各方人员的参与和合作。

首先,师徒制活动是各方之责。任何教师专业发展活动并不是教师个人与学校各级领导之责,所能师徒制活动也不仅是师徒二人之责,而是共享同一个社会性目标的所有主体之责,从师徒制的社会目标来看,目标便是提高教育质量、学生核心素养全面和谐发展,实现教育公平。而共有此目标的主要社会主体就涉及教育行政部门管理者与教研员,高校研究员、学校各级领导和管理者、教师、学生及家长以及退休教师、教育信息技术企业运用软件开发人员等。

其次,各方的参与和合作必将给予师徒制有效运作的强劲推动与支持。第一,扩大了师傅的力量。如当前在重庆、天津等地,在实践中已经组织教研员与学校教师结对进行指导的形式,以及某些地方聘请优秀退休教师担任师傅指导青年教师。[①] 教研员与退休优秀教师的参与使师傅的力量得到了巨大增强。第二,汇集各方智慧能加快或促进师徒制的深入发展。比如,从学校到地方甚至全国层面的师徒制制度化的发展目标;网络指导的快捷、高效;指导方式的多元化的发展目标;指导过程的专业化、标准化的发展目标等这些高标准的发展目标最终实现都需要汇集各方智慧,共同努力、经过一个长期的过程才能实现,仅凭师徒二人之力是很难实现的。第三,各方参与使师徒制增添了多元指导方式,避免学校单一化、同质化带教的弊端。因为缺少各方的参与,师徒制长

---

① 张强.师徒制与新教师专业发展的个案研究[D].上海:华东师范大学,2009:32.

第五章 教师师徒制运作机制模型的构建

时封闭在某个学校内部,当某个带教模式逐渐被大家认同后便会被大家视为经典,随着时间的推移,学校内部师徒制方式便统一化、单一化、同质化。然而,来自不同领域、具有不同教育理念、教育经验或背景的各方人员参与师徒制后,使带教方式丰富起来,从而让师徒制带教方式呈现多元化样态,大家共同学习、取长补短,从而增添了活力,而且有效避免了带教方式同质化的形成,各方和谐共存,各美其美。

(四)劳动分工维度

劳动分工是共同体内的成员横向的任务分配和纵向的权利与地位的分配。拓展学习理论的基础"文化—历史"活动理论,通过活动与行动差别的比喻已经较好地说明了劳动分工的重要作用。列昂节夫认为,活动与行动是两个不同的概念,行动是有始有终的行为,而活动没有终点,可以通过反复的行动持续进行下去。他以打猎活动为例,为完成打猎活动也就是能顺利打到猎物,根据猎物的特点,就必须把打猎活动分为引诱猎物和捕杀两个行动,二者缺一不可。由此可见,活动中分工合作非常重要和必要。鉴于此,师徒制运作的支持从劳动分工维度来看,需要以下两个重要方面的支持和保障。

1.明确参与各方的职责与任务

首先,明确参与各方的职责与任务,是师徒制顺利实现目标的必然要求。通过一定的形式与方法让各方参与到师徒制的运作之中,扩大了队伍,增强了力量。但关键还是在于根据师徒制目标确定不同的分工,并根据分工的性质明确其自身的职责与任务,唯其如此,才能让各方主体各司其职,发挥各自的功能与作用,汇集各种力量协同完成活动任务。如果不能明确各方职责,便容易导致相互推诿、冷眼旁观,不仅不能形成合力,反而会增添阻力,从而导致师徒制运作不能取得实效。

其次,明确参与各方的职责与任务有助于师徒制顺利开展。第一,在师徒制运作中某些主体也有为师徒制有效运作做出努力和贡献的意愿,但又苦于不清楚自己的职责或者仅知道自己的职责,且自己职责与其他主体的职责和任务是一种什么样的关系不甚了解,从而出现一方面某些主体没有实际行动;另一方面是有实际行动,但不仅没有起到促进作用,反而成为阻力或缺少相应的支持。比如,个别领导认为,自己的职责就是安排好师徒配对,从而忽视了其协调、调节、评价的职责,从而使自己所领导学校的师徒制流于形式。由此,明确参与各方的职责有利于各方不仅能做好自己的事,还能主动与他人配合,协同完成整体活动任务。第二,明确参与各方职责使师徒真正获得必要的支持。如教育行政部门的职责在于,制定更加全面、明确的运作规范或标准的政策,把师徒制与教师教育发展、教育专业发展活动整体考量与设计,提供专门的活动经费、加强管理与监督等;学校领导的职责在于积极倡导开展师徒制活动,始终坚持教师终身学习与专业发展理念,大力倡导师徒制的重要性与必要性,千方百计地为师徒制开展提供支持。学校行政部门的主要职责是精心组织,强化过程管理,积极协调与社会其他部门的合作等。师徒是主要的实施者和参与者,其职责通过带教协议明确规定。由此可以看出,明确各方职责、让师徒制取得实效能够获得各方支持,为师徒制顺利实施提供了基本保障。

2. 全面、整体、系统的激励制度

以上参与师徒制各方主体虽然明确了自身的职责,但在实践中可能并不是都能积极地投入而努力完成自身的任务,履行自身的职责。由此,还需要有科学有效的激励制度来促进各主体积极行动。

首先,激励制度是师徒制有效运作的不可缺少的重要内容。师徒制运作主要是人与人之间也就是师傅与徒弟的交流互动来实现的,所以,师傅与徒弟的主动积极性就直接影响到其顺利运作。从实践来看,当前部分学校的师徒制运作中由于缺失相应的激励制度,更多依靠师傅的责任心,其动力显然不足。所以,笔者对某位师傅教师调查问及此事时,他说道:"我们学校师傅带教后没有什么物质或精神奖励,而又增加了工作量,早就不想干了,但没办法,这是学校的安排,不干也得干啊。"另外,部分学校虽然有激励制度,却作用不够明显,要么对优秀师徒进行一定的奖励,却暗地里加剧了不同师傅之间的竞争,或简单进行优秀师徒的评选,但这些荣誉的直接作用是事后进行,对于指导过程并不能起到作用。由此可见,师徒制顺利运作需要整体有效的激励制度。

其次,全面、整体、系统的激励制度定会给师徒制有效运作提供强大动力。全面的激励有两层涵义:一层是指激励既有对师徒的激励也包括对其他主要参与教师的激励;另一层面是指激励全面覆盖师徒制运作全过程。整体的激励是指激励手段或方式的多样化,既有物质的激励,也有思想和情感的激励。系统的激励是指激励的效果并不只是单一指向师徒制运作,而且还与教师的其他利益联系起来。由此可见,全面、整体、系统的激励制度并不是简单激励,全面激励一来可消除师傅之间的不良竞争,二来可提升运作过程中师徒的主动性。整体激励可避免激励单一化问题,发挥思想、情感与物质激励的融合作用,最终产生出强大的"化学反应"。系统激励将师徒在师徒制中贡献成果的利益发挥至最大化,可满足师傅多方面的利益要求,从而让参与者放心、安心、用心地履行好自身职责。

三、教师师徒制运作支持系统各要素及其关系

以上通过拓展学习活动理论重要影响的工具、规则、共同体、劳动分工四个因素所构建出的教师师徒制运作支持要素并不是独立存在和运作的,这些要素它们一方面相对独立地完成自身任务、发挥各自独特的作用;另一方面又互相影响、相互渗透,为教师师徒制的正常运转提供强大的支持和保障,从而形成了一个相互联系的支持系统(详见图5-7)。

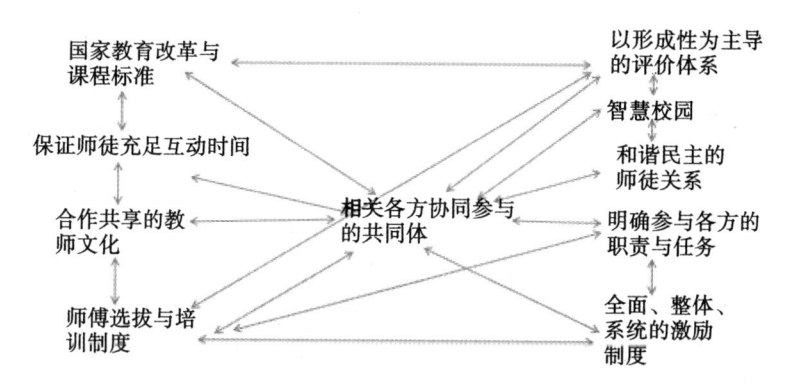

图 5-7 教师师徒制运作支持系统要素

从图 5-7 可见,教师师徒制运作支持系统以图左旁紧密联系的宏观要素(国家教育改革与课程标准)和微观的保证师徒互动时间、合作分享的教师文化构成的规则维度支持单元;右上角是以评价体系、智慧校园、和谐民主师徒关系紧密联系在一起的工具维度支持单元;右下角是由明确的各方职责和激励制度构成的劳动分工维度支持单元;显著居中的是协同参与的共同体维度支持单元。

以上4个维度支持各要素紧密联系一起,各自发挥特殊的作用,支持师徒制的运作,但同时它们之间又有机地联系在一起相互作用,形成了一个有机的活动系统。具体反映在:国家教育改革与课程标准是师徒制运作的重要规则,不仅制约也指导着其正常运作,但同时它又是师徒制科学评价体系的重要依据,然后通过评价体系去影响其他各个要素;师傅教师的选拔与培训要素也彼此联系,它的展开主要就是以国家教育改革与课程标准、评价体系、参与各方职责等为核心内容,同时它又是制度中实现思想激励的重要途径。在诸要素中,各方协同参与的共同体居于核心位置,它与各要素紧密相连,因为各要素的作用需要最后内化为共同体每一位成员的信念、规范和行动自觉,唯其如此,才能真正发挥积极的正向作用。

第五节 教师师徒制运作机制模型构建

以上内容已经勾画出教师师徒制运作所需要的三个基本系统及各系统之下的基本构成要素。这些基本要素都是教师师徒制有效运作所必需的内外部条件,只有将它们有机地整合起来成为一个更大的有机、动态的循环系统,才能更好地发挥出更为积极有效的作用。其三个基本系统的有机组合便形成了教师师徒制运作机制模型(见图5-8)。

从以上教师师徒制运作机制模型可以看到,其模型由三个相互联系的支持系统、师徒互动系统、目标系统三层结构所构成。其中,支持系统位于最底层,它为处于中层的师徒互动系统提供扎实系统的支持和保障,为师徒互动创造了良好的互动空间与舞台。

位于中层的是整个运作模型的核心——师徒互动系统,它一方面主要是在支持系统所提供的恰当工具和良好外部环境下努力行动,旨在完成目标系统中的各项任务。然而,支持系统与师徒互动系统并不只是支持系统对师徒互动系统的单向影响。随着师徒互动的不断深入,互动方式的不断更新,对支持系统又提出了更高、更新的要求,促使支持系统内部发生量和质的变化,二者之间的双箭头则表示了二者的相互关系。

第五章 教师师徒制运作机制模型的构建

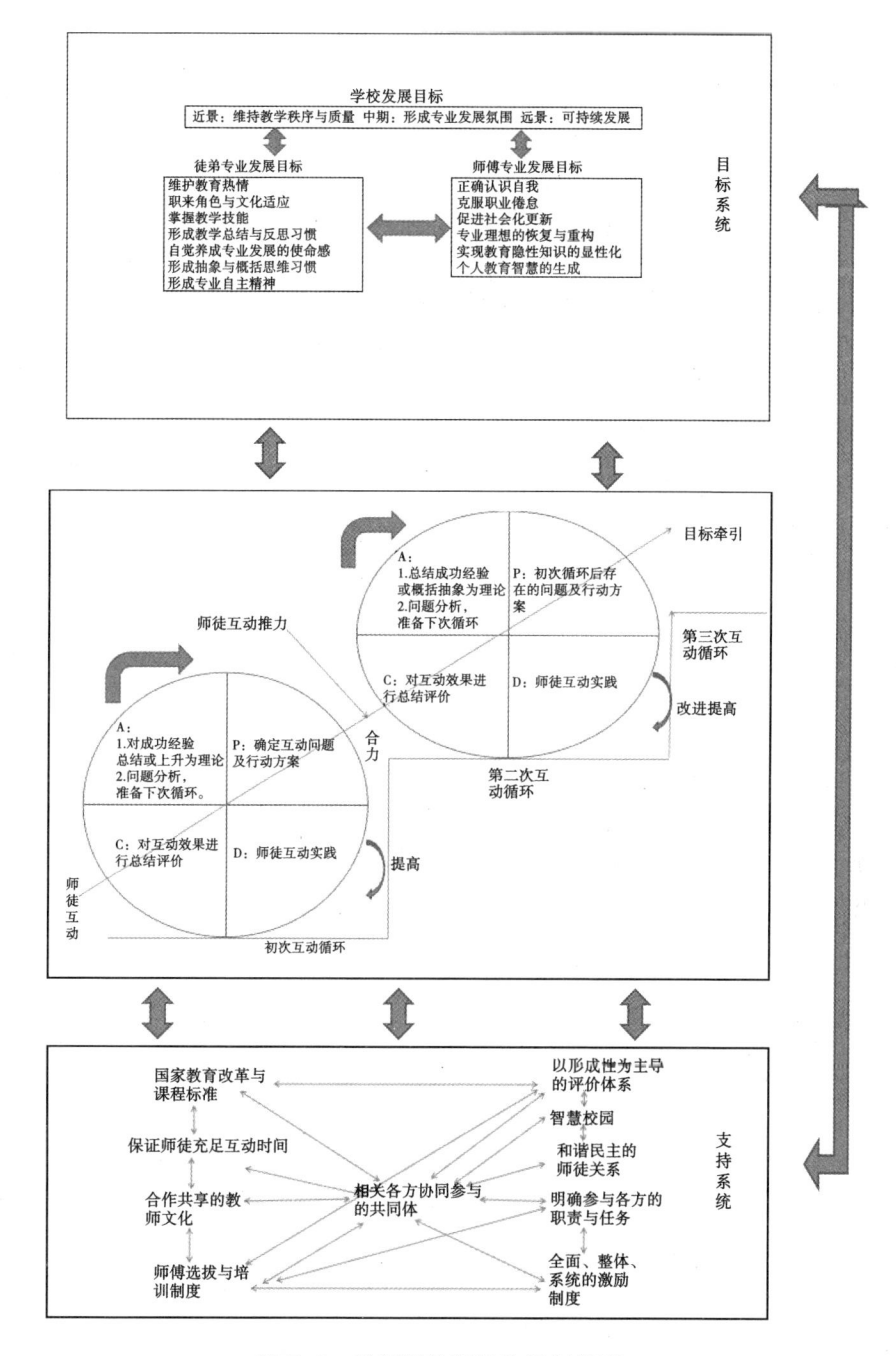

图 5-8 教师师徒制运作机制模型

目标系统位于模型的最高层处,因为它是师徒互动系统积极行动努力实现的内容。由此,表面上看,其目标系统内部是相对静止的,但实际

在模型中它与目标系统和支持系统都存有紧密的联系。从它与师徒互动系统的关系来看,表面上它是师徒互动的主要目标,但实际上它随时在指导或牵引着师徒互动和行动方向与方式,二者相互作用。所以,二者的关系在模型中是用双箭头表示。又从它与支持系统的关系来看,一是二者内容存在相互嵌套的情况,如目标中的师徒形成教师先进理念与技能内容本身就是支持系统中的我国教育改革要求或基础教育新课程改革要求中的内容。二是随着师徒制运作目标的逐步实现,它本身就成为一种积极、正向的力量,成为一种积极的支持要素。由此,从模型中可见,在目标系统与支持系统之间有一条双箭头线把二者相连,表示二者的紧密关系。

总之,此模型是根据相关理论与师徒制运作实践中的实际需要构建而成,它容纳了师徒制运作的诸多要素,并生动地显示了各要素的关系。由此,此模型不仅丰富和深化了师徒制的理论研究,也将为实践运作提供有益的理性参考。

第六章 优秀师傅教师带教特征的个案研究

教师师徒制的实施是基于促进青年教师专业成长的一个最直接的方法,是将优秀教师所具有的教育理念、知识、技能直接传承给青年教师,从而使青年教师能迅速地成为合格甚至成为优秀骨干教师的理论假设。然而,正如人的大脑不可移植或复制一样,青年教师不可能通过"正规"的方式,如听几堂优秀教师的公开课或读几本优秀教师的著作便可轻松吸取优秀教师的教育智慧。可是大量实践表明,师徒制在促进青年教师学习掌握优秀教师优秀教育经验与智慧方面则有天然的优势,通过师徒制,徒弟可在师傅"一对一""手把手"的指导下实现优秀经验与智慧的传递。

对于师傅如何实现对徒弟的指导或师徒制的作用机理,人们长时以来都较为一致地认为是徒弟在师傅的指导下通过观察、模仿到实践操作的学习,从而耳濡目染、潜移默化地掌握师傅的教学经验。然而,大量的事实证明,师徒之间的传统"示范—模仿"方式对于新手教师初期的教学基本技能学习效果较为明显,但对于复杂、隐性的教育智慧的生成作用却不够显著。进一步,又通过大量观察分析发现,诸多优秀师傅的带教过程让徒弟的收获不仅是简单的教学常规技能掌握,而且在更为复杂的教育智慧能力提升方面都起到了明显的作用,并且他们的指导内容与方式之间存有许多相同或相似之处。由此可见,总结与归纳出优秀师傅教师们的共同带教特征就具有重要的价值和意义,因为它不仅能较直接地揭示出优秀师傅有效指导徒弟发展过程的"黑箱",而且还自然呈现出具有一般性或普遍意义的有效带教方略,从而为广大实践者如何解决有效带教的问题提供有益的学习借鉴参考。

为此,本章将围绕"优秀师傅的主要带教特征"这一核心问题,通过对该问题的研究,尝试总结、归纳出优秀师傅们体现着科学带教理念与方法的主要带教特征,以此来更好地回应本书所确立的如何发挥师徒制作用这个主要研究问题。

第一节 优秀师傅教师带教观念先进并具强烈角色认同感

带教观念是指师傅对师徒制的态度、意见、作用等方面的认识。教育思想观念是教育教学行动的先导,它直接影响到教育工作者的行动方向。2001年6月国务院召开的全国基础教育工作会议再次指出我们实施素质教育收效不大。教育的收效不大,首先是教育思想观念转变不够。与此同时,中小学继续教育作为教师教育的重要组成部分,对于转变中小学教师的教育思想观念并未做出应有的贡献,其中一个十分重要的原因在于,教师教育工作者自身的教育思想观念滞后于时代的发展和基础教育改革的需求。由此可见,作为师徒制活动主体中发挥主导作用的师傅教师,他们对师徒制的认识或观念是否正确、科学将直接影响师徒制的运作方向和最终质量。为此,本书对优秀师傅教师的带教观念给予高度关注,并通过相关的访谈问题以及他们的相关带教资料及徒弟和学校领导所提供的信息来进行了解和总结。

一、优秀师傅教师普遍具有正确带教理念及角色意识

(一)师徒制开展的必要性认识

1. 现在的大学毕业生,没人带或许上不好课

A组师傅说:"我认为师徒制的开展非常有必要。因为第一,当前许多刚毕业被学校招聘进入的新教师,他们对实际的教学工作,特别是课堂教学工作还缺乏经验,存在诸多问题,大多数存在适应困难,而学校开展'师徒结对'活动,给他们都安排了一位经验丰富的师傅教师,能

很好地帮助他们度过适应期。第二，师徒制的开展对于我自身的学习与进步也起到了促进作用。如通过借鉴徒弟教师的'闪光点'来完善自己。在带教过程中能更好地帮助自己梳理自身的教学思想，使自身的经验、方法系统化。"

2. 师徒制能有效弥补职前教师教育中实践课程不足的问题

B 组师傅说："我认为师徒制的开展非常有必要。因为现在许多刚毕业的师范生在教学中什么都不太懂，有位经验丰富的师傅带一带还是很有必要的。现在的大学实习活动那算什么呀，我有一个徒弟刚开始基本上就不会教学，而且个人教育基本功也不扎实，现在的职前教师教育存在一定的不足。"

3. 师徒制能及时帮助青年教师排忧解惑

C 组师傅说："我认为师徒制的开展很有必要。因为，一方面大量的青年教师需要有针对性的指导和帮助。另一方面，教育行政部门及学校组织的相关活动有一定的帮助，但都缺乏针对性和及时性，往往不能直接有效地起到支持作用。而师徒制活动，让青年教师有了专业师傅，有了问题可及时求教，并且还可较为系统、全面地接受学习与训练。"

（二）师傅角色的自我认识

1. 我任师傅我自豪

A 组师傅说："前几年，学校新调入一位县中学的青年熟手教师，按学校规定新调入的青年教师也要参加'师徒结对'，因所教相同的高中地理课程，学校便安排我担任她的师傅。当时学校安排时，我并不是很乐意，因为一是给我工作增加了额外的任务，二是徒弟已经有一定教学经验，会给自己的带教指导带来巨大的挑战。但经过一年的师徒学习，我也从她身上学习到了许多，总之，有付出就会有收获，我觉得当师傅挺满意的。"

C 组师傅说："我觉得当师傅是一件高兴的事。因为它一方面可表明你的专业水平与能力得到了学校领导的认可；另一方面作为师傅对青年教师进行帮助也是一种善举吧。想当初我也是从一个毫无经验的新手教师一路走过来的，其中的酸甜苦辣十分清楚，现在能帮他们一下也是我们老教师应该做的。所以,我非常喜爱师傅这个角色,并尽力完成师傅的职责和任务。而且,因为我努力地扮演好师傅的角色,从而也获得了相应的回报,丰厚的回报又促使了我作为师傅角色的自信与自豪感。"

2. 责任重大

B组师傅说:"我觉得既然学校安排我担任师傅来指导徒弟,那就应该义不容辞地扮演好这个角色。现在我已经带了两个徒弟,现在还正带着一个,平时交流时,他们非常尊敬地不停叫我'师傅'。所以,我对我担任师傅这个工作或角色感到责任重大。"

(三)师徒制作用的认识

1. 不是查漏补缺,而是促进师徒专业发展

A组师傅说:"我认为师徒制作用不能过于狭窄,当前对师徒制方式的使用更多局限在青年教师之上,由此,人们容易只看到对青年教师的单一作用,特别是对青年教师的不足进行弥补或改进。然而,教师在整个职业过程中会经历几个不同阶段,而每一个阶段都存在困惑,也就存在师傅引导的需要。所以说,师傅制是可面向全体教师、促进教师全面成长和进步的。"

B组师傅说:"当前虽然大家也清楚教师专业发展的重要性,学校领导在各种场合也不断强调师徒制的开展是促进师徒双方的专业发展。但诸多师傅在指导或带教过程中实际上是操作的教师培训的内容与方式,也就是对徒弟的'查漏补缺'工作,而实质上并没有在帮助解决问题的过程中去有意识培养徒弟的生成能力。然而,师徒制的意义或作用是在平等、合作的基础上互相学习、共同进步,最终实现师徒双方的专业发展。"

2. 能有效促进师徒共同专业发展

D组师傅说:"我认为师徒制是当前促进教师专业成长特别重要的方式。因为它在实践中和其他途径相比较已经体现出其优势。如当前上级部门组织的专题学习机会较少,另外主要采用的是集体授课,学员听时热情涌动,可回校后与实际教学又相差甚远,从而又转为心灰意

冷。教研室更多是组织公开课、赛课等活动,而真正有针对性帮助某位教师的发展却明显不够,校本培训也一阵风,开展个人自主学习或读书学习等形式,虽然能反思出一些问题,但问题又由谁来帮助解决呢?所以说,师徒制贴近教育实践,又在实践解决实际的教学问题,从而满足了各阶段徒弟教师的需求,同时徒弟的学习积极主动性又促使我提升了进一步发展的意愿,总之我个人也得到成长,因而它是促进教师专业发展必不可少的重要途径。"

二、优秀师傅职业核心角色使其产生强烈角色意识

美国学者Rokeach(1968)曾提出了一个有关信念强度的原子核模型。他指出,越是靠近原子核中心的信念,就越是与个人的身份相关、与个人的直接经验相关,并越难以改变。由此可知,优秀师傅的社会角色最核心的是教师角色。由此,他们的思想、观念不可避免地受到教师角色的影响,作为徒弟的师傅担任师傅,其角色与教师并无显著或质的差异,从而他们的师傅角色感处于信念系统中的中心位置,是教师深层信念的反映。

三、师徒制实效促使师傅形成正确的带教认识

一方面,苏联心理学家维果茨基开创的"社会文化—历史"活动理论,已经充分表明人的心理是在社会实践活动中逐渐成长和发展的,离不开具体的社会实践环境的影响和作用。由此可以看出,优秀师傅的带教观念是在带教实践中逐渐形成的。另一方面,俗话说"事实胜于雄辩",优秀师傅通过自身的努力使徒弟教师获得显著的成长,其真实的效果不断加深和巩固优秀师傅们关于师徒制开展的必要性和重要性,也增强了角色意识和自豪感。其正确和坚定的带教观念又促进带教效果,从而形成了一个良性的循环。

四、师徒制实践推动师傅把科学理论内化为自身带教理念

教师拥有先进科学的教育观念是科学开展教育活动的基本素养要求,所以当前在教育领域通过各种途径与形式对教师进行先进教育理念的专题讲座等形式的培训活动经常举行,但从众多的实际效果来看,教师们听的时候"心潮澎湃",但一回到实际工作岗却又"心灰意冷",其效果并不理想。究其原因主要是专家所介绍的相关理论与实际情况并不十分相符,由此可见,先进的教育理念因为不能与教师实际工作环境相匹配,教师们就很难会自觉主动接受或将之纳入其自身原有教育观念结构之中,或者说能完全替代原有的观念。然而,师傅教师是师徒带教的主要参与者,他们通过自身的带教实践清楚认识到师徒制的优势及其存在的不足,从而能自觉地把专家或政策文件中的科学带教观念与带教实践结合起来,经过一段时间的应用及检验后,将科学的和有实际指导意义的先进理念内化为自身的理念。

另外,各学校在安排师傅时,主要都选择思想端正,教学业务能力强,善于交际,关爱他人的优秀教师来担任师傅,所以优秀师傅本人的优秀专业素养品质也是形成良好带教观念的一种自然优势。诚然这只是一种前提条件,关键还是优秀师傅不断学习的结果。

第二节 优秀师傅教师带教动力主要来自持续、稳定的教育情怀和专业理想

师傅教师的带教动力是指推动或维持师傅教师指导徒弟学习与发展的主要因素或目的。师傅带教的强劲参与动力是师徒制活动正常有效开展的必要条件。师徒制的开展作为学校管理者而言,它是一种合理利用学校资源对青年教师进行指导帮助,促进其专业发展的方式,由此对师傅一般都未有相应的奖励或津贴。然而,优秀师傅教师为什么会努力去完成学校安排的此项任务呢?其背后的原因也值得关注。

一、带教动力来自其崇高的教育情怀与责任感

(一)带教真是一个享受的过程

A组师傅说:"我们学校没有,一直都没有什么经济奖励,只是最后

第六章 优秀师傅教师带教特征的个案研究

有一个'优秀师徒'荣誉称号的评选活动。学校如果有经济奖励那肯定是件好事,但没有奖励我们也不能说就不承担起这份担子了。特别是我觉得我做师傅的动力主要是对这份工作感到非常有兴趣,因为我本人就特别喜欢教师这个职业,我觉得教师职业非常适合我的个性,我喜欢和青年人在一起交流。现我经过多年的努力工作已经具备了一定的教育能力,当经过我培养的学生成功考上大学后,我也觉得非常自豪。所以,我觉得我的经验不仅可帮助学生,还可以帮助青年教师,在与他们互动学习中,我享受着与他们一起进步成长。这也许就是我带教的主要动力吧。"

A组徒弟说:"我师傅在与我交流问题时经常充满活力,滔滔不绝。有一次就某个问题与我交流了整个下午。"

(二)要带就要带好

C组师傅说:"我觉得我带教的主要动力可以说是一种责任心吧。一来学校并没有给师傅任何奖励,所以并不是为利。二来我已经前几年就评上高级教师了,也不是为了什么头衔光环等名誉。我只是觉得既然学校信任你,让自己帮助一下青年教师,那么就应该百分之百地努力去做好它,要么不带,要带就要负责带好,不能有名无实。"

C组徒弟说:"我师傅周老师太认真负责了,记得有一次他把我的备课教案基本上重新改了一遍。"

(三)现在的青年教师真不容易

B组师傅说:"我与徒弟结对当然是学校安排的,一般来说,老教师都不会主动要求,谁主动要求,一来不好意思,另外还怕有同事说你假积极,争表现。但是我觉得现在的青年教师压力太大了,学校暗地里的竞争还是比较激烈的,青年教师他们刚开始工作,许多教师教学效果不太理想,学生成绩上不去,家长意见比较大。所以,我觉得担任师傅虽然增加了工作量,但能帮助一下青年教师,让他们少走一些弯路,也能减轻他们的压力。"

B组徒弟说:"刚结对时,我觉得什么都不会,但师傅张老师总是鼓励我,经常问我有什么问题,工作环境是否适应。有一次月考,我任教的班级学生物理成绩全年级靠后,师傅便及时安慰我,不要有包袱,胜败乃兵家常事,下来好好总结,我相信你一定会有进步的。"

二、优秀师傅教师普遍具有坚定的专业理想

教师的专业理想是指教师对成为一名成熟的教育教学专业工作者的向往与追求。优秀师傅老师首先必然是一位优秀教师。优秀教师之所以优秀一定是在专业素养方面处于较高的水平,而专业理想是优秀教师专业素养的重要组成部分,所以优秀师傅的专业理想往往比普通教师更为强烈。

三、优秀师傅教师坚定专业理想容易形成教育情怀和职业责任感

教师内生性动力要素是多方面的,主要有教育情怀、社会责任感、自尊感,对教育问题存在的不满态度及要求改进的要求等。而具备坚定和稳定的专业理想的师傅教师对教学工作会自动产生强烈的投入感,愿意终生为教育事业做出贡献,从而也自然不会过于计较个人利益的得失,把教育和带教工作视作一种享受的过程,把不断提升青年教师专业素养、提高教育质量水平以满足广大学生及家长的要求作为自身的重要社会责任。

四、优秀师傅教师的内生动力必然会成为带教的主导力量

一方面,心理学的动机理论已经表明,个体在行动中需要有相关动力的支持与推动才能实现目标。动力从来源渠道来划分,可分为外部与内部动力。如经济奖励、荣誉、制度要求等属于外部动力,而个人的心理或精神需要如兴趣、自尊心、责任感的满足属于内部动力。然而,笔者在调查中发现,当前许多学校并未有师徒奖励制度或者有一定的奖励,因此刺激或作用较弱。另一方面,师傅带徒的行为又需要有强大的动力来支撑和推动。由此,优秀师傅教师所具备的强烈教育情怀、社会职责感等素养便成为推动师傅们努力带教的主导动力。

总之,虽然师傅们的内生动力相比外部动力来看,内生动力具有鲜明的自觉性和稳定性,从而使动力作用更为主动和强劲,但从实际情况来看,不断改进和优化当前的外部激励制度,增强外部动力的作用,并

让其与师傅教师的内部动力一起形成更为强劲的共同合力,这也是完善师徒制工作的重要内容。

第三节 优秀师傅教师带教内容主要围绕教学技能传授并有机渗透专业态度

一、带教内容主要以传授课堂教学技能为主

带教内容是指师傅根据各方面要求有目的、有意识选择对徒弟施加影响的内容。主要包括专业知识、技能及态度等。带教内容的结构将直接影响徒弟的专业素养基础水平和专业自信。由此,对于优秀师傅教师的带教内容需要重点关注。以下是对优秀师傅样本及他们所带徒弟的访谈情况。

(一)没有基础何谈发展

A组师傅说:"我认为带教内容主要根据徒弟的情况而定,但不管是刚入职的新手教师,还是刚调入的成熟教师都必须具备扎实的学科知识和熟练的教学各环节基本技能,只有基础牢固与扎实了,才能逐渐生成高级的教育智慧。所以,我主要先抓徒弟的备课、上课等基本技能,然后在此过程中去渗透和分享我的教育智慧。如有一次,我听徒弟课时,他刚向学生提出一个问题,然后马上叫学生回答。我下课与之交流时便强调了他的这个细节问题,然后,把我的经验向他介绍。我想他今后在处理同类问题时,就会根据我的经验进行处理,如果取得好的效果,才会成为他的教育智慧。"

A组徒弟说:"我刚参加工作时,不太重视备课工作,习惯照抄别人的教学参考教案。耿老师发现后,对我进行了委婉批评。然后要求我认真、仔细地阅读课程标准和教材,并要求通过'三读'即初读、细读和精读后才能写教案。初读主要是了解课程知识的结构与系统,细读是掌握知识的安排顺序,精读是掌握课程知识的重点和难点。经过一学期的坚持,我不仅对课程知识掌握得更为系统,也形成了良好的备课习惯,形成了自己的备课风格。非常感谢师傅对我基本功的训练和指导。"

(二)注重徒弟的专业与心理需求

B组师傅说:"因为我们师傅带教时间为一年,时间很紧。由此,我主要根据对徒弟教学中的主要问题进行指导,另外也多次与徒弟交流询问他们最需要帮助的问题有哪些,然后根据这些情况来综合地考虑。所以,指导内容主要是教学环节中的问题,具体主要是徒弟的教学组织、教学内容重难点把握与教学处理、个人教学的不良习惯等。但我认为对徒弟的指导和支持并不只是教学单方面的内容,还必须有心理方面的支持。由此,我特别注意在各种交流中鼓励他们、关心他们的学习与生活,努力帮助他们解决生活上的困惑。"

B组徒弟说:"记得我入职后最初上的课简直可以说是非常失败。我把准备40分钟的内容用10分钟就讲完了,剩下的时间当时真不知怎么办。由此,我向师傅请教如何办。师傅说你的问题主要是对课的结构缺乏理论的了解和实践中比较紧张所导致的。所以,师傅便给我介绍了关于课堂结构方面的理论知识,然后又根据不同教学知识如何安排课堂结构进行了详细的指导。随着不断的学习与进步,我在课堂中变得游刃有余了,一堂课应分为哪几部分,每部分应如何处理都较为熟练了。"

(三)让徒弟"跳一跳摘桃子"

C组师傅说:"我在指导徒弟时,其内容比较丰富。当然主要是围绕徒弟的教学问题来展开,但是不能限制在徒弟的基本教学技能训练之上。而需要用发展的眼光来安排指导内容,促进徒弟未来的专业发展。由此,我想一方面需要提升徒弟主动的学习习惯,另一方面是提升其学习能力。正如老祖宗所说的:'授之以鱼,不如授之以渔。'怎样才能实现此目标,我主要是提高对徒弟的要求,让他们'跳一跳摘桃子',如备课时,需要有两种方法来构造。这样,徒弟为完成任务,必须主动学习查找资料,找到与教学内容相适切的多种方法。在此过程中,徒弟的分析、创造能力就逐渐得到训练和提升。"

C组徒弟说:"我的师傅对我要求较严格,经常给我提出一些高标准的要求。如同教学内容需要准备两份不同的教案,分别在不同的班上讲授,自己总结其优缺点,并不断改进和优化。"

(四)适时渗透专业思想影响

E组师傅说:"有一次我与徒弟交流时,他说道:'现在我们工资太低了,我有一名同学在外资企业,收入是我的好几倍。我又苦又累,还得不到丰厚回报,这太不公平了。'我发现徒弟的此种思想后便认识到指导徒弟不能只关注他们专业问题,还要关注和引导他们形成正确与稳定的专业思想,只有思想端正了,学习才会有动力。由此,我在之后发现他有类似情况时,便及时与他交流,主要是讲自己曾经的类似思想,后面又是怎样转变的,让他自己去领悟,而不是强行说教。"

(五)"翻转课堂"教学模式

F组师傅说:"对于带教内容,我是这样认识和选择执行的,随着现代科学技术的发展和应用,当前在教育领域各种现代教育技术设备不断更新,从幻灯机到多媒体,再到电子黑板,但这些仅是教学设备和工具的更新换代。前两年我校在两个年级开展了'云班'教学,即在'翻转课堂'理念下运用平板电脑和相应学习软件进行教学的一种全新教学模式。由此,我指导徒弟如何运用相关软件及如何组织教学。总之,今后许多教学工具的使用已经不占优势,许多内容对于我们师傅来讲,都是新的课题。由此,师傅一方面需要不断学习掌握新工具和新现代教学模式,另一方面更重要的是探究如何应用组织新工具的问题,这样才能紧跟时代的步伐,完成好师傅的带教任务。"

F组徒弟说:"师傅除了对我们进行基本教学理念与技能的指导外,特别重视现代教育技术工具的指导,他经常强调,你们作为青年人熟练操作新的电子工具,肯定一学就会,但它毕竟只是工具,代替不了你们的思维,所以大家在学习新的现代教育模式时,一定注意重点不是如何使用,关键是用它怎样来提升教学质量。如果运用不当,其效果就不能完全发挥,有时反而会增加更多的难度,导致其缺点扩大化。"

二、教师传统带教经验的影响

以老带新是我国学校中对初任教师进行帮助的传统方式,主要的做法是先让徒弟听课,作为助教帮老教师批改作业或辅导学生,经过一段时间的边缘性学习再正式担任教学任务。或者师傅的课先上,然后徒弟先听课后,再模仿老教师的教学结构与方法进行所负责的班级教学。此种围绕教学技能的带教内容随着时间的推移,一代又一代的教师传承,使当今的师傅也潜移默化地受到影响,成为一种习惯甚至是一种带教文化。由此可见,师傅在传统以教学为主的带教经验影响下,也就自觉地以徒弟的教学问题为主要的带教内容。

三、师傅教学专业特长的必然结果

当前学校在选择师傅时,都会选择专业素养全面,特别是教学能力突出的教师来担任。由此,师傅们最为擅长的就是教学工作,他们普遍学科知识扎实,教材内容把握精准,教学组织技术熟练。而这些方面恰恰又是徒弟较为薄弱或缺乏的,由此,师傅们必然要把自己所熟练的教学作为主要的带教内容。

四、学校实际教学环境的必然选择

一方面,当前我国中小学校的课程实施主要是以学科课程为主,所以学校工作是以教学为中心;另一方面,徒弟的主要需求实际上是如何解决教学问题提高教学质量,以满足学生和家长的期望和要求。所以,从实际需求的角度来看,师傅们也必然把徒弟的教学相关知识、技能作为主要的带教内容。

五、在指导徒弟教学知识与技能中有机渗透专业思想等内容

因为作为优秀师傅,对于向徒弟传递知识、技能及思想引导任务完成的科学规律是已经非常熟悉的知识了。由此,他们能正确处理对徒弟进行教学知识、技能与专业思想引导任务之间关系,不是把教学知识与技能的传承与专业思想引导分离或割裂开来,而是通过向徒弟进行教学知识与技能的传递过程中有机渗透专业思想的内容,从而为实现带教的全面发展目标提供有力的保障。

第四节　优秀师傅教师带教方式是以相互听评课为主的基础上灵活运用其他

一、带教方式以师徒相互听评课为主

带教方式是指在师傅主导下师徒交流的主要途径。带教的不同方式将直接影响徒弟今后的发展方向路径。通过笔者对优秀师傅个案及他们徒弟的访谈,其带教方式情况如下。

(一)师徒相互听评课

A组师傅:"我认为带教方式应是多元化的,但我所带的徒弟是学科专职教师,所以我主要是让他来听我的课,我有空也去听他的课,然后课后交流不足和提出改进意见。"

C组师傅说:"我指导徒弟主要是听他上课,发现其不足,然后交流。"

D组师傅说:"虽然师徒相互听课方式是一种传统方式,但实践证明它是简洁、方便的方式,所以我主要采取师徒互相听课方式来指导。"

E组师傅说:"我们学校的师徒制实施方案里要求师傅一学期要保证听徒弟一次课,徒弟则要求听师傅三次课。"

C组师傅教师对徒弟听课记录本摘录:

听课时间:2018年10月30日上午第一节课

徒弟教学课题:Unit3：Is this your pencil?

师傅听课后体会与建议:"课堂内容安排较多,学生消化不了;新单词最好注音。"

C组徒弟听师傅授课笔记摘录:

听课时间:2018年10月29日上午第四节课

师傅教学课题:英语语法练习

徒弟听课后体会与建议:"师傅在提问环节,通过随机抽取学号的办法很好,它一方面活跃了课堂气氛,另一方面也避免了主观的多抽优秀学生,从而能提供真实的教学效果反馈信息。"

(二)C组徒弟成长记录本摘录

C组师徒所在学校的师徒制管理较为规范,不仅明确了师徒每学期相互听课的数量,还要求徒弟把每一次师傅指导的过程记录在每位徒弟人手一册的成长记录本之上,成长记录本主要记载了徒弟听完师傅课后的体会与收获,并且提出相应的问题或疑惑,再由师傅亲自撰写相应内容来回应徒弟的问题。以下就将C组徒弟成长记录本中的某一次听课体会、收获和相关疑问及师傅的回答内容展示如下。

记录时间:2018年10月9日

徒弟体会与收获:"师傅今天上课的内容是主讲作业,有些我没注意到的细节师傅教师讲到了,下来需要认真学习。而且师傅还让学生把需要注意和容易出错的内容写在书上,现在看来初一部分学生的自觉性还是较低的。"

徒弟的问题:"现在对学生的作业方面是否应给他们硬性提出具体要求呢?因为我发现人们一是自觉性太低,二还没有形成强烈的自主学习意识。"

师傅撰写的回应:"教会他们学习是在良好习惯养成过程中的一件重要的事情,所谓'授之以鱼,不如授之以渔',只有让学生掌握了科学的学习方法,在学习中就会事半功倍。对于作业的要求是否要有一些硬性规定,这需要灵活对待和处理,如学生作业中的错题需要学生记录在一个专门的错题集本子上,听写作业有困难学生则要求重新听写等都属于理性规定的范畴,但有些作业则不必有许多的条条框框,如作文练习作业,如果设置太多则会限制学生的想象力和真情实感的内容表达。"

二、灵活运用其他辅助带教方式

(一)注重指导徒弟公开课教学

B组师傅说:"通过听徒弟日常的教学可以及时了解和发现问题或不足,但指导也显得较为碎片化。所以,我还注意集中精力指导徒弟的公开课及汇报课,从备课到磨课,手把手地进行指导,这样显得较为系统。"

第六章 优秀师傅教师带教特征的个案研究

D组师傅说:"我平时比较忙,这学期又有许多区上的教研活动,所以,我对徒弟的指导就主要放在公开课的指导上面。"

F组师傅说:"徒弟公开课是对徒弟专业水平的一种展示或检验,其师傅必须花一定的精力进行指导和帮助。同时,通过指导一节较为完整课题的带教,能让徒弟获得更为系统、全面的教学认识,并提升自己的教学实践综合能力。"

F组徒弟说:"经过师傅的指导和帮助,我终于在公开课上较为稳定地发挥出我自己的水平,并使自己对整个教学过程的把握有了一定的提高。"

(二)试卷命题指导

A组师傅:"我除了对徒弟课堂教学知识传授技能的指导训练外,还重视通过让徒弟参与或独立命题的方式进行带教。此种方式有利于徒弟对教学内容考核点的全面理解和把握。"

B组师傅说:"我也比较喜欢让徒弟参与试卷的命题工作,一来可了解徒弟对教学内容、教学目标的理解和掌握情况,二来也可培养其独立工作能力。如上学期我们学科的半期试卷由我负责命题,我便让徒弟编制客观题,初步培养他的教育测试能力。"

B组徒弟说:"如何把握考点不仅是提升学生成绩的现实需要,也是作为一名合格教师的基本学科教学素养,我师傅有意识地让我参与命题,使我对考点的掌握逐渐有了很大的进步,使教学的目标更为清晰。"

(三)应用网络工具辅助带教

A组师傅说:"现智能手机太方便了,我与徒弟经常通过手机微信进行交流。"

B组师傅说:"利用手机和家中电脑可与徒弟在工作之外的时间进行沟通,从而有效弥补了师徒在工作中缺少共同时间的矛盾。"

C组师傅说:"现手机不仅是生活的工具,也是工作中一个重要的工具,我与徒弟就经常通过手机微信进行交流,方便、快捷。"

F组师傅说:"我现在发现网上有新的学科教学理念和好的文章,我便转发给徒弟,让他阅读了解。同时,徒弟也通过微信给我发送一些最新的国家教育政策,让我及时了解国家对教育方面的指导意见和相关办法。"

三、互相听评课是我国教师互相交流学习的传统方式

师徒制活动从某种角度来说它就是一种教师之间相互交流学习、向优秀者学习、优秀者向普通者示范引导的活动过程。在教育领域,教师之间通过相互听评课方式来相互学习借鉴是实现共同进步,全面提升教师集体素养和教育质量的重要方式。相互听评课方式是我国中小学教师相互学习而采用的传统方式,早在1954年,国家发出《关于改进1954—1955学年度中学教育工作的通知》,提出要在新的学年组织教师"加强业务学习,特别是教育理论学习,结合教材教法的研究,通过听课、观摩等多种方式进行"。[①]时至今日,此方式仍然是中小学校教师业务学习与提升的重要方式之一。由此可见,互相听评课方式是教师之间互相了解、学习借鉴的直接、有效的方式。优秀师傅在带教中能方便、快捷、高效地指导徒弟成长,同时这也是他们擅长或熟练的基本技能。由此,优秀师傅们秉持"用熟不用生"的原则,自然会选择以此种方式来与徒弟共同学习和交流。

四、互相听评课是徒弟模仿师傅教学的基本要求

从众多初任教师在入职时如何克服适应困境来看,他们一般采用的方法有:第一,把学校所学理论知识与教学实际做一定程度的联系,以寻求解决办法;第二,不断通过各种方法的"试误"操作,以获得有效的方法;第三,向优秀教师学习,拜资深教师为师,主要是先通过模仿师傅的教学过程来完成当前教学任务。此三种方法相比较而言,通过拜师学习即师徒制方式最为快捷、有效掌握专业技能,成为更高一级类型教师的目标。因为把所学理论与实际问题联系起来在方法上并无过错,但试图将所学理论知识直接运用到教学实践来解决教学问题是不切合实际的。而第二种方法,在实践中孤立地"试误"操作,一方面会消费大量的时间和精力,另一方面,还容易造就对教学的片面或畸形的理解,对教学的成功与失败做出错误的解释。由此,师傅们为了满足徒弟对自己教

---

① 《中国教育事典》编委会.中国教育事典·中等教育卷[M].石家庄:河北教育出版社,1994:205.

学模仿的现实需要,必然让徒弟认真听自己的课,同时能真实了解徒弟的教学水平、教学问题的改进情况,师徒之间的互相听评课也就自然成为师傅们特别是优秀师傅带教必须采用的方式。

五、多元带教方式是优秀师傅教师顺应时代的必然选择

尽管师徒互相听课有其自身的诸多优点,但如果只对其单一使用,必将导致不能全面完成促进师徒专业发展的目标和任务的结果,因为任何一种带教方式只能在某一范围内或针对某个或某组问题的解决有直接的作用,所以在解决复杂问题时,则需要更多的方法参与进来,共同着力才能真正实现目标。由此,作为优秀师傅教师他们更清楚其中的道理,所以他们在带教中非常注意运用多种方式来开展带教,从而提高带教质量。

另外,为弥补传统师徒制的不足,诸多新的带教方式也在师徒制实践中不断出现,如集体备课、编制试卷、行动研究等。这些新带教方式在实践中也证明了其有效性。如果优秀师傅不能掌握和应用,那将直接影响带教的质量。由此,他们也会自觉努力地学习和掌握不断涌现的新方式并运用到带教实践之中。与此同时,随着社会的发展,当今世界已经处于信息化、网络化时代,特别是信息网络的发展与运用,丰富了教育的工具和手段,跨越了教育的时空阻碍。对此,优秀师傅教师作为师傅群体的优秀代表在长期工作中已经形成了对新事物学习和接纳的好奇心和"敢第一个吃螃蟹"的进取精神,故而他们往往是新教学工具与方法的率先接纳和使用者,这样的优秀的精神品质会引导他们自觉率先学习和掌握现代信息网络工具并充分利用其功能和平台来指导徒弟。率先使用新方式带教后,其良好的效果又推动优秀师傅教师不断探寻和掌握新的带教方式。

第五节 优秀师傅教师带教组织是一种由"扶"到"放"的过程

师傅的带教组织是指师傅在某种科学带教理念指导下的精心谋划,逐步引导徒弟不断成长与进步的一系列实施步骤及策略。师傅的带教组织理念与行动策略是体现师傅带教综合能力的重要体现,是科学带教的重要保证。

一、带教组织注重向徒弟提供专业与心理的支持

(一)灵活运用"支架"

对于师傅带教中一个基本的做法就是为徒弟的教学水平提升提供"教学支架",教学支架主要是建构主义学习心理理论所提倡的一种教师教学策略,是指由教师或父母(辅导者)对学习者所提供的即时支持,这种支持能促进学习者(被辅导者)有意义地参与问题解决并获得技能。[①]对于师徒制而言,就是要给徒弟提供一种引导性的材料或工具,使徒弟能清晰、稳定地前行,而非模糊的简单语言指导。访谈中有三位师傅都提及了他们灵活运用"支架"的理念与行动。

B组师傅说:"刚开始指导徒弟,不能只是指出徒弟的教学不足,关键是要教给他如何消解不足的方法。所以,关键要给徒弟以正确的示范,这样才能让徒弟有具体的改正目标和方向。但是示范的'支架'不能一直使用,当徒弟逐渐成熟后,我们的支架也应逐渐减少,这样才能更好地培养他们独立解决问题的能力。"

B组徒弟说:"有一次师傅听我课后便指出我有一个单词的发音不够标准,便立即把这个单词向我正确地示范读了几次,然后又把错误的

---

① Wood, D., Bruner, J., & Ross, G. The role of tutoring in problem-solving[J]. Journal of Child Psychology and Psychiatry, 1976(17): 89-100.

读法读了几次,经过这次指导我终于清楚我的发音错在哪里,下来后我有意识地训练了几次,终于解决了这个问题。"

C组师傅说:"徒弟刚开始掌握一种教学技能时,往往比较困难,所以需要我们师傅给他们提供一个支架,让他们通过支架来掌握便轻松容易一些了。但师傅不能永远提供支架,而是要逐渐撤去支架。"

(二)注重专业与情感融合带教

通过访谈材料显示,有三位样本个案师傅非常重视通过建立良好的师徒关系来结合自身的专业带教技巧一起来共同带教。

B组师傅说道:"引导徒弟学习专业知识与技能,不能只单一用'智',还需要用'情',缺一不可。"

C组师傅说:"师徒之间良好、和谐的师徒关系是开展带教工作的前提和重要保证。所以,除教学上关心他的成长,也关心他的生活,在平常休息时间我们经常一起外出活动,不仅增进了师徒友谊,也为专业交流创造了宽松、和谐的氛围。"

E组师傅说:"师徒制活动是师傅与徒弟两个主体之间的互动学习,在互动中师傅与徒弟两人之间自然会在认识的基础上产生相应的基本情绪与社会性情感体验。积极的情感会给带教起到'润滑剂'的作用,反之,消极的情感会让带教工作寸步难行。"

二、带教组织注重分阶段引导徒弟自主独立完成任务

(一)诱导、点拨、巩固三步模式

通过访谈材料显示,有三位师傅在带教组织中注重分阶段、有步骤地开展带教活动。

A组师傅说:"带教工作虽然时间较短,但根据我的带教经验,带教过程应分阶段进行,不同阶段安排不同的、有针对性的任务,这样才能有系统性、整体性地促进徒弟专业发展。一般带教初期是重在'启发、诱导',中间阶段重在'点拨、修正',结束阶段重在'巩固、提高'。如此,可根据徒弟的情况,灵活进行处理和安排。"

D组师傅说:"我带教注意有计划地组织开展,主要把带教过程分为三个阶段,初期、中期和结尾。每一个阶段都注意引导的重点和策略,初期重在调动徒弟积极性,徒弟是刚工作的青年教师,非常注意外在对

他的评价,如果没有积极评价,会严重打击其工作积极性,甚至是职业终生。中期注重对徒弟的显著不足进行修正,结束阶段则注重所学技能的巩固与提升。"

F组师傅说:"我带徒弟也注意有计划和有步骤地实施,带教初期就注意调动徒弟主动学习的积极性,所以重在启发和诱导,有些经验可直接传递给徒弟,让其直接深度运用,而多数问题需要启发他在实践中去归纳和总结。中期当发现其教学中存在的不足或问题时,需要及时指出,并提出改进的意见并注意改进成效。最后结束时,需要对整个指导内容进行梳理,如果有反复的现象,就需要继续采取措施让其巩固,并提出更高的要求,希望他今后努力能够实现。"

(二)师徒阶梯式问题互动探究

通过研究材料显示,有两位优秀师傅的带教显示出阶梯式,不断深入进行的互动探究组织特征。

A师傅说:"在带教中如果我发现了徒弟在教学中某一方面的不足或问题,我就会指导他不断地采取相应的行动来把这个问题给尽量彻底解决。如果一次行动就解决了,那当然是最好的结果。但如果仍存在一些不足,那我将与徒弟交流后制定第二次行动方案并实施,如此反复,直到把该问题给解决。"

A组徒弟说:"我向师傅学习小组合作学习教学模式的应用,我先听了师傅两次运用小组合作学习方法进行教学的课,然后我尝试开展运用,我在两个班教学中运用了此方法,但我发现我无法控制学生们的纪律,有的学生未按我的要求进行相关内容的交流与讨论,反而是做一些无关的事。我只能大声批评学生,效果仍不好。没办法只好向师傅请教。师傅听我反馈后,然后便帮我分析,你可能一是交流的内容过于简单或太难,二是没有提出小组竞争比赛的要求或技巧,你再尝试在这两方面改进或补充一下,然后我便按照师傅的意见进行改进,最后取得了良好的效果,学生学习主动性调动了起来,并自身积极主动地构建起新的知识。"

E组师傅说:"当前师傅带教的主要方式是问题纠正模式,主要就是根据徒弟的教学问题来进行帮助或指导。此种模式虽然并不系统,但它是徒弟比较欢迎的方式,因为它能较好满足徒弟的实际需求,徒弟的积极性也很高。由此,如何围绕徒弟的问题进行全面、系统的指导就显得十分迫切和重要。根据我的之前的带教经验,我主要通过对问题的不断深入挖掘,与徒弟一起对同一问题提出不同的要求,从而让徒弟不断地提升专业水平。"

E组徒弟说:"我与师傅的交流更多是围绕我某一方面的问题来展开的,不断地向我提出新的更高的要求。如我备课的问题,我刚开始时备课写教案都不是很认真,师傅便要求我认真地读课程标准和教材后撰写教案,当我的教案较为规范后,他又向我提出在教案中特别是对于新知识讲授的教学过程中写上其理由和根据,也就是为什么要这样设计。当我能写清楚对于讲授过程为什么这样设计的理由后,他又向我提出每一课题需要使用两种不同的主要教学方法来进行设计。当时我觉得师傅对我太严格了,但现在回想起来,我的不断进步与师傅精心设计不断对我提出新要求是分不开的。"

三、带教组织体现了情境学习理论"从边缘到中心"的学习过程认识

作为优秀师傅教师,他们不仅善于总结实践经验来引领自身工作,而且带教能积极主动学习中外先进科学的教育理论并借鉴其中的正确理念来丰富自己理论素养。正如在访谈中F组师傅就提及美国莱夫等学者的情境学习理论对自己带教组织的影响。F组师傅说:"莱夫的情境学习理论指出徒弟的学习是一种由'边缘到中心'的学习过程。徒弟最早是在活动的边缘看师傅操作而学习,随着学习的深入逐渐成为学习共同体的成员,并获得共同体的归属感。该理论说明师傅带徒弟不是全程手把手的指导支持,而是应逐步扩大徒弟参与共同体的范围,让其在共同体中经历各种磨炼,最终成为成熟的一员。总之,莱夫的情境学习理论深深地影响着我带教的思路与行动。"

由此可见,优秀师傅们在学习了莱夫等人的理论后,自觉在此理论引领下去实践和组织,使整个带教过程体现出"由扶到放"的组织理念及艺术。

四、教师师徒制师徒关系特殊性的必然要求

教师师徒制与传统师徒制或其他行业师徒制的重要区别之一便是师徒身份的复杂性。一方面,教师师徒制师傅与徒弟教师主要通过学

校行政安排并签订师徒带教协议,明确师徒身份与关系,但毕竟徒弟已经接受过相应职前专业教育并取得教师资格证书,被学校正式聘用的正式职工,他们与师傅一样都是在职在岗的学校职工,由此他们的关系实质上是同事关系。所以,从同事关系的视角来看,师傅与所带徒弟虽然存有师徒关系,师傅有责任指导徒弟,徒弟也有责任认真听从师傅的指导,但是这里的徒弟并不是像古代传统学徒制当中的一无所知的青年学艺者,他们已经被学校安排或委派独立承担某个学科的教学工作。由此,作为师傅,只能更多给徒弟提出一些教学中的意见或建议,但不能包办代替徒弟的教学工作,更不能强制徒弟必须采用与师傅一致的教学方法。总之,师徒之间复杂微妙的关系,使师傅在带教中必须注意指导的艺术,既要关注又不能过于关注,或干涉过多,稍有不慎,可能带来的不是师徒和谐,反而是一种冲突或误解,甚至是一种伤害,尽管这可能有点危言耸听。所以,由于师徒制中师徒之间关系的特殊性和复杂性,最终促使师傅会注意带教的分寸和与徒弟保持适当的距离,理智地选择"由扶到放"。

五、师傅教师全面实现带教目标的必然选择

师徒制实施的目标是促进师徒双方的专业发展。但采用什么样的策略才能最终实现其目标?从教师专业发展新的理念来看,教师专业发展是一个伴随教师职业终身主动的学习过程,而不是被发展的过程。在现实中有部分人员对教师专业发展的内涵存在一种错误的歪曲理解,他们认为发展的背后是教师存在某些缺陷,所以需要消除缺陷而发展。由此,在实践中诸多的教师发展途径也自觉不自觉地以教师缺陷为中心来设计内容和方法,所以也就出现了集中学习以假设教师欠缺教育理论来向教师大量灌输教育理论,以教师缺少课外阅读来组织个人读书活动,以教师缺乏科研能力,来组织教师开展科学研究等教师缺什么就补什么的"输血式"专业发展模式,在师徒制实践中此现象也较为普遍,也就是徒弟缺什么就教什么的带教组织模式。

然而,在师徒制中师傅不仅要帮助徒弟度过困难而采取"输血式"模式来组织实施,更应采用"生成式"带教组织模式来科学带教。因为"输血式"带教组织表面上立竿见影,却暗藏诸多隐患,一方面它容易造就徒弟依赖的思维习惯;另一方面又严重制约着徒弟的学习主动性,缺

第六章 优秀师傅教师带教特征的个案研究

乏独立发现问题并分析和解决问题的能力。[①] 而"生成式"带教组织模式却能较好地激发徒弟的学习主动性,逐渐培养起独立解决问题的能力,有利于徒弟教师全面和终身的专业发展。作为师傅教师对于两种模式的优劣必然在实践中都有所体会,由此,他们在实践中也会逐渐抛弃传统"输血式"带教而转向"生成式"带教,在"生成式"带教重在激发徒弟学习主动性,并为其提供成长良好环境的理念下也就自然容易形成"由扶到放"的带教组织设计及实施行为。

---

① 宋萑.新教师专业发展:从师徒带教走向专业学习社群[J].外国教育研究,2012(4):77-84.

第七章 研究结论与建议

在掌握大量教师发展中的师徒制相关理论与实践材料的基础上,经过认真仔细整理、分析及归纳总结后,本书对所关注的主要研究问题进行了较为满意的回答。这些问题的答案,将对完善和改进师徒制提供重要的参考依据。

第一节 研究结论

一、师徒制与社会发展新要求之间的矛盾运动是其发展的主要动力

从师徒制的基本历史演变过程来看,它源于古代的学徒制,在古代职业新人培养和生产技能传承方面发挥着重要作用,然而在近代,随着工业革命带来的机器化大生产,使其瓦解并被现代职业教育代替。但是,职业教育中诸多问题逐渐显现出来。由此,传统学徒制此种师傅带徒弟的教育形式又被人们所重视和运用到社会各领域。在教育领域,20世纪80年代西方欧美等国率先在新教师入职培训中建立起师徒制或"教学导师制",我国在20世纪90年代,随着教师专业发展理念为人们所接受和重视及对传统师范教育教师培养模式和教师在职培训反思的基础上,广大中小学校在发扬"以老带新"优良传统与经验的基础上普遍建立和实施师徒制,与其他途径一起促进教师的专业发展。通过师徒制历史发展中的几番沉浮可见,其发展的主要动力是社会发展对师徒制提出的新要求与师徒制现有水平之间的矛盾运动。如在古代社会,由于生产力主要是人力和畜力,由此师徒制是社会职业教育的主要方式,然而近代机器化大生产让师徒制职业人才培养模式逐渐瓦解。但由于职业教育重理论轻实践的问题，又让师徒制获得了发展的机遇。在教育领域，传统师徒制方式更多指向技能的传授，但教师的发展并不只是教学技能的单一掌握和发展，由此对师徒制提出了更高的要求，产生出新的矛盾，但正是这一矛盾产生出强大的动力，促使师徒制不断改进和优化，从而适应教师专业发展的新要求，出现新的平衡，随着教师专业发展更新理念的出现，又使旧的平衡被打破，产生新的矛盾，又促使师徒制进行新的变革，实现新的平衡。如此循环，二者之间的矛盾运动促使师徒制不断地向前发展与进步。

二、师徒制教师专业发展成效是一个"V"型发展的过程

本书从调查数据统计的结果来看，师徒制教师专业发展成效显著。进一步的研究还发现，师徒制对徒弟教师专业发展的成效并不是直线上升的走势，而是呈现出一个"V"型曲折发展的过程。具体而言，师徒制成效在徒弟学习半年时达到一个相对的峰点，但随后并不是继续向上，反而是逐渐下降，在学习满2年时，降至最低点，随后其成效又逐渐提升至满2年半之时，其成效达到最高点，随后成效趋于平稳。

三、师徒综合素养与学校运作环境是影响师徒制成效的重要内外因素

把师徒制对徒弟教师发展的作用、徒弟教师对师徒制认识观念等五个影响因素维度所构建的15个要素作为自变量，其中有9个自变量为类别变量，根据统计学原理将9个类别变量进行虚拟设置转化为虚拟变量，经转化后将26个自变量与三个因变量（徒弟发展作用效果的整体、专业知识、专业技能、专业态度的平均分）使用SPSS23.0分别进行多元虚拟线性回归分析，对其三个回归模型分别进行显著性F检验，其概率都小于0.05，最后通过回归系数的T检验后发现：（1）徒弟认识观念、师傅带教素养、师徒关系、学校的运作环境、师傅的指导实践是影响师徒制成效的主要因素；（2）徒弟参与意愿、师傅带教能力和师徒关系、学校教师主动发展愿望是对其成效影响作用最大的四个因素。由此可见，师徒制成效既受其自身内部主体——师傅综合素养的影响，又受学校运作环境外部因素的影响。

四、系统化的运作机制是师徒制高效运作的重要保障

本书经过对运作机制的内涵和师徒制本质特点分析认为,师徒制运作机制应由目标系统、支持系统和师徒互动三个系统构成。随后根据目标内涵与师徒制本质确定了徒弟发展目标、师傅发展目标、学校组织发展目标所构成的目标系统;根据苏联心理学家恩格斯托姆的拓展学习理论模型,从共享目标共同体、工具、规则、劳动分工四个维度出发,提出相应的 10 个相关要素构成支持系统;依据美国管理学家戴明教授的 PDCA 循环模型,设计出一个师徒互动系统,该互动模型以师徒共同解决某一问题为目标,推动其双方围绕 P(计划)、D(实施计划)、C(检查效果)、A(处理或行动)运作。师徒双方经过一次或多次的阶梯式互动循环,最终把问题解决。最后,将三个系统有机地联结起来形成了一个动态的循环系统。由此可见,此系统化的动态循环运作机制克服和消除了传统为解决单一或局部因素问题而展开的条块化运作机制设计,从而为师徒制的高效运作及作用提升提供了重要保障。

五、优秀师傅形成是其知情意行带教素养整体提升的过程

以 6 对优秀"师徒对子"为研究个案,从带教观念、带教动力、带教内容、带教方式、带教组织五个维度对其深入访谈和收集相关资料的基础上,经过分析归纳及抽象后发现:(1)优秀师傅教师的带教观念能明确带教的必要性,并具强烈的师傅角色认同感;(2)优秀师傅教师的带教动力主要来自持续、稳定的教育情怀和职业责任感;(3)优秀师傅教师的带教内容主要围绕教学技能传授并有机渗透专业态度;(4)优秀师傅教师的带教方式是以相互听评课为主的基础上灵活运用其他;(5)优秀师傅教师带教组织是一种"由扶到放"的过程。由此可见,通过此研究不仅揭示了优秀师傅共同的带教特征,而且还可发现其背后成长的基本规律,即优秀师傅的形成并不是一个某方面素养提升的简单过程,而是其先作为一名普通师傅在带教实践中,不计个人名利,以崇高的教育职业情怀、高度的社会责任感等内生性动力为支持,以先进科学的带教理念为指导,兢兢业业地开展带教实践,从而在长时的实践中实

现自身带教素养的提升,达到良好的带教效果,使自身带教知、情、意、行整体共同提升并逐渐成为一名优秀的带教师傅。

第二节 研究建议

一、国家实施"电子师徒制"项目并修改完善教师专业发展标准

师徒制的高效运作需要国家及地方各级政府和教育行政部门的大力支持,特别是国家层面的政策及项目支持更能体现出权威性、示范性及效果高质量的保证。自1994年国家教委颁布《关于开展小学新教师试用期培训的意见》中要求,小学教师在第一年参加的分散培训学习中由学校对每一位新教师安排经验丰富的指导教师。[①]然而之后,其相关政策的制定就相当缓慢,从而导致在国家层面未对师徒制制定相关政策和做出明确具体的规定,诸多如带教师傅队伍建设、带教方式及内容等关键问题都亟待纳入政策规定。进入新时代,师徒制既迎来了良好的发展机遇,也面临诸多的现实困境,这都需要国家和地方各级政府及教育行政部门在政策和发展项目上给予合情、合理并可行的支持。

(一)制定并实施国家级"电子师徒制"项目

目前从各方情况综合来看,建立和实施国家层面的教师师徒制并不现实,但从2010年国家开始实施的"中小学教师国家级培训计划"项目来看,实施国家级"中小学教师电子师徒制"项目应是完全可行的。由此,建议国家教育部联合其他相关部门,完全可以按照"国培计划"运作及管理模式,制定并实施国家级"电子导师"项目,通过其实施的权威性、保障性和高品质性,充分发挥师徒制在教师专业发展中的特殊作用,有效开发与合理利用优质教育资源,提高中小学教师特别是农村教师队伍整体素质,推进义务教育均衡发展,促进基础教育改革,提高教育质量。国家级"电子师徒制"的目标是充分利用全国性优质教育资源,

---

[①] 苏林,张贵新.中国师范教育十五年[M].长春:东北师范大学出版社,1996:243-244.

突出各教育领域专业人才优势,利用现代远程教育设备进行师徒网络带教,最终实现全体教师的专业发展。所以,其计划与实施需要与传统师徒制有一定的区别,要充分体现出"电子师徒制"的特殊作用。第一,徒弟是面向全体中小学教师,而不是限制在新手教师之上。第二,打破传统师徒制"一对一""点对点"的知识输出模式,而采用团队集体带教方式。这里的团队师傅是指各司其职的师傅,有负责理论知识和学科的高校教师、有负责学科教学技能与方法的中小学高级教师、有负责心理调节的心理学专家等,他们共同组成电子带教团队专业部门负责一个或几个徒弟教师。第三,打破了传统带教师徒交流时间不便的问题。其师徒交流可集中于某一时段,也可在平台留言进行互动。在新时代现代通信技术日趋成熟及学校智慧校园建设初步完成的条件下,可实现徒弟课堂教学的现场直播,师傅可在万里之外进行观察,从而了解徒弟的真实教学情况,并进行评课指导。这也体现了教师成长的实践性与工作情境性。总之,实施国家级"电子师徒制"能解决师徒制在教师专业发展中的更多问题,实现多种改进目标,消除了时空的阻碍,使优质教育资源在全国各地实现共享,又能体现师徒制的诸多优势,希望能早日见到其实施。

(二)国家需要进一步修改和完善教师专业标准

教师专业标准是指国家专门机构依据教育发展目标和教师发展目标,制定的关于教师培养和教师工作的指导性文件。[①]它是衡量教师水平的重要指标,也是促进教师专业发展的重要依据。我国于2012年教育部颁布了《小学教师专业发展标准(试行)》和《中学教师专业发展标准(试行)》,此举可以说对我国教师专业发展具有重要的指导意义。然而,当人们在使用时,却发现其存在诸多不足,整体上存在"过度统一""差异化少"的问题,具体内容上又呈现出"缺乏明晰项目化的衡量体系""缺乏具体化和专门化的衡量标准""缺乏专业分工化的任务分配"等问题。[②]总体看来,其内容主要是基于合格教师标准而构建的,对于职前师范教育的指导意义显著,但教师专业发展不仅仅只有合格教师层次,还有更高层次的如成熟教师、卓越教师等,而这些发展性的教师

---

① 李雅琳,朱德全.教师专业发展标准的问题研究[J].中小学教师培训,2017(12):1-5.
② 同上.

专业标准内容均未涉及。另外,还存在没有学科之间的差别,如小学语文与小学数学教师的差别并没有体现。由此可见,发展性教师专业标准与学科教师专业标准的缺失使其指导中小学教师专业发展实践的功能失位,从而也导致师徒制在促进教师专业发展中没有一个权威的可依照的标准,缺少目标引领,无的放矢,严重制约着师徒制的正常开展及其成效评价。与此同时,教师专业发展是学校发展和教育改革的关键,教师专业发展标准是引导教师成长、评价教师水平的重要参考指标。随着全球化、智能化社会的不断推进,各个国家都有必要对教师专业发展指标进行调整,并赋予指标新的意义。

为此,本书特别提出国家应及时根据新时代所处的社会需求内容与特点,修订和完善中小学教师专业发展标准,为师徒制的正常实施和评价提供权威的全面、系统和可操作的指导标准。特别需要体现教师在新时代需要具备的全面素养及不同学科不同发展阶段的教师专业发展标准,并需要对之做出明确具体的规定。

二、地方政府建立县级师徒制并着力解决教师"责任泛化"问题

(一)全面实施县级区域教师师徒制

从当前师徒制的开展情况以县域区域范围来看,不同学校间存在较大的差异,通过前面的考察结果也表明,城镇学校开展的效果优于农村,民办学校的效果优于公办学校,有些公办学校甚至由于传统观念因没有新教师进入,便没有开展"师徒结对"活动,其学校层面的师徒制制度也尚未建立起来。由此,欲求师徒制在不同学校开展还需要扩大范围,让不同学校、全体教师参与到师徒制发展方式中来。由于我国基础教育管理体制明确基础教育的发展责任在地方政府。

由此,本书建议由各县级政府和教育行政部门牵头建立起县级区域的师徒制,从外部的经费及管理,内部的实施对象、时间、师傅选拔、培训、评价考核等形成县级层面师徒制制度化。此举可实现:第一,全县中小学都开展师徒制,从而使全体教师都参与其中,而不是只对有新教师进入的学校实施。第二,其实施有了充足的人、财、物保障。第三,通过实施城乡、民办与公办、示范与非示范学校等不同学校之间的师徒结对,从而实现县域优质教育资源共享,提升教师特别是农村教师专业素养,缩小城乡教育差距,促进教育均衡发展,实现教育公平,也为县域经

济、社会发展打下坚实的人才基础。第四,可围绕师徒制建立县级优秀师傅认定和奖励制度,从而从更高层面体现出对师徒制的关注,调动师傅的主动参与性。

(二)着力解决教师"责任泛化"问题

师徒制作为教师专业发展的途径需要一个良好的环境和氛围。然而,当前在教育领域存在一个教师"责任泛化"的现象。教师责任泛化是指教师的责任角色无边界延伸。关于教师的职责,我国古代韩愈曰:"师者,所以传道授业解惑也。"这不仅是对教师角色的定位,更是对教师职责范畴的明确界定。如今《中华人民共和国教师法》明确指出,教师是"履行教育教学职责的专业人员"。由此可见,教师的职责是有边界的。然而,受多种因素的影响,教师被动承担起更多的学生家庭教育和社会教育职责。一方面教师成了学生的保育员、安全监护员等,另一方面被抽调参与社会文化宣传教育、护林防火等非专业教育教学工作。它带来的后果便是教师承担着无限的职责,导致其正常教育教学工作备受干扰,不堪重负。

由此,建议各政府部门依法依规认真对待教师社会教育责任泛化问题,制定出明确、具体的行政意见或办法等文件,科学合理地让教师参与到社会工作中,发挥自身的智力和文化优势,但绝对不能随意安排或抽调教师去做与自身教学无关的工作,为教师专业学习与发展创造一个良好的环境。笔者欣喜地发现,2021年8月13日,江苏省苏州市市委、市政府办公室联合下发《关于切实减轻中小学教师负担进一步营造良好教育教学环境的若干措施》(以下简称《措施》)文件,该《措施》提出十条具体相关措施,其中第二条明确提出:"未经当地教育行政部门同意并报同级党委审批备案,不得借用或抽调中小学教师。"由此可见,此问题已经得到有关部门的高度关注,并开始着手治理。

三、学校着力完善师徒制并营造良好教师专业发展环境

(一)丰富和完善师徒制内容

师徒制是指围绕师傅指导徒弟学习的一切管理规范及要求。其主要包括师傅的选拔与培训、师徒配对方法,以及徒弟的范围和类型、带教时间、带教内容及方式和具体要求等。当前师徒制在广大中小学校已

第七章 研究结论与建议

经初步建立起较为规范和完整的师徒制相关制度,实现学校层面的制度化,但仔细审视却发现其制度还存在许多不足,一方面是部分学校缺少师傅教师严格选拔和培训制度、科学系统的考核与评价制度、实施对象限于初任教师和新调入青年教师等内容;另一方面是相关制度的科学性、专业性不足,如以带教期限来看,有的学校半年,有的学校一年,有的两年或三年。但从本书调查显示,师徒制作用效果最佳时点是发生在两年半时,从这一规律来看,当前众多学校所规定的带教学习时间为一年的规定缺少科学性和专业性。另外,当前部分学校的师徒制运作缺乏规范性,主要由师傅靠自身经验进行带教,使带教内容片面化、单一化,从而不能全面完成促进师徒专业全面发展的任务和目标。由此,除规定师徒互相听课的次数和做听课记录外,还需要按带教目标及良好经验等制订出科学理性的带教指导规范,从制订计划、行动实施、考核与评价等方面做出详细、具体的规定,从而让师徒明确什么时间要做什么、什么时间检查考核等互动内容与要求。如此明确具体的带教规范必将使带教有条不紊地行进,避免师傅带教时紧时松或流于形式的问题,使带教过程更加扎实有效。

由此向各学校领导及管理者建议,注意总结师徒制实施中的各种内外部规律,并将规律性的内容写进相关制度之中,多在"制"上下功夫,从而促进学校层面的师徒制规范化、专业化。

(二)营造教师主动专业发展氛围

美国"社会心理学之父"库尔特·勒温提出的场动力理论认为,人的心理及行为表现取决于个体内部需要力与外在环境力的互动作用,并在其场理论中专门针对人的行为产生空间讲行解释。勒温说:"任何一种行为,都产生于各种相互依存事实的整体,而这些相互依存事实具有动力场的特征,这就是场的基本主张。"[1] 这里的"场"即个体行为产生的空间,它不仅指个体所处的物理空间,还包括个体在特定时空中的心理场域及物理时空与心理时空之间的相互依存、相互作用的关系。由此可见,个体行为的产生不仅受自身需要的影响,还受个体所处物理环境与心理氛围环境的影响。就师徒制而言,其作为促进教师专业发展的方

---

[1] Lewin, K. Resolving social conflicts[M]. New York: Harpper and Brother publishers, 1948: 11.

式之一,参与其中的师徒教师必然会受到学校教师专业发展心理氛围的影响。

学校中教师集体的主动专业发展氛围是指学校中教师集体都能正确认识自身专业发展的重要性和必要性,均以饱满的精神主动积极地参与各种形式的发展活动,在思想、行为等方面都指向发展目标的氛围。它是师徒制正常实施和取得实效的重要前提。本书在前面的调查中已经发现学校运作环境,特别是学校教师集体的主动专业发展氛围是影响师徒制作用成效的重要因素。

然而,从实践情况来看,部分学校教师的主动专业发展氛围并不浓厚,部分教师存在被动发展的问题,更多是迫于学校的压力和任务而被动参加某些学习活动,而主动发展的愿望和行为并不多见,甚至有部分学校的教师集体存在嘲笑、挖苦积极向上主动学习的教师。试想,师徒教师如果在此种氛围中必然会导致学习积极性下降,过程流于形式。为此,作为学校领导不仅在口头上强调让教师积极行动起来,自觉主动地发展,更应拿出具体的政策和措施来引导教师主动发展,从而形成良好的氛围。第一,物质奖励与情感激励相结合,多关心教师的实际困难,推动教师不断提升自身素养。第二,减少与教师学习无关的事务性工作。第三,注意艺术性地激发老教师的发展愿望,如让更多的青年教师去听他们的课,让他们感受到一定压力,并把压力转化为动力。

(三)以"人"而非"工具"视角来认识和对待教师

学校管理者能否正确地认识和对待教师与师徒制的全面有效实施存在密切的关系。因为对教师不同的认识直接会导致师徒制实施的对象及师傅带教内容与方式的变化。当前教育实践中对教师的认识存在一个重大的问题,那便是管理者自觉不自觉地把教师片面视作一种"工具",是学校提高升学率和学校荣誉的工具,家长望子成龙的工具。由此,导致教师成为一种"教学机器",被动接受着各种自上而下的工作或教学改革计划任务,却没有参与制定、设计的话语权,长期处于"沉默""无语"状态。而对于师徒制而言,此种情况便导致部分学校领导功利性的实施要求,一是把师徒制实施对象限定为初任教师和新调入熟练教师,表面上此举无可厚非,但这样一种传统做法,暗地里却深深地渗透出"工具"思维,因为初任教师和新调入的熟练教师对于本校的教学方式还不熟悉,会影响提高学生分数效果,由此,此种"工具"还需要打磨,成为能够为学校提高升学率的得力"工具"。更有甚至认为,成熟教师或优秀骨干教师他们已经是品质良好的"工具",当然就不用发展了,那就没有参加师徒制的必要了。二是把师傅带教内容集中限定在学科教学知识与考试技巧方面,而方式则集中要求在师徒互相听课之上,对于其他方面则视而不见,评价与考核也是以徒弟的公开课、汇报课效果为重要依据,当然徒弟教师所任教班级的教学成绩才是最主要核心的指标。由此可见,当前师徒制针对全体教师的实践及对传统以教学技能指导训练的内容与方式改进困难重重,其根源在此已清晰可见。

为此,要根本扭转师徒制,促进全体教师专业发展和全面素养的发展,需要学校管理者从根本上摒弃对教师"工具"性认识,转变为以"人"的视角来认识和对待教师。唯其如此,学校管理者才能真正认识到教师的专业发展。伴随其职业生涯,每一位教师在某个阶段都有发展的需要,从而真正安排成熟教师参与师徒制的学习与发展。另外,也只有以"人"的视角来看待教师,才能自觉摒弃片面强调师徒制重技能、轻思想的功利性观念,在引导和管理中强调对徒弟专业知识、技能、态度、心理等内容的指导,鼓励师徒以多元方式进行互动,从而真正实现师徒制促进全体教师全面素养的高质量发展。

四、师傅以其内生性动力推动带教方式及师徒关系改进与优化

带教师傅是师徒制中的核心主体,全面负责对徒弟的指导工作并发挥其主导作用。从前面的调查结果显示,师傅的带教能力与指导实践方式方法是影响师徒制作用成效的重要影响因素。由此,一方面需要学校通过科学选拔机制和培训制度来安排优秀师傅及不断提升师傅带教素养;另一方面也需要师傅教师个人自觉努力学习,不断创新带教方式,以适应新时代发展的需要。为此,对师傅教师提出以下几项建议。

(一)充分调动自身内生性动力

师傅教师的带教动力主要来自外部的带教协议和学校的相关要求及满足职称评定条件等方面和内部自身自发、自觉的内生性动力。在实践中部分师傅教师自身并不愿意带教,一方面会给自身带来工作量的增加,另一方面带教完全是义务性质的,没有相应的经济补助或有少许的奖励。由此,他们之中多数是被学校强行安排带教,从而导致积极性不

高,以简单完成规定任务为目标。怎样才能让师傅们从"要我带"转变为"我要带"呢？关键还需要师傅教师们充分调动自身的内生性动力。师傅教师内生性动力是指师傅自发产生的,自觉努力旨在提升带教质量的心理倾向。它主要受教师的教育情怀、自尊心、社会职责感、对教育教学效果不满意的态度等影响。师傅内生性动力与外部动力相比更为强劲与持久。如果师傅教师的内生性动力能充分调动起来并与外部力量联合形成合力,必将成为推动师徒制有效实施的强大力量。为此,需要师傅教师：第一,从思想上多理解国家和学校的困难,不忘当初选择师范专业、立志奉献教育的理想信念。第二,怀揣感恩之心,更多思考国家多年培养自己,而现在学校正是需要自己发挥作用之时,岂能袖手旁观。第三,利用各种机会到各地参观、扩大视野,发现自身的不足,从而激发学习和发展的愿望与行动。唯有如此,师傅教师才能通过充分调动自身强大的内生性动力,以饱满的教育情怀、坚定的教育职业信念等自觉、自愿投入带教工作之中,为实现带教目标行动提供强劲而持续的动力。

（二）将传统传授式带教转变为建构式带教

师傅的带教方式将直接影响师徒互动的内容和专业发展的素养结构。从当前实践来看,部分教师仍然通过传统的传授式带教方式指导徒弟,其特点主要为：第一,让徒弟观察自己的教学过程,然后让徒弟模仿后逐渐掌握,主要通过徒弟的耳濡目染。第二,以提高教学技能和提高学生成绩为导向的指导内容。而忽视了师徒更为高级的教学智慧的生成。第三,徒弟被动接受,主动性差。第四,其理论基础为行为主义学习心理的刺激—反应理论和班杜拉的社会学习理论。此种方式较为充分地借鉴了传统学徒式带教特点,也充分体现了师傅自身丰富的教学经验与技能的优势,却把教师发展窄化为简单教学技能的传授与学习,另外,它对培养徒弟更深层次的教育智慧的作用却并不明显。可见,其传统的传授式指导已经不能适应教师全面发展的需要,必须进行改进或采用更符合教师全面专业发展的指导方式。

建构式带教是一种师傅引导徒弟自我生成知识、发展能力的指导方式。其主要特点：第一,理论基础为建构主义学习理论,强调徒弟学习在实际教育情境中,主动根据自身经验来生成自己的知识,发展自身的认知能力。第二,以问题和高级教育智慧发展为导向。如果说传统传递式带教是让徒弟模仿学习教学技能,而建构主义带教方式却是让徒弟面对复杂教育情境中的问题。通过师徒互动对问题开展阶梯式的深入行动研究,在此过程中发展师徒分析问题和解决问题的能力,从而逐渐形成高级的教育智慧,能灵活机智地处理各种教育问题。

由此可见,建构式带教与传统传授式带教相比,它能更好地适应教师全面专业发展的要求,避免徒弟教师发展的单一化、片面化,有利于师徒教师的全面专业发展。所以,师傅教师应根据所带徒弟实际,在以建构式带教方式为主的基础上,灵活采用或融合其他方式,扬长避短,为取得实效奠定重要基础。

(三)积极发展与徒弟的私人领域关系

良好和谐的师徒关系是师徒制顺利实施并取得显著成效的关键和重要前提。从前面调查数据统计结果也显示出师徒关系是影响师徒制作用成效的重要影响因素。本书第五章中也提及良好和谐的师徒关系是师徒制重要的支持要素。而此处,本书更多是建议师傅教师在构建良好师徒关系中更好地发挥主导作用,与徒弟建立起一种以普通人际交往原则为基础或指导的普通私人领域关系。其理由有:当前师徒关系在实践中主要是行政层面的关系、专业范围关系和私人领域关系三种类型[①],但都未能充分发挥出自身优势和作用。

行政关系处于主导地位,却阻碍师徒平等对话。行政层面的师徒关系强调师徒的从属关系,各自分工明确,起到了一定的规范与约束作用。但暗地里有部分徒弟视师傅为权威,对师傅言听计从,不敢真实表达个人的困难和要求。

专业范围师徒关系作用失真或扭曲。师徒专业范围的关系主要是师徒出于共同或不同层次专业发展需求而对教育教学问题进行专业性的平等交流、对话,其主要载体是教研组及其组织的公开课。但因当前实践中学校公开课过于强调成绩与名次,使其失去了诊断与改进的作用,蒙上了更多的利益之争,师徒关系被公开课暗地里的利益关系所捆绑,甚至有师傅为了名利而帮徒弟进行教学设计,从而使师徒关系失真和扭曲。

---

① 胡惠闵,王建军.教师专业发展[M].上海:华东师范大学出版社,2014:220.

私人领域的师徒关系未被重视和发展。受我国封建学徒制的影响，在部分人士中它是封建家长式关系，徒弟完全听从师傅的安排，没有私人的自由。由此，自觉不自觉地认为强调师徒私人领域关系是不科学的，甚至认为是一种禁区不能提及和触碰。但现代社会，学校中的师徒都是平等的国家公民，都是学校的职工，不存在谁剥削和控制谁的问题。师徒完全可以建立起平等、自由、深厚的私人关系。另外，从师徒正常的私人关系功能来看，它有助于加深师徒感情，推动带教向更深层次的发展。师徒间若没有真情实感，那也很难有效地传递学校文化。

　　由此，作为师傅应在构建良好师徒关系中主动作为，把专业范围师徒关系向私人领域关系扩大和延伸，通过组织共同兴趣活动、关心徒弟个人感情及生活等，从而使其双方建立起深厚、持久的友谊，成为带教过程中的"润滑剂"，适时解决师徒间的某些矛盾或冲突，也能满足自身社会交往的心理需要，收获更多的幸福感，丰富职业生活。

五、徒弟在个人专业发展规划指引下主动批判地参与学习

　　师徒制是师傅与徒弟之间的双边活动。徒弟既是师徒制实施的对象，又是其重要主体，承担着学习与发展的任务和发挥学习主动性的作用，如果没有徒弟积极主动地配合，即便带教能力突出的优秀师傅也无能为力，这是一个非常简单的道理。为此，向参与师徒制的徒弟提出以下建议。

　　（一）精心设计适合自身的教师专业发展规划

　　教师专业发展规划是指教师个人对自身专业发展各方面进行设计和计划的过程，其内容主要包括发展的目标及策略。教师专业发展取决于教师发展愿望、努力程度及学习策略等。而精心设计和规划自己的专业发展便是其实现专业发展目标的重要策略之一。因为教师专业发展是个人的任务，所以教师专业发展最终必然是教师自我导向、自我驱动的结果。教师发展规划作为教师自我导向、自我设计及自我管理的重要方式，是每一位教师都需要完成的一项重要任务。

　　就师徒制而言，诸多徒弟教师因缺少自身的专业发展规划，在作为徒弟向师傅学习时，则完全处于被动地位，不清楚自己的主要不足和优势，只是盲目地听师傅的课堂教学，被动接受师傅安排的任务，满足于

第七章 研究结论与建议

当前教学技能的微小进步,而对未来发展所需要的基础理论知识或反思习惯养成等方面毫无意识。部分成熟徒弟教师仍持传统观念认为,教师专业发展规划是初任教师才应做的事,而自己已经是成熟教师,没有必要了,只等待师傅来发现和提醒。如此情况,至少反映出当前部分徒弟教师,一方面因缺少规划而在师徒制学习中盲目,找不到自己真正需要完善和改进之处。另一方面是缺乏自我引导和驱动策略,被动等待师傅的指导,缺乏一个贯穿整个职业生涯全程化的安排。

为此,希望每一位徒弟教师都做一个总体和师徒制专项的发展规划。首先,对自身情况进行全面分析,如个人兴趣、能力倾向、现有专业水平、当前主要专业不足、专业发展需要等;其次,做环境分析,主要包括当前国家对教师专业发展的要求或标准、学校的氛围、学生的需求等;最后,确定目标和实施步骤与策略,在实施规划过程中需注意随时记录学习与结果情况,通过仔细分析、主动求教等来实现规划所确定的目标和任务,进而实现其自身的专业发展与超越。

(二)主动、批判性地参与学习

从当前诸多师傅反映带教过程中徒弟的主动性不够,其原因当然与师傅主导作用发挥的方式方法有关,但也反映出徒弟自身存在的问题。教师专业发展终究是个人之责任,需要自身辛勤付出才会有收获与回报。徒弟教师试图不劳而获与不学则长的"等、靠、要"思想在发展的任何时候都是行不通的,需要认真主动参与,与师傅一起互动、分享共同的学习成果。

为此,徒弟教师首先应努力学习理论知识。在教育实践中,因为某些理论在实践中缺乏指导意义或者部分教师并没有把理论在实践中内化为自身的素养,便在教师群体中客观存在"理论无用论"的观念,其观念严重影响着教师们自觉学习理论的积极性。但凭这些理由就给理论知识粘上无用的标签,自己可能还较为随意。此处特别建议徒弟教师应学习理论知识,是因为当前师徒制存在重"技"轻"知"的问题,由此,希望徒弟在参与师徒制学习中不能忽视这个问题的严重性,而应努力学习和掌握学科和教育理论知识,为今后成为教育家型教师打下坚实的基础。其次,批判反思性学习。在学习中师傅教学经验丰富,教学技能娴熟,但也有不足之处,由此,徒弟不能完全对师傅的方法进行一成不变的模仿,而应批判性地选择学习。另外,在教学中形成良好的反思习惯,从之前的复杂性思想中的偶在论思想已经表明,教师的发展机制就在于主动对"关键事件"的反思,当你对某个教学中的问题进行反思,找到其原因,并形成正确的观念和行为,此时发展就悄然发生了。教师的专业发展并不是表面的读书或听堂学术报告,关键是要能对某个问题进行反思并在反思后能进行改进。最后,主动向除师傅外的其他教师学习。教师之间存在共性但也有个性,每一位教师都有自己的特长,由此,徒弟不能把学习的榜样和范围局限于师傅个人,而应扩大视野,多向学校同学科其他教师学习,甚至向校外的优秀教师学习,这样才能在比较中发现各种教学方法的优劣,汇集各方智慧,最终形成自己的教学个性与风格。

附录1：中小学教师"师徒制"现状调查问卷（徒弟教师卷）

尊敬的老师：

您好！这是一项关于中小学教师"师徒制"现状的调查研究，如果您曾经或现正担任指导徒弟（在职新教师、骨干青年教师）的徒弟教师，请您帮忙完成以下问卷。您的如实回答对此项研究非常重要，您提供的答案信息仅作为本项研究的内部数据资料，不会对外公布。回答没有对错之分，请根据您的实际情况和看法填写问卷。非常感谢您的支持和参与！

第一部分：徒弟教师个人基本信息（请在符合情况的答案序号前打√）

1. 您的性别：（1）男（2）女
2. 您的民族：（1）汉族（2）少数民族
3. 您的年龄段：（1）20岁以下（2）20～25岁（3）26～30岁（4）31～40岁（5）41～50岁（6）51～60岁
4. 您的教龄是：（1）1～3年（2）4～6年（3）7～9年（4）10～15年（5）16～20年（6）21～30年（7）31年及以上
5. 您的学历是：（1）中专（2）大专（3）大学本科（4）硕士研究生（5）博士研究生
6. 您的职称是：（1）小学三级（2）小学二级（3）小学一级（4）小学高级（5）中学三级（6）中学二级（7）中学一级（8）中学高级（9）暂无
7. 您现所在学校是：（1）城镇学校（2）农村学校
8. 您现所在学校的性质是：（1）公办（2）民办

9. 您当前所任教的年级是:(1)一年级(2)二年级(3)三年级(4)四年级(5)五年级(6)六年级(7)七年级(8)八年级(9)九年级 10. 高中一年级(11)高中二年级(12)高中三年级

10. 您通过"师徒结对"在师傅老师指导下学习至今已经:(1)满半年(2)满1年(3)满1年半(4)满2年(5)满2年半(6)满3年(7)满3年以上

11. 您参加"师徒结对"跟随师傅学习的学科是:(1)语文(2)数学(3)英语(4)物理(5)化学(6)生物(7)历史(8)地理(9)政治(10)信息技术(11)心理健康教育(12)其他

12. 你当前参加"师徒制"活动的类型是:

(1)作为刚入职新教师与校内优秀教师结对学习

(2)作为校内青年骨干教师与校内优秀教师结对学习(非名师工作室形式)

(3)作为校内青年骨干教师与校外优秀教师结对学习(非名师工作室形式)

(4)作为校外跟岗学习教师与校外优秀教师结对学习

(5)作为刚调入骨干教师与校内优秀教师结对学习

(6)其他

13. 你与师傅的年龄差距是:(1)1～5岁(2)6～10岁(3)11～15岁(4)16～20岁(5)21～25岁(6)26～30岁(7)31岁以上

14. 你与师傅的性别组合是:(1)同性组合(2)异性组合

15. 你取得教师资格证书时所学的专业为:(1)师范专业(2)非师范专业

第二部分:主要内容(单选题:以下题目请根据你自身情况,选择一个最适合的答案。请在符合情况的答案前打√)

16. 通过与师傅互动学习,使你在普通文化科学知识方面更加丰富和扎实。

(1)完全符合(2)基本符合(3)一般(4)较不符合(5)完全不符合

17. 通过与师傅互动学习,使你对所教学科知识有了更全面、深入的掌握。

（1）完全符合（2）基本符合（3）一般（4）较不符合（5）完全不符合

18. 通过与师傅互动学习,使你对最新教育理论知识有了更全面的理解和掌握。

（1）完全符合（2）基本符合（3）一般（4）较不符合（5）完全不符合

19. 通过与师傅互动学习,使你的课堂导入技巧有了显著提升。

（1）完全符合（2）基本符合（3）一般（4）较不符合（5）完全不符合

20. 通过与师傅互动学习,使你对课堂提问技巧有了显著提升。

（1）完全符合（2）基本符合（3）一般（4）较不符合（5）完全不符合

21. 通过与师傅互动学习,使你的课堂教学语言表达技巧有了显著的提升。

（1）完全符合（2）基本符合（3）一般（4）较不符合（5）完全不符合

22. 通过与师傅互动学习,使你在教学中对学生的表扬与批评技巧有了显著提升。

（1）完全符合（2）基本符合（3）一般（4）较不符合（5）完全不符合

23. 通过与师傅互动学习,使你在教学中组织学生讨论的技巧有了显著提升。

（1）完全符合（2）基本符合（3）一般（4）较不符合（5）完全不符合

24. 通过与师傅互动学习,使你对辅导学生作业练习技巧有了显著提升。

（1）完全符合（2）基本符合（3）一般（4）较不符合（5）完全不符合

25. 通过与师傅互动学习,使你在教学中与学生互动技巧有了显著提升。

（1）完全符合（2）基本符合（3）一般（4）较不符合（5）完全不符合

26. 通过与师傅互动学习,使你的教学设计能力有了显著的提升。

（1）完全符合（2）基本符合（3）一般（4）较不符合（5）完全不符合

27. 通过与师傅互动学习,使你正确选择和运用教学方法的能力有了显著提升。

（1）完全符合（2）基本符合（3）一般（4）较不符合（5）完全不符合

28. 通过与师傅互动学习,使你因材施教的能力有了显著提升。

（1）完全符合（2）基本符合（3）一般（4）较不符合（5）完全不符合

29. 通过与师傅互动学习,使你突破教学难点的能力有了显著提升。

（1）完全符合（2）基本符合（3）一般（4）较不符合（5）完全不符合

30.通过与师傅互动学习,使你的教学机智有了显著提升。
(1)完全符合(2)基本符合(3)一般(4)较不符合(5)完全不符合
31.通过与师傅互动学习,使你的学生基础诊断能力有了显著提升。
(1)完全符合(2)基本符合(3)一般(4)较不符合(5)完全不符合
32.通过与师傅互动学习,使你的教学评价能力有了显著提升。
(1)完全符合(2)基本符合(3)一般(4)较不符合(5)完全不符合
33.通过与师傅互动学习,使你更加坚定了终身从教的信念。
(1)完全符合(2)基本符合(3)一般(4)较不符合(5)完全不符合
34.通过与师傅互动学习,使你的社会责任感显著提升。
(1)完全符合(2)基本符合(3)一般(4)较不符合(5)完全不符合
35.通过与师傅互动学习,使你对从事教师职业的自我更加接纳和肯定。
(1)完全符合(2)基本符合(3)一般(4)较不符合(5)完全不符合
36.你参加"师徒制"活动的主要目的是:
(1)掌握当前常用教学技能,能顺利完成当前教学任务
(2)重点学习师傅教师处理教学问题的方法,为今后专业发展打下坚实基础
(3)完成学校安排的任务
37.你认为"师徒制"或"师徒结对"活动的开展:
(1)很有必要(2)没有必要(3)说不清楚
38.你对参加"师徒制"活动的态度是:
(1)非常愿意(2)比较愿意(3)说不清楚(4)较不愿意(5)非常不愿意
39.你认为你师傅的指导责任心怎样?
(1)非常认真(2)比较认真(3)一般(4)比较差(5)非常差
40、你认为你师傅的指导能力怎样?
(1)非常强(2)比较强(3)一般(4)比较低(5)非常低
41.你与师傅的结对方式是:
(1)学校行政安排(2)师傅挑选后结对(3)师徒自发结对
42.你认为你和师傅的师徒关系质量是?
(1)非常好(2)比较好(3)一般(4)比较差(5)非常差
43.学校对你与师傅互动的监督管理情况是:
(1)每学期在期中和期末都会检查听课记录、笔记

（2）期中没有检查，但期末会检查听课记录、笔记

（3）期中和期末都没有检查要求

44.学校对学员的激励措施情况是：

（1）优秀徒弟被授予优秀学员，并有一定奖金

（2）优秀徒弟被授予优秀学员，但没有奖金

（3）没有任何荣誉和奖金

45.你对所在学校的教师合作文化看法是：

（1）密切合作（2）表面合作（3）难以合作

46.你所在学校教师的主动专业发展愿望都较为强烈：

（1）非常符合（2）基本符合（3）一般（4）基本不符合（5）非常不符合

47.你现作徒弟时的工作量情况是：

（1）符合学校标准（2）超过学校标准

48.师傅对你指导主要采用的方式是：

（1）以日常听课后指导为主，公开课及专题讨论为辅

（2）以公开课前指导为主，日常听课及专题讨论为辅

（3）以专题讨论指导为主，日常听课及公开课指导为辅

49.师傅对你指导主要内容是：

（1）以教学工作的基本要求为主

（2）以自己的突出的教学问题改进为主

（3）以自己未来发展的较高标准为主

50.师傅指导你在一学期中平均每周次数是：

（1）1次（2）2次（3）3次（4）4次（5）5次及以上

附录2：中小学教师"师徒制"现状调查问卷（师傅教师卷）

尊敬的老师：

您好！这是一项关于中小学教师"师徒制"现状的调查研究，如果您曾经或现正担任指导徒弟（在职新教师、骨干青年教师）的师傅教师，请您帮忙完成以下问卷。您的如实回答对此项研究非常重要，您提供的答案信息仅作为本项研究的内部数据资料，也不会对外公布。回答没有对错之分，请根据您的实际情况和看法填写问卷。非常感谢您的支持和参与！

第一部分：师傅教师个人基本信息（请你在符合自身情况的答案序号前打√）

1. 你的性别是：（1）男（2）女
2. 你的民族是：（1）汉族（2）少数民族
3. 你的年龄在：（1）20～25岁（2）26～30岁（3）31～35岁（4）36～40岁（5）41～45岁（6）46～50岁（7）51岁及以上
4. 你的教龄是：（1）1～3年（2）4～10年（3）11～20年（4）21～30年（5）31年及以上
5. 你现所任教年级是：（1）一年级（2）二年级（3）三年级（4）四年级（5）五年级（6）六年级（7）七年级（8）八年级（9）九年级（10）高中一年级（11）高中二年级（12）高中三年级
6. 你所指导徒弟教师的任教年级是：（1）一年级（2）二年级（3）三年级（4）四年级（5）五年级（6）六年级（7）七年级（8）八年级（9）

附录2：中小学教师"师徒制"现状调查问卷（师傅教师卷）

九年级（10）高中一年级（11）高中二年级（12）高中三年级

7.你所指导徒弟教师所教学科是：（1）语文（2）数学（3）英语（4）物理（5）化学（6）生物（7）历史（8）地理（9）音乐（10）体育（11）美术（12）心理健康教育（13）政治（14）信息技术（15）其他

8.你的职称是：（1）小学三级（2）小学二级（3）小学一级（4）小学高级（5）中学三级（6）中学二级（7）中学一级（8）中学副高级（9）中学正高级

9.你的学历是：（1）中专（2）大专（3）大学本科（4）硕士研究生（5）博士研究生

10.你现所工作学校属于：（1）城镇学校（2）农村学校

11.你现工作学校的性质是：（1）公办（2）民办

12.你最开始担任师傅是____年,已经带过____届徒弟。

13.你所在学校是否开展过师傅教师的专门培训活动：（1）有（2）没有

14.你当前所带徒弟是：（1）刚入职新教师（2）校内青年骨干教师（3）校外跟岗学习教师（4）校外青年骨干教师（5）其他

第二部分：主要内容（请你在最符合你实际情况的答案序号前打√）

15.你认为学校"师徒制"或"师徒结对"活动的开展：
（1）很有必要（2）没有必要（3）说不清楚

16.你个人对参加"师徒结对"活动的态度是：
（1）非常愿意（2）比较愿意（3）说不清楚（4）较不愿意（5）非常不愿意

17.你认为"师徒制"或"师徒结对"活动：
（1）只有利于徒弟教师专业发展（2）只有利于师傅教师专业发展（3）既能促进徒弟也可促进师傅教师专业发展

18.通过带教活动,让你的普通文化知识在原有基础上更加丰富。
（1）完全符合（2）基本符合（3）不确定（4）比较不符合（5）完全不符合

19.通过带教活动,让你的学科知识得到及时更新与扩展。
（1）完全符合（2）基本符合（3）不确定（4）比较不符合（5）完全不

符合

20.通过带教活动,让你掌握和理解了最新的国内外教育理论知识。
(1)完全符合(2)基本符合(3)不确定(4)比较不符合(5)完全不符合

21.通过带教活动,让你的教学反思能力进一步提升。
(1)完全符合(2)基本符合(3)不确定(4)比较不符合(5)完全不符合

22.通过带教活动,让你的现代教育技术运用能力进一步提升。
(1)完全符合(2)基本符合(3)不确定(4)比较不符合(5)完全不符合

23.通过带教活动,让你的教学评价能力进一步提升。
(1)完全符合(2)基本符合(3)不确定(4)比较不符合(5)完全不符合

24.通过带教活动,增强了你对教育工作的主动性。
(1)完全符合(2)基本符合(3)不确定(4)比较不符合(5)完全不符合

25.通过带教活动,增强了你专业发展的动力。
(1)完全符合(2)基本符合(3)不确定(4)比较不符合(5)完全不符合

26.通过带教活动,增强了你对教育工作的责任感。
(1)完全符合(2)基本符合(3)不确定(4)比较不符合(5)完全不符合

27.通过带教活动,增强了你对从事教育工作的自豪感。
(1)完全符合(2)基本符合(3)不确定(4)比较不符合(5)完全不符合

28.通过带教活动,增强了你对作为一名教师的自我接纳与肯定。
(1)完全符合(2)基本符合(3)不确定(4)比较不符合(5)完全不符合

第三部分:多选题

29.你认为提升当前师徒制活动效果需要( )(限选3项)
(1)国家建立相关制度,使其实现国家层面制度化

（2）地方教育行政部门制定具体的政策并提供相应资源的支持
（3）学校建立师傅培训制度
（4）学校完善师徒结对机制
（5）学校完善考核与评估、奖惩制度
（6）学校适当减少师徒教学工作量
（7）学校应加强过程管理与指导
（8）师傅应创新指导方式
（9）徒弟应主动灵活地学习

第四部分：排序题（请在下列选项中根据你的情况填写上1.2.3.4。第一重要的选项前填写1，第二重要的选项前填写2，依次类推，最少成分选项前填写4）

30. 请问你担任师傅教师主要目的依次是？
（1）第一目的（2）第二目的（3）第三目的……
□发挥自身经验优势，帮助徒弟专业成长
□完成领导安排的任务
□满足申报高一级职称条件的需要
□促使自己专业的成长

31. 带教中你对徒弟指导专业知识内容从量上主要依次是：
（1）第一（2）第二（3）第三……
□学生身心知识
□教育理论知识
□学科知识
□普通文化科学知识

32. 带教中你对徒弟指导的专业技能内容从量上的次序是：
（1）第一（2）第二（3）第三（4）第四……
□教学设计技能
□教学语言表达技能
□教学组织与调控技能
□教学测量与评价技能
□教学重难点突破技能

33. 带教中你对徒弟指导的专业态度内容从量上的次序是：

（1）第一（2）第二（3）第三……

☐专业理想

☐专业情操

☐专业自我

34. 带教中你指导徒弟的方式从使用次数从量上的次序是：

（1）最多（2）次多……

☐专题讨论

☐徒弟公开课前指导

☐共同备课

☐共同参与课题研究

☐师徒日常互相听课交流

☐网络指导

☐非工作时间交流

附录3：优秀师傅与所带徒弟访谈提纲

优秀师傅访谈提纲：

1. 请问你认为师徒制的开展有必要吗？你是否喜爱师傅这个角色？
2. 请问你们学校对师傅有发放带教津贴或奖励吗？你带教的动力主要来自哪里？
3. 请问你对徒弟进行指导的内容有哪些？
4. 请问你对徒弟进行指导所采用的方式有哪些？最经常采用的带教方式是哪一种？
5. 请问你在带教中主要依据什么理念来进行设计和开展带教？
6. 学校对你们师傅的带教有哪些具体的要求？你认为当前对带教影响最大的问题是什么？

所带徒弟访谈提纲：

1. 请问你师傅愿意担任你的师傅吗？他对师徒制有何态度或意见？
2. 请问你们师傅指导你们有奖励和补助吗？他在指导你时的态度怎样？
3. 请问你师傅主要对你进行哪些专业方面的指导，除教学工作外，是否还关心你的生活等工作之外的问题？
4. 请问你与师傅交流的主要方式有哪些？最经常用的方式是哪一种？
5. 请问你师傅对你的指导过程是一种什么感觉？让你感受最深的事件有哪些？
6. 请问你与师傅交流的问题是怎样确定的？师傅对你出现的不足是怎样进行指导的？
7. 你的师傅带教工作的主要特点有哪些？

结 语

如果从现代教学组织形式——班级授课制的建立,教师开始成为一种专门职业算起,教师专业发展已经有近400年的历史了。第二次世界大战后,特别是20世纪60年代以后,教师专业发展成为一种强劲的思想浪潮,极大地推动了世界诸多国家教师教育制度新理念和新制度的建立。如今,教师专业发展已经成为各国促进教师教育发展和提高教师专业化水平及社会地位的成功策略。

然而,教师的专业发展并非一件容易之事,为此,世界各国都努力通过加强教师职前、入职及职后教师教育一体化建设的力度,特别是教师入职和职后专业发展因传统观念与习惯的制约,导致教师的入职和职后专业发展主要采用集中学习的方式,通过事先确定的计划方案向教师传授理论知识,虽然也取得了一些成效,但因该形式的集中理论学习一方面不能满足教师们的个性化需求,另一方面脱离了教师教育工作实践场景,无法实现学习者对所学理论转化及教育实践智慧的生成。与此同时,在广大中小学校中普遍开展的师徒制,又称"师徒结对""师徒带教"等,该途径或方式通过借鉴传统学徒制方式,让资深教师与在专业发展中需要帮助的徒弟教师结成师徒对子,依托徒弟教育实践,在实践中通过师傅"手把手"的示范指导体现或遵循了教师专业发展的"做中学"实践特征,满足了教师个性化需求,避免了教师个人"单打独斗"的错误学习所导致的大量时间消耗,并且师傅在指导过程中,也潜移默化地提升了自身的专业素养,从而此方式促进了师徒双方共同的专业发展。由此,自20世纪90年代以来,随着师徒制在我国广大中小学校开展以来,就引起各方的普遍关注。

本书通过实践调查和对已有文献的梳理发现,师徒制在实践中呈现出巨大的差异,某些学校领导对此教师发展方式高度重视,相关制度较为完善,管理严谨科学,从而基本上已经实现了学校层面的制度化,对实施对象、师傅的选拔、师徒配对、运作方式及要求等方面都较为规范,其效果非常理想,而有部分学校却更多是"流于形式",学校未有完备的规章制度,管理时有时无,导致其运作因缺乏规范和严格管理,其效果甚微。另外,一个突出的问题是,众多学校的师傅在带教中仍然停留在传统学徒制方式来进行指导,这种主要依靠徒弟对师傅教学技能的模仿来获取成长的方式,一方面虽然能让徒弟特别是初任教师适应和完成教学任务,但往往会使徒弟只知其然,而不知其所以然;另一方面,徒弟长期处于被动学习的地位,限制了创新思维,不利于未来的发展。此实践中暴露出的诸多问题与理论研究的不足不无关系。通过相关文献的梳理发现,众多研究成果都聚焦于国外经验的介绍和我国实践经验的总结之上,或通过简单调查分析对某些问题而泛泛提出改进建议,从而出现其相关理论研究成果的匮乏。由此,在经实践考查与文献梳理的基础上将本书的核心问题定位为——师徒制在教师专业发展中起到了什么作用?如何有效促进师徒制作用的发挥?并将其作为整个研究的核心,围绕师徒制的历史演变、现状成效及影响因素及运作机制模型构建与优秀师傅教师带教特征四个具体问题展开研究。通过研究得出以下结论:(1)师徒制与社会发展新要求之间的矛盾运动是其发展的主要动力;(2)师徒制对教师专业发展成效是一个呈"V"型发展的过程;(3)师徒综合素养与学校运作环境是影响师徒制成效的主要内外因素;(4)系统化的运作机制是师徒制高效运作的重要保障;(5)优秀师傅教师形成是一个知情意行带教素养整体提升的过程。

基于以上研究结论特别向国家、地方政府、学校、师傅与徒弟四个层面提出以下建议:(1)国家实施"电子导师制"项目和完善教师专业发展标准;(2)地方政府制定并实施县级教师师徒制并着力解决教师"责任泛化"问题;(3)学校着力完善师徒制并营造良好教师专业发展环境;(4)师傅以内生性动力推动带教方式与师徒关系的改进与优化;(5)徒弟以个人专业发展规划指引下主动批判地参与学习。

以上研究成果与已有研究成果比较后,本书可能存在两点创新。一是方法创新。通过对问卷调查数据,使用多元虚拟线性回归对师徒制成效影响因素进行探究。二是成果创新。依据复杂性思想、拓展学习理论、PDCA循环理论及实践,系统化地构建出了以目标引领、师徒互动循环、支持系统有机结合的师徒制运作机制模型。但由于主客观因素的影响，导致本书仍存在某些不足。客观方面，由于条件限制本书中所设计构建的师徒制运作机制模型未经实践检验。主观方面，对于优秀师傅教师带教特征的研究成果是采用个案研究中访谈方法，所以在总结概括时不可避免地渗入一些自身的主观感受，可能导致降低结论的信度。

　　虽然本书将暂时告一段落，但因师徒制在教师专业发展中的特殊作用已经突现，所以对于师徒制的研究仍将持续下去。在今后的研究中，拟将从以下三个方面展开深入研究。第一，将把师徒制在非初任教师中的实施作为研究重点，努力通过量化和质性研究对其进行全面、系统的研究，力图揭示出其作用机制与优秀的带教规律。第二，构建全面、系统、科学的师徒制评价工具研究。当前对师徒制作用的评价往往是以徒弟的教学成绩来进行评价，其评价的单一性导致评价结果的"失真"，由此，构建出一套具有能让广大中小学校师徒制普遍适用的评价体系工具是一项复杂而艰难的任务，但是它也是师徒制走向专业化所需要的重要内容。第三，加强师徒制的国家层面政策支持的研究，为早日实现国家层面的制度化提供有益的建议。总之，此课题的研究仍有许多内容需要深入研究，吾将上下而求索。

参考文献

一、中文文献

(一) 著作类

[1] 陈向明. 质的研究方法与社会科学研究 [M]. 北京：教育科学出版社, 2000.

[2] 陈桂生. 教育原理 [M]. 上海：华东师范大学出版社, 2012.

[3] 崔允漷, 柯政. 学校本位教师专业发展 [M]. 上海：华东师范大学出版社, 2013.

[4] 丁钢. 中国中小学教师专业发展状况调查与政策分析报告 [M]. 上海：华东师范大学出版社, 2010.

[5] 杜威. 民主主义与教育 [M]. 王承绪, 译. 北京：人民教育出版社, 1990.

[6] 杜威. 我们怎样思维 [M]. 姜文闵, 译. 北京：人民教育出版社, 1990.

[7] 大卫·休谟. 人类理解研究 [M]. 关文运, 译. 北京：商务印书馆, 1997.

[8] 胡惠闵, 王建军. 教师专业发展 [M]. 上海：华东师范大学出版社, 2014.

[9] 胡塞尔. 欧洲科学危机和超验现象 [M]. 张应熊, 译. 上海：上海译文出版社, 1998.

[10] 和学新, 徐文彬. 教育研究方法 [M]. 北京：北京师范大学出版社, 2015.

[11]和学新.课程的理论基础研究[M].南宁:广西师范大学出版社,2017.

[12]黄济.教育哲学通论[M].太原:山西教育出版社,2004.

[13]黄济,王策三.现代教育论[M].北京:人民教育出版社,1990.

[14]希庭.心理学导论[M].北京:人民教育出版社,2007.

[15][德]哈贝马斯.交往与社会进化[M].张博树,译.重庆:重庆出版社,1989.

[16]黄志成.西方教育思想的轨迹——国际教育思想纵览[M].上海:华东师范大学出版社,2008.

[17]韩翼.师徒关系结构维度、决定机制及多层次效应机制研究[M].武汉:武汉大学出版社,2016.

[18]韩颂喜.市场机制概论[M].济南:山东大学出版社,1997.

[19]傅建明.教师专业发展——途径与方法[M].上海:华东师范大学出版社,2007.

[20]方明.缄默知识论[M].合肥:安徽教育出版社,2004.

[21]教育部师范教育司.教师专业化的理论与实践[M].北京:人民教育出版社,2003.

[22]J.莱夫,E.温格.情景学习:合法的边缘性参与[M].王文静,译.上海:华东师范大学出版社,2004.

[23]金志霖.英国行会史[M].上海:上海社会科学院出版社,1996.

[24]科南特.科南特教育论著选[M].陈友松,译.北京:人民教育出版社,1988.

[25]刘捷.专业化:挑战21世纪的教师[M].北京:教育科学出版社,2002.

[26]林瑞钦.师范生任教职志理论与实证研究[M].高雄:复文图书出版社,1990.

[27]林本.现代的理想教师[M].台北:台湾开明书店,1975.

[28]罗伯特·加涅.学习的条件[M].傅统先,陆有铨,译.北京:人民教育出版社,1985.

[29]林东清.知识管理理论与实务[M].北京:电子工业出版社,2000.

[30]卢乃桂,操太胜.中国教师的专业发展与变迁[M].北京:教育科学出版社,2009.

[31] 联合国教科文组织.教育——财富蕴藏其中[M] 北京：教育科学出版社,1996.

[32] 马克斯·范梅南.教学机智——教育智慧的意蕴[M].李树英,译.北京：教育科学出版社,2001.

[33] 毛泽东.矛盾论[A].毛泽东选集(第一卷)[C].北京：人民出版社,1991.

[34] 皮埃尔·布迪厄.实践感[M].蒋梓骅,译.南京：译林出版社,2003.

[35] 皮埃尔·布迪厄.实践理性：关于行为理论[M].谭立德,译.北京：生活·读书·新知三联书店,2007.

[36] 皮埃尔·布迪厄,华康德.实践与反思——反思社会学导引[M].李猛,李康,译.北京：中央编译出版社,1998.

[37] 彼德·布劳.社会生活中的交换与权力[M].张菲,张黎勤,译.北京：华夏出版社,1988.

[38] 乔纳森·特纳.社会学理论的结构(上)[M].邱泽奇,等,译.北京：华夏出版社,2001.

[39] 全汉升.中国行会制度史[M].天津：百花文艺出版社,2007.

[40] 苏林,张贵新.中国师范教育十五年[M].长春：东北师范大学出版社,1996.

[41] 申继亮,辛涛.教师素质论纲[M].北京：华艺出版社,1999.

[42] 舒尔曼.实践智慧[M].王艳玲,王凯,毛齐明,屠莉雅,等,译.上海：华东师范大学出版社,2007.

[43] 埃德加·莫兰.复杂思想：自觉的科学[M].陈一壮,译.北京：北京大学出版社,2001.

[44] 埃德加·莫兰.方法：思想观念[M].陈一壮,译.北京：北京大学出版社,2002.

[45] 王星.技能形成的社会建构[M].北京：社会科学文献出版社,2014.

[46] 吴明隆.问卷统计分析实务——SPSS操作与应用[M].重庆：重庆大学出版社,2010.

[47] 吴康宁.课堂教学社会学[M].南京：南京师范大学出版社,1999.

[48] 吴志宏.教育行政学[M].北京：人民教育出版社,2000.

[49] 细谷俊夫. 技术教育概论 [M]. 肇永和, 译. 北京: 清华大学出版社, 1984.

[50] 叶澜. 教师角色与教师专业发展新探 [M]. 北京: 教育科学出版社, 2001.

[51] 叶澜. 中国基础教育改革发展研究 [M]. 北京: 中国人民大学出版社, 2009.

[52] 伊曼努尔·康德. 纯粹理性批判 [M]. 邓晓芒, 译. 北京: 人民出版社, 2004.

[53] 约翰·安德森. 认知心理学及其启示 [M]. 秦裕林, 译. 北京: 人民邮电出版社, 2012.

[54] 赵昌木. 教师专业发展 [M]. 济南: 山东人民出版社, 2011.

[55] 郑燕祥. 教育的功能与效能 [M]. 香港: 广角镜出版有限公司, 1991.

[56] 张德. 组织行为学 [M]. 北京: 清华大学出版社, 2000.

[57] 褚宏启. 中国教育管理评论 [M]. 北京: 教育科学出版社, 2004.

[58] 朱彬. 礼记训纂 [M]. 北京: 中华书局, 1996.

[59] 朱旭东. 教师专业发展理论研究 [M]. 北京: 北京师范大学出版社, 2011.

（二）论文类

[1] 陈桂生. 且说初任教师入职辅导中的"师徒制" [J]. 湖南师范大学教育科学学报, 2006（5）.

[2] 陈桂生. 教师专业化辨析 [J]. 中国教师, 2007（12）.

[3] 陈文. 中国式艺徒制 [J]. 中国手工, 2008（3）.

[4] 陈一壮. 埃德加·莫兰的"复杂方法"思想及其在教育领域内的体现 [J]. 教育科学, 2004（2）.

[5] 陈嵩. 关于现代学徒制的实践思考 [J]. 江苏教育, 2013（11）.

[6] 陈以一. 采用带徒弟的办法培养普通中学师资 [J]. 人民教育, 1960（4）.

[7] 陈艳燕. 教师专业发展的实践性探讨 [J]. 现代教育科学, 2015（3）.

[8] 崔允漷, 王少非. 教师专业发展即专业实践的改善 [J]. 教育研究, 2014（9）.

[9]崔允漷.学习如何发生:情境学习理论诠释[J].教育科学研究,2012(7).

[10]蔡亚平.名师工作室运作机制探析[J].教育导刊,2018(2).

[11]蔡亚平.团队带教:基于师徒制的初任教师培养模式革新[J].当代教育学,2018(5).

[12]程舒通,徐从富.我国现代学徒制之研究进展[J].成人教育,2019(3).

[13]关晶.西方学徒制的历史演变及思考[J].华东师范大学学报(教育科学版),2010(1).

[14]范蔚,廖青.基于教师专业发展的"师徒对"的内涵及特征[J].教育导刊,2012(9).

[15]冯家传.优化"师徒结对"的实施策略[J].教学与管理,2006(10).

[16]符太胜,舒国宋,李东斌.农村中学师徒制的冷思考[J].内蒙古大学学报(教育科学版),2008(6).

[17]薄艳玲.教师教育变革理念下的我国师徒制研究进展述评[J].中小学教师培训,2015(2).

[18]付光槐.论教师专业发展主体的缺乏与建构[J].教育理论与实践,2016(28).

[19]胡伊淇.师徒结对师傅专业成长的新途径[J].幼儿教育,2008(12).

[20]何杨勇.德国双元制职业教育发展中的公平问题[J].高等教育研究,2017(3).

[21]和学新,鹿星南.智慧时代的学校教学形态探讨[J].课程·教材·教法,2021(2).

[22]黄致如.师徒制是培养青年教师的重要途径[J].天津教育,1994(Z1).

[23]黄广芳.教师教育视阈中的国外师徒制研究[J].黑龙江高教研究,2012(7).

[24]蒋竟莹.教师专业化及教师专业发展综述[J].教育探索,2004(4).

[25]焦中明,赖晓云.电子导师制:师徒带教是新教师培养的一种有效策略[J].电化教育研究,2005(10).

[26] 康宛竹,艾康.国外企业导师制的研究路径与走向[J].国外社会科学,2013（4）.

[27] 吕萍,严芳.试论当前教师培训中存在的主要问题及其对策[J].中小学教师培训,2005（11）.

[28] 刘晓.我国学徒制发展的历史考略[J].职业技术教育,2011（9）.

[29] 李全生.布迪厄场域理论简析[J].烟台大学学报(哲学社会科学版),2002（2）.

[30] 李阳杰.教师专业发展中的师徒带教国际比较政策建议——基于TALIS数据的分析[J].教育与经济,2020（3）.

[31] 李晓辉.维果茨基和列昂节夫心理学理论的比较研究[J].大理大学学报,2018（1）.

[32] 廖晖.内部导师制——企业人才培养的捷径[J].HR论坛,2007（3）.

[33] 陆曙毅,庄丽君.教师入职教育探索[J].外国中小学教育,2007（7）.

[34] 母远珍.从师傅的角度解读幼儿园师徒制教师专业成长模式[J].学前教育研究,2008（6）.

[35] 马晓娟."师徒结对"对初任教师成长的影响研究[D].兰州:西北师范大学,2008.

[36] 毛齐明,岳奎."师徒制"教师学习:困境与出路[J].教育发展研究,2011（22）.

[37] 马宇.德国"双元制"职业教育的特点及其对我国的影响[J].江苏教育研究,2013（3）.

[38] 欧阳忠明,韩晶晶.雇主参与现代学徒制的利益与权力诉求[J].教育发展研究,2014（11）.

[39] 彭秀丽.中学初任教师"师徒结对"之问题及对策[J].湖南师范大学学报,2006（5）.

[40] 宋萑.新教师专业发展:从师徒带教走向专业学习社群[J].外国教育研究,2012（4）.

[41] 沈莉,陈小英,于漪."师徒帮带"的教师培训模式——中美英青年教师职业初岗位培训比较研究[J].外国教育资料,1995（5）.

[42] 孙式武."师徒帮带"制度实效性探析[J].淄博师专学报,2010（4）.

[43] 孙进.布迪厄习性理论的五个核心性结构特征:德国的分析视角[J].哲学研究,2007(8).

[44] 孙立家.中国古代职业教育的主要形式——艺徒制[J].职业技术教育,2007(7).

[45] 孙国辉.当代英国教师入职教育研究[D].哈尔滨:哈尔滨师范大学,2013.

[46] 苏军.经典师徒制模式受挑战——年轻教师培养新思路思考（上）[J].内蒙古教育,2011(9).

[47] [澳]斯坦托姆.怎样成为优秀教师[J].外国教育动态,1983(1).

[48] 谭菲.美国初任教师入职教育研究[D].重庆:西南大学,2012.

[49] 王文静.基于情境认知与学习的教学模式研究[D].上海:华东师范大学,2002.

[50] 王卫华,李书琴."国培计划"实施十年:历程、经验与展望[J].教师发展研究,2020(1).

[51] 王川.论西方学校职业教育产生的社会条件[J].职业技术教育,2008(1).

[52] 王平.新中国成立以来我国学徒制政策的演变、问题与调适[J].教育与职业,2015(22).

[53] 王小棉.新教师入职初期所遇困难的研究——兼析传统师范教育的缺陷[J].上海教育科研,1999(4).

[54] 吴刚,洪建中,李茂荣.拓展性学习中的概念形成——基于"文化—历史"活动理论的视角[J].现代远程教育研究,2014(5).

[55] 夏正江.师徒制有效运作的关键要素解析[J].外国中小学教育,2018(2).

[56] 薜海萍,陈向明.我国中小学教师培训质量调查研究[J].教育科学,2012.

[57] 解玉喜.布迪厄的实践理论及其对社会学研究的启示[J].山东大学学报(哲学社会科学版),2007(1).

[58] 谢赛.美国教师教育问题问责制的两次转型[J].清华大学教育研究,2011(2).

[59] 银平均.布迪厄的实践理论:从理论综合至经验研究[J].思想战线,2004(6).

[60] 叶澜.新世纪教师专业素养初探[J].教育研究与实验,1998(1).

[61] 殷俊玲. 晋商学徒制习俗礼仪初考 [J]. 山西大学学报（哲学社会科学版）, 2005（1）.

[62] 杨显彪. "师徒制"新手教师专业成长的必经之路 [J]. 中小学教师培训, 2006（3）.

[63] 袁强. 学校师徒制的价值及其转型：从规约到契约 [J]. 教育科学, 2016（6）.

[64] 杨瑞勋. 中小学教师"师徒制"改进中的路径依赖与破解 [J]. 当代教育科学, 2019（9）.

[65] 张博伟, 吕立杰. 教师培养师徒制教学风格一致性问题研究 [J]. 黑龙江高教研究, 2013（3）.

[66] 邹学红, 王馨, 王松丽, 李琼. 北京市中小学初任教师专业成长中"师徒结对"现状调查研究——以北京市朝阳区为例 [J]. 中国教师, 2010（5）.

[67] 周钰洁. 基于专业学习共同体的中小学教师师徒制研究 [D]. 重庆：西南大学, 2018.

[68] 张国举. 场域——惯习论：创新机制研究的新工具 [J]. 中共中央党校学报, 2003（3）.

[69] 朱国华. 习性与资本：略论布迪厄的主要概念工具（上）[J]. 东南大学学报（哲学社会科学版）, 2004（1）.

[70] 曾荣光. 教学专业与教师专业化：一个社会学的阐释 [J]. 香港中文大学教育学报, 1984（1）.

[71] 张正堂. 企业导师制研究探析 [J]. 外国经济与管理, 2008（5）.

[72] 张贻复, 张徐顺. 著名特级教师于漪谈"以老带新" [J]. 人民教育, 1985（9）.

[73] 张强. 师徒制与新教师专业发展的个案研究 [D]. 上海：华东师范大学, 2000.

[74] 张晓芹. 初任教师的心理发展及其培养策略 [J]. 中国校外教育, 2015（20）.

[75] 朱博. 新入职中小学教师职业压力、心理资本与工作投入的关系研究 [D]. 合肥：安徽师范大学, 2016.

[76] 赵昌木. 创建合作教师文化：师徒教师教育模式的运作与实施 [J]. 教师教育研究, 2004（4）.

[77] 董辉, 张晨. 国外新手教师与专家教师比较研究综述 [J]. 哈尔

滨师范大学社会科学学报,2014（2）．

[78] 纪明泽,周坤亮,夏寅．新教师发展需求的调查与分析——以上海市虹口区为例[J]．上海教育科研,2011（12）．

[79] 李斌．国内外教师专业发展过程研究述评[J]．江苏教育学院学报(社会科学版),2003（4）．

[80] 李广平,杨兴军．教师知识研究的兴起背景分析[J]．中小学教师培训,2005（9）．

[81] 李莉春．教师在行动中反思的层次与能力[J]．北京大学教育评论,2008（1）．

[82] 李南,王晓蓉．企业师徒制隐性知识转移的影响因素研究[J]．软科学,2013.

[83] 林易．布迪厄实践理论述评[J]．东方论坛,2009（7）．

[84] 康晓伟．当代西方教师知识研究述评[J]．外国教育研究,2012（8）．

[85] 卢临晖,李雪．如何走出个案——从个案研究到扩展个案研究[J]．中国社会学,2007（1）．

[86] 刘亦农．虚拟变量在线性回归模型中的一种应用[J]．南通职业大学学报,2000（6）．

[87] 江淑玲,陈向明．师徒互动对师范实习生专业观念的影响——交换理论的视角[J]．华东师范大学学报,2017（5）．

[88] 吕林海．大学优秀教师的教学特征及启示——基于对澳大利亚纽卡斯尔大学8位教学优秀教师的实证研究[J]．中国大学教学,2010（3）．

[89] 张翔．中小学教师责任泛化与应然回归[J]．基础教育,2016(8)．

[90] 石鸥．从学校批评看学校不能承受之重——兼论教育的责任分担[J]．教育研究,2002（1）．

[91] 胡锋吉,潘宇峰．基于责任承担的教师专业伦理教育[J]．中国高教研究,2011（4）．

[92] 吴军其,王薇．中小学教师专业发展标准的比较分析——基于6份典型教师专业发展标准的质性研究[J]．现代教育管理,2021（5）．

[93] 秦程观．布劳微观社会理论视角下师徒关系互动的质性研究[J]．职业技术教育,2021（4）．

[94] 王文静．情境认知与学习理论：对建构主义的发展[J]．全球教

育展望,2005(4).

[95] 张静,魏宏聚.论布迪厄实践逻辑理论对教师专业发展的启示[J].继续教育研究,2009(3).

[96] 康丽颖.教师教育研究的实践意蕴——布迪厄实践理论对我国教师教育研究的启示[J].比较教育研究,2006(7).

[97] 和学新,张丹丹.学校课程制度建设的运作机制[J].教育科学研究,2010(8).

[98] 高文.建构主义研究的哲学与心理学基础[J].全球教育展望,2001(3).

[99] 任光升,李伟.名师工作室运行机制的探索[J].当代教育科学,2011(14).

[100] 杜海平.外促与内生:教师专业学习范式的辩证[J].教育研究,2012(9).

[101] 冯晓沛,胡克祖.中国古代学徒制职业教育评价历史述评[J].职教论坛,2012(34).

[102] 钱扑,孙小红.美国新教师入职中的带教——学徒制及相关研究[J].外国中小学教育,2005(11).

[103] 康宛竹,艾康.国外企业导师制的研究路径与走向[J].国外社会科学,2013(4).

[104] 石亚兵,刘君玲.我国中小学教师专业素质结构发展的特征和演变逻辑——基于1980—2012年教师教育政策文本的分析[J].全球教育展望,2019(3).

[105] 单志艳.中小学教师培训政策的价值取向变迁——基于1986年和2011年国家关于中小学教师培训《意见》的文本分析[J].教师教育研究,2013(5).

[106] 夏正江.中小学教师究竟该不该学点教育理论?[J].教育研究与实验,2019(5).

[107] 廖圣河,林昭君.小学教师"师徒结对"的现状、成因及对策——以福建省四个地区的九所小学为例[J].集美大学学报,2018(1).

[108] 陆道坤.从"资格教师"到"合格教师"——英格兰教师法定见习制度研究[J].比较教育研究,2020(1).

(三)工具类

[1] 辞海 [Z]. 北京:商务出版社,1999.
[2] 汉语大词典 [Z]. 成都:四川辞书出版社;武汉:崇文书局,2010.
[3] 现代汉语词典 [Z]. 北京:商务印书馆,2000.
[4] 顾明远. 教育大辞典 [Z]. 上海:上海教育出版社,1986.
[5] 何盛明. 财经大辞典 [Z]. 北京:中国财政经济出版社,1990.
[6] 教育部. 小学教师专业标准(试行)[Z].2012.
[7] 教育部. 中学教师专业标准(试行)[Z].2012.

二、英文文献

(一)著作类

[1]Brock, B. L. & Grady, M. L. From Frist-Year to First-rate: principals guiding beginning teachers[M].CA: Corwin press.1997.

[2]Hargreaves, A.Changing Teachers, Changing Times: Teacher's work and culture in the postmodernage[M].London: Cassell,1994.

[3]Kram, K. Mentoring at work developmental relationships in organizational life[M]. Glenview, Ⅲ: Scott Foresman,1985.

[4]S. D. Brookfield, The skillful teacher[M].San Francisco: Jossey-Bass, 1990.

[5]Sparks, D. & Hirsh, S. A new vision for staff development[M]. Washington, D. C.: Assoiation for supervision and curriculum development,1997.

[6] Zey, M. G. The mentor connection[M]. Homewood, IL: Dow jones-Irwin,1984.

(二)论文类

[1]Anderson, E. M., Shannon, A. L. Toward a conceptu-alization of mentoring[J].Journal of Teacher Education,1988(38).

[2]Birnbaum, P. H. The choice of strategic alternatives under increasing regulation in high technology companies[J].Academy of Management Journal,1984(27).

[3]Chao, G. T., Walz, P. M., and Gardner, P. D. Formal and informal mentorships: A comparison on mentoring functions and contrast with nonmentored counterparts[J]. Personnel Psychology,1992（3）.

[4]Egan, J. Induction the Natural Way: Informal Mentoring[J]. ERIC,1985（12）.

[5]Hobson, A. J., Ashby, P., Malderez, A., Tomlinson. P. D. Mentoring beginning teachers: What we know and what we don't[J].Teaching and Teacher Education,2009（25）.

[6]Ingersoll, R.M. & Smith, T.M.Do Teacher Inductionand Mentoring Matter[J]. NASSP Bulletin,2004（7）.

[7]Lily Orland-barak. Ronit hasin: exemplary mentor's perspectives towards mentoring across mentoring contexts: Lessons from collective case studies[J]. Teaching and teacher education,2010（26）.

[8]Little J. W. The Mentor Phenomenon and the social Organization of Teaching[J]. Review of Research in Education,1990（16）.

[9]Mertz, N.T.Whats a mentor, Anyway?[J]. Educational administration Quarterly,2004（40）.

[10]Mertz, N. T. Whats a Mentor, Anyway?[J].Educational Administration Quarterly,2004（4）.

[11]Roehrig, A. D, et al. Mentoring beginning primary teachers for exemplay teaching practices[J]. Teaching and teacher education,2008（24）.

[12]Ragins, B. R., and McFarlin, D. B. Perceptions of mentor roles in cross-gender mentoring relationships[J]. Journal of Vocational Behavior,1990（37）.

[13]Russell, J. E. A., and Adams, D. M. The changing nature of mentoring[J]. Journal of Vocational Behavior,1997（1）.

[14]Sharon Feiman-Nermser. What New Teachers Need to Learn[J]. Educational Leadership,2003（8）.

[15]Scandura, T. A. Mentorship and career mobility: An empirical investigation[J]. Journal of Organizational Behavior,1992（1）.

[16]Wang, J. & odell, S. J. Mentored Learning to Teach According to Standards-Based Reform: A Critical Review[J]. Review of Educational

Research Fall, 2002 (3).

[17]Ngersoll, R.M.Strong, M.the impact of induction and mentoring programs for beginning teachers: A criyical review of theresearch[J]. Review of educational research, 2011 (2).

[18]Wood, D., Bruner, J. & Ross, G. The role of tutoring in problem-solving[J]. Journal of Child Psychology and Psychiatry, 1976 (17).

[19]Yan dave.The impact of mentoring on a non-native immigrant teacher's professional development[J]. Teaching and Teacher Education, 2021 (103).